Manager une équipe projet

FONCTIONS de L'ENTREPRISE

ressources humaines

Manager une équipe projet

Pilotage • Enjeux • Performance

Thierry PICQ

3e édition

DUNOD

Maquette intérieure : Catherine Combier et Alain Paccoud
Couverture : Didier Thirion/Graphir design
Photos couverture : Didier Thirion/Graphir design
Mise en pages : Nord Compo

ISBN 978-2-10-056340-1

Table des matières

Introduction

Encore un ouvrage sur les projets ? Les rayons de toutes les bonnes librairies en regorgent.

Pourtant, les hommes, depuis qu'ils sont sur Terre, ont toujours mené des projets : explorations et découvertes de terres lointaines, constructions de temples et d'églises, expéditions guerrières ou religieuses... Les pyramides d'Égypte sont, parmi bien d'autres réalisations du même type, la preuve que les hommes ont toujours su mener des projets pharaoniques, et les réussir, et ceci bien avant que l'imprimerie n'existe comme support pour le raconter.

Cependant, il est évident que mener un projet aujourd'hui n'a plus rien à voir avec ce qui se passait du temps de Ramsès. Il n'est heureusement plus question de consacrer 50 ans et de sacrifier 200 000 esclaves pour glorifier un pharaon !

L'enjeu est désormais de gagner des parts de marché, de satisfaire des clients, de faire mieux et plus vite que des concurrents, d'inventer des produits nouveaux en s'appuyant sur des compétences humaines plus que sur leur seule force physique. Nos pyramides modernes sont moins coûteuses en vie humaine (du moins de façon directe !).

Cette introduction en forme de clin d'œil à l'histoire vise à montrer que si les projets existent depuis qu'il y a des hommes, la manière de les réaliser a considérablement changé.

Au sein même des entreprises (domaine d'intérêt principal de cet ouvrage), la conception et la mise en place des projets ne sont pas non plus vraiment identiques aujourd'hui à ce qu'elles étaient il y a 10 ans, et *a fortiori* 30 ou 40 ans.

On constate également que de plus en plus d'entreprises ont recours aujourd'hui à un mode de fonctionnement par projets. Traditionnellement réservé à certains thèmes privilégiés (innovation, développement, informatisation, etc.) ou à certains secteurs spécifiques (ingénierie, aéronautique, grands travaux, etc.), le travail en équipes projet se rencontre désormais dans des entreprises de toute taille et de tout domaine d'activité pour répondre à des enjeux de plus en plus variés : nouveaux produits, services ou procédés, mais aussi projets de changement, de réorganisation, de certification qualité...

On assiste aujourd'hui à une généralisation du recours au management de projet (*Ecosip*, 1993)[1]. Ce phénomène s'appuie sur des succès industriels incontestables dans l'automobile, la pharmacie, l'électronique, etc., qui ont prouvé l'intérêt de cette approche pour répondre à la nécessité vitale d'accroître le rythme de l'innovation, de réduire les temps de conception et d'industrialisation ou d'augmenter la qualité. Ainsi, au-delà de l'incontestable effet de mode, la capacité à fonctionner en mode projet est reconnue comme un véritable levier de la compétitivité.

Exemple

Réduction des cycles de développement par les projets

Exemples d'entreprises	Exemples de produits	Cycles de développement	
		Années 1980	Années 1990
Honda	Automobiles	5 ans	3 ans
AT & T	Téléphones	2 ans	1 an
Hewlett-Packard	Imprimantes	4,5 ans	2 ans
Navistar	Camions	5 ans	2,5 ans

Le champ traditionnel du management de projet apparaît donc comme soumis à de profonds bouleversements et mérite, à ce titre, une certaine attention.

Pour tenter de mieux comprendre ces évolutions, il est utile de clarifier une terminologie bien confuse, que la multiplicité des écrits sur le sujet ne contribue pas à éclairer. Faut-il parler de gestion de projet, de management de projets, par projets ? Les multiples combinaisons possibles pour associer les mots « management » et « gestion », et « en » et « par » sont-elles équivalentes ou ces subtilités de langage reflètent-elles des significations différentes ? Les réponses varient considérablement d'une personne à une autre, d'un livre à un autre.

1 Pour les ouvrages cités entre parenthèses, les références sont données en bibliographie, qui reprend les ouvrages conseillés sur le sujet du livre.

Nous proposons ci-après quelques définitions simples permettant de clarifier ce vocabulaire et, par là même, de préciser le positionnement du présent ouvrage. Comme toujours, définir une terminologie revient à proposer une convention commune entre le rédacteur et le lecteur. Cette convention n'a pas l'ambition de s'imposer comme la seule possible, mais seulement de fixer un cadre commun nécessaire à la diffusion et à la compréhension des idées.

La gestion de projet

Ce terme représente l'approche classique, développée dans les années cinquante-soixante pour les programmes militaires ou spatiaux américains, mais aussi dans les secteurs qui fonctionnent traditionnellement en mode projet, comme le BTP, les grands travaux, l'ingénierie... L'accent est surtout mis sur les outils et méthodes de structuration d'un projet global en sous-projets emboîtés, de planification des tâches, d'anticipation et de suivi de leur bon déroulement, d'affectation et de contrôle des ressources, des coûts, des délais...[1] Bref, un corpus de connaissances, d'outils et de méthodes de gestion spécifiques s'est constitué et s'impose aujourd'hui comme un standard méthodologique international incontournable.

Le programme Apollo[2]

Lancé par le président américain John Kennedy, le programme Apollo favorisa la naissance des premiers outils de gestion de grands projets. Le budget du programme, sur 10 ans, dépassera les 25 milliards de dollars, demandera l'effort conjugué de plus de 300 000 personnes et de plusieurs centaines d'entreprises. Ce n'est qu'au onzième vol de la fusée, près de 10 ans après le démarrage du projet, que Neil Armstrong posa le pied sur la lune. ■

Le management de projet

Progressivement, on s'est rendu compte que d'autres dimensions, mal prises en compte dans la gestion de projet, s'avéraient fondamentales dans le succès ou l'échec final. La dimension humaine, liée au management des hommes et des équipes, à la mise en place d'un système

1 Des outils bien connus comme le programme Pert, le diagramme Gant, le contrôle budgétaire, la décomposition des tâches en WBS, en lots de travaux, OBS, etc., et l'infinité des tableaux de bord de gestion souvent aujourd'hui informatisés constituent la caisse à outils de la gestion de projet.

2 Extrait de Hamon M., *Comment réussir des projets de changement*, Nathan, 1994.

d'animation, à l'importance des facteurs de motivation et à l'utilisation optimale des compétences est devenue le versant complémentaire à celui des outils et méthodes de gestion, suivi et contrôle. Pour réussir un projet, il ne suffit pas d'organiser le bon déroulement d'activités inter-reliées, il s'agit également de susciter et maintenir une dynamique humaine propice à l'expression des savoir-faire individuels et à leurs enrichissements mutuels dans une production collective innovante.

Le management des projets

La dimension plurielle exprimée par le « s » rajouté au mot projet vise à évoquer des enjeux d'une autre nature. Introduire simultanément de nombreux projets dans une organisation soulève de nouvelles problématiques, qui sortent du périmètre de l'équipe projet. Il s'agit cette fois-ci de gérer au mieux un portefeuille de projets, c'est-à-dire d'effectuer un arbitrage entre les opportunités et les ressources disponibles, d'établir un minimum de cohérence entre des situations par nature très différentes, d'organiser le retour d'expérience pour que chaque projet nouveau puisse bénéficier des enseignements de ses prédécesseurs, ou encore de faire cohabiter un mode d'organisation dominant et l'irruption en son sein de groupes transversaux construits sur des logiques parfois opposées.

Le management par projets

La préposition « par » introduit l'idée que le mode projet est le mode de fonctionnement normal d'une organisation : le management s'exerce *au travers* ou encore *par l'intermédiaire* des projets. C'est le cas de certains secteurs, où cette forme de travail s'impose naturellement : conseil, ingénierie, recherche, etc., mais cette idée s'applique également à des organisations plus traditionnelles, qui sont amenées à *se transformer du fait de l'introduction des projets.* De façon volontariste (c'est-à-dire issue d'une stratégie explicite) ou subie (c'est-à-dire constatée *a posteriori*), les projets deviennent des outils et des vecteurs du changement de l'organisation, du management et des comportements des hommes. C'est sur cet enjeu de niveau encore différent des précédents que nous voudrions insister ici : envisager les projets sous l'angle des transformations qu'ils induisent dans un contexte organisationnel donné. Dans cette perspective, « management par projets » est synonyme de « transformation du management par les projets ». *Ce livre porte sur le management de projet* (au sens de la définition proposée précédemment) et présente des ouvertures dans le dernier chapitre sur le management de projets et par projets.

Ce livre n'est donc pas un ouvrage de plus sur les projets : c'est un ouvrage sur le management d'équipes appliqué aux projets.

La multiplication des projets au sein des entreprises reflète un mouvement de fond : le décloisonnement et la transversalité des modes d'organisation du travail et, par conséquent, du fonctionnement des équipes. Des acteurs aux métiers, domaines de compétences, expériences et profils distincts mais complémentaires, parfois même issus de pays et de cultures différentes, sont amenés à travailler ensemble et à collaborer pour atteindre des objectifs particuliers bien localisés dans le temps.

Manager avec succès ces équipes projets requiert des nouvelles méthodes ainsi que des modes d'animation où il importe plus de savoir faciliter, motiver et responsabiliser que commander et contrôler. Leurs enjeux spécifiques nécessitent, pour les appréhender et pour mieux y répondre, de disposer de grilles de lecture et principes d'action spécifiques et d'une autre nature que ceux qui sont requis au sein d'une équipe traditionnelle en mode hiérarchique.

Il existe de nombreux outils de gestion de projet (au sens de notre définition) et ceux-ci sont connus, formalisés et aisément accessibles. Ce n'est pas le cas en ce qui concerne le management de projet. Très souvent, on entend dire « qu'il suffit de trouver un bon chef de projet », ou encore « que tout est affaire de personnes » ou bien « que manager des hommes, cela ne s'apprend pas dans des bouquins ! ».

Nous défendons l'idée qu'il existe aussi de nombreux outils en matière de management de projet et cet ouvrage vise à en présenter quelques-uns (analyse stratégique, carte sociodynamique, profil morphologique, etc.). Bien sûr, ils n'ont ni les mêmes référents scientifiques (la sociologie, la psychosociologie, voire la psychologie appliquée remplacent la programmation linéaire ou les mathématiques de gestion), ni les mêmes supports de formalisation (le management de projet ne s'appuie pas sur des tableaux de bord, diagrammes, courbes, mais se vit au travers d'attitudes, de comportements, de manières de concevoir le travail en équipe).

D'autre part, nous pensons que ces outils peuvent s'acquérir et qu'il est possible de développer ses compétences et savoir-faire dans le domaine du management de projet. Cependant, les vecteurs d'apprentissage là encore ne sont pas les mêmes : les méthodes, outils et recettes sont largement insuffisants.

Comme le montre la figure 1, l'apprentissage passe par une sensibilisation et prise de conscience préalables (c'est l'objectif principal de ce livre). C'est à ce moment que l'apport de connaissances est le plus efficace, pour passer d'un état d'ignorant conscient à celui de compétent conscient. Cette situation est cependant inconfortable : être trop conscient des méthodes de travail ressemble à l'état dans lequel se trouve un apprenti conducteur : les gestes ne sont ni naturels ni automatiques. La transition entre l'étape 3 et l'étape 4 n'est réalisée que par une importante mise en pratique couplée à un retour d'expérience. La dernière étape enfin est celle de l'intégration. Les nouvelles compétences sont maîtrisées, au point qu'elles deviennent un quasi réflexe (c'est d'ailleurs à cette étape qu'il devient difficile de transmettre son savoir-faire).

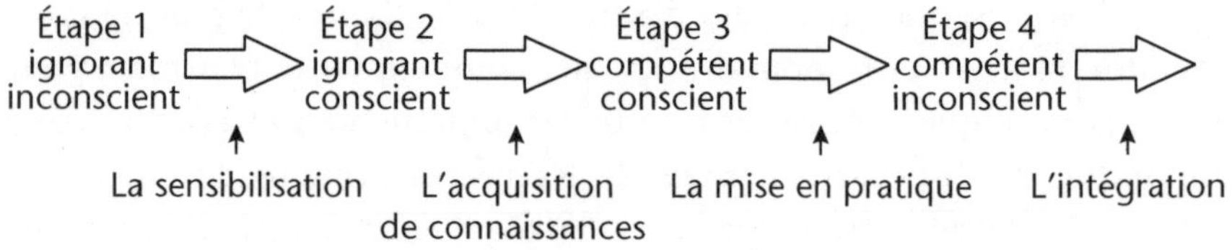

Figure 1 – Les quatre étapes de l'apprentissage

Cet ouvrage est sans doute largement insuffisant pour couvrir l'intégralité de ce cycle : il peut être cependant un point d'appui utile, parmi d'autres, aussi bien au niveau de la sensibilisation, que de la mise en pratique et de la prise de recul.

■ À qui s'adresse ce livre ?

Une large cible de lecteurs est visée. Ce livre n'envisage pas un type particulier de projets : au contraire, il épouse complètement la polysémie du concept et propose des illustrations dans des contextes aussi variés que l'industrie, les collectivités locales, la vie associative, culturelle et sportive. L'objectif est bien de proposer des idées applicables à tout type d'équipes projet, pas seulement en entreprise. En effet, l'organisation d'une soirée entre étudiants, d'un week-end entre amis, d'une manifestation par des bénévoles membres d'une association, etc., constituent autant d'occasions de réunir autour d'un objectif ponctuel des individus différents, sans liens hiérarchiques entre eux. Au même titre qu'une task-force repérée comme telle en entreprise, ces personnes sont confrontées à la nécessité de bien travailler ensemble, si elles veulent atteindre leur objectif commun. L'ambition est donc ici de fournir un « fond culturel » apte à aider tous les acteurs en situation de travail collaboratif au sein d'une équipe, quel que soit leur contexte.

De ce fait, ce livre est susceptible d'intéresser une cible de lecteurs volontairement large et vise à apporter des clés de compréhension et d'action utiles pour tous : dirigeants, cadres d'entreprises, chefs de projet, participants à une équipe projet, autres acteurs concernés indirectement, mais également étudiants amenés dans un futur proche à participer à des projets, membres d'association, animateurs de groupe, etc.

■ Que trouve-t-on dans ce livre ?

Le contenu de cet ouvrage est avant tout la mise en forme de savoir-faire observés en situation et mis en œuvre par des praticiens. De ce fait, l'option choisie a été de sélectionner les éléments de connaissance qui semblaient les plus utiles aux acteurs projets en situation. L'approche est donc volontairement partielle : elle ne cherche pas à épuiser le sujet et à présenter de façon exhaustive tous les outils du management de projet. Elle vise néanmoins à être le plus complet possible sur ceux qui ont été choisis, de façon à faciliter un transfert aisé et une application directe aux cas vécus par les lecteurs.

L'ouvrage est parsemé d'illustrations, mais ne rechigne pas à puiser dans des recherches ou développements théoriques susceptibles d'être pertinents pour la pratique. La complémentarité entre les aspects conceptuels et opérationnels, théoriques et pratiques est ainsi privilégiée.

Le mode de raisonnement proposé tout au long du livre s'appuie sur des messages-clés, qui ont vocation à être des principes de portée générale, utiles et applicables à tout projet. Certains sont formulés de façon appuyée, et parfois un peu provocante. Bien sûr la réalité est toujours plus nuancée, mais notre expérience pédagogique montre que la confrontation à des points de vues et thèses très tranchés constitue une puissante démarche d'apprentissage, ne serait-ce que du fait des réactions que son caractère excessif engendre immanquablement !

Ces messages-clés ainsi que des vignettes complémentaires sont mis en évidence sous forme d'encadrés tout au long de l'ouvrage.

La structure du livre est construite autour de neuf chapitres, qui sont représentés sur la figure 2.

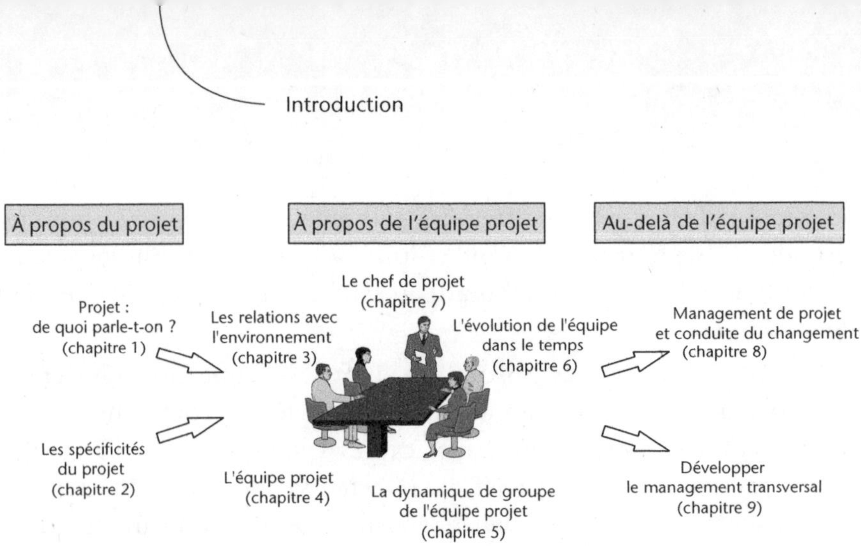

Figure 2 – Vision d'ensemble de la structure du livre

Les deux premiers chapitres portent sur la compréhension fine de ce qu'est et de ce que n'est pas un projet. Une confusion certaine marque le terme de projet, qui s'applique indistinctement à des situations pourtant très différentes. Il est donc nécessaire de consacrer du temps en amont à identifier les caractéristiques spécifiques du projet sur lequel on s'engage. L'action sera d'autant plus efficace que l'on aura su se poser au préalable quelques bonnes questions. Un outil de visualisation très opérationnel sera proposé pour faciliter une application immédiate de ces deux chapitres, plutôt orientés vers la vigilance, la prise de recul et la réflexion.

Le deuxième bloc forme l'ossature de l'ouvrage : il concerne l'équipe projet, abordée en cinq chapitres. Le chapitre 3 met en évidence l'importance de la prise en compte de l'environnement et des acteurs externes au projet susceptibles d'influencer son déroulement. Les chapitres 4 et 5 fournissent la substance de la compréhension de ce qui fonde les spécificités et les éléments de dynamique d'une équipe projet : l'organisation du travail, la coopération interne, l'analyse des compétences, la motivation individuelle et collective, la dynamique de groupe... y sont abondamment développés. Le chapitre 6 envisage l'équipe sous l'angle de son évolution dans le temps, en fonction des différentes étapes de la vie d'un projet. Enfin, le chapitre 7 se centre sur un acteur incontournable : le chef de projet.

Au-delà du management d'équipe, l'ouvrage se termine par une double ouverture.

Le chapitre 8 évoque la place qu'occupent les projets dans la conduite du changement. La coexistence de plusieurs projets simultanés induit des évolutions dans les systèmes de gestion et d'organisation qui n'ont pas été conçus pour eux. Plus encore, des stratégies consistent à susciter le changement par l'intermédiaire des projets. Le management d'équipe projet devient alors un instrument de management global. Enfin le chapitre 9 nous entraîne au-delà des projets, vers le management transversal.

Il est temps de se mettre en route pour ce périple au cœur de ce qui fait le succès ou l'échec des projets : le management des hommes.

Comme le dit Yves Dubreuil, chef de projet charismatique de la célèbre Twingo : « Il ne faut jamais oublier que l'on est dans un univers d'incertitudes. Il ne faut pas non plus oublier que la réalité est complexe. Vous ne gérerez jamais un projet automobile d'un millier de tâches avec une méthode Pert ! Les tentatives de description de la réalité seront toujours vouées à l'échec. On ne fera jamais l'économie de mettre des acteurs sur le terrain, qui géreront eux-mêmes la difficulté. »[1]

1 Citation issue du site web de l'Institut du management d'EDF-GDF : *http://im.edfgdf.fr.*

Chapitre 1

Projet : de quoi parle-t-on ?

Executive Summary

- **Le terme « projet »** est un mot-valise qui regroupe des réalités très différentes.
- **Mieux vaut donc** considérer chaque projet comme une activité unique dans un contexte particulier, afin d'adopter une posture de questionnement et de vigilance.
- **Ce chapitre** vise à sensibiliser le lecteur à la diversité des situations de projet et lui permettre de développer une posture d'ouverture à la complexité et à l'incertitude.

Il y a projets et projets

C'est incontestable, la notion de projet est particulièrement à la mode aujourd'hui dans les entreprises. On en parle comme d'une évidence : tout le monde fait des projets, on devient chef de projet, on forme à la gestion de projet, on écrit sur les projets, etc. Ce mot-là est sur toutes les lèvres, sur tous les catalogues de formation, dans tous les ouvrages et colloques.

> Si vous tapez le mot « project » sur Amazon.com, au début de cette année 2011, vous trouverez 173 340 références de livres anglo-saxons !
> Cet ouvrage va contribuer à augmenter les statistiques d'une unité !

Cet engouement généralisé ne cache-t-il pas pourtant une confusion certaine ? De quoi parle-t-on exactement ? Que se cache-t-il réellement derrière ce mot magique, supposé constituer un remède miracle pour les organisations de ce début de siècle ? On sent bien intuitivement qu'il y a peu de rapports entre un projet de construction d'un barrage en Chine, un projet de lancement d'une nouvelle gamme automobile et un projet de déménagement d'un siège social d'une entreprise dans de nouveaux locaux. Les différences se creusent encore quand on parle de projet d'entreprise, d'établissement, de projet personnel, professionnel... Le même terme est employé pour évoquer la perspective d'un séjour familial à la mer (projet de vacances), une campagne électorale (projet politique), l'identification d'un nouveau vaccin (projet de recherche), l'aménagement du territoire (projet de développement local) ou la démarche d'un entrepreneur qui monte sa société (projet d'entreprise).

Il faut bien le reconnaître, le terme projet constitue un mot-valise dont la polysémie n'a d'égal que la diversité des situations qui le sous-tendent.

Il serait pourtant bien pratique de pouvoir identifier un certain nombre de caractéristiques communes à l'ensemble de ces activités. Considérer ce qui réunit ces situations permettrait peut-être d'avoir recours aux mêmes méthodes, techniques et outils pour les mener à leur terme. Certains ouvrages (*Ecosip*, 1993) tentent bien de mettre en évidence ces points communs. Par exemple, le fait que tout projet vise à atteindre un but, la plupart du temps non répétitif, dans des situations d'incertitude forte, avec une démarche bornée dans le temps est une description applicable à tous les projets. Elle est cependant trop générale pour être réellement utile et, de plus, certains éléments apparaissent discutables.

Exemple

Borner un projet dans le temps, avec une date précise de début et de fin est loin d'être évident. Dans une entreprise industrielle de plasturgie, un projet de réorganisation de l'atelier a permis de diviser de 30 % les coûts de production et de 50 % les temps de fabrication. Quand a-t-il réellement démarré ? Au moment où l'évaluation précise de la perte de performance industrielle a été menée par le contrôle de gestion ? Quand l'idée d'instaurer des ateliers flexibles et polyvalents a germé dans la tête d'un ingénieur ? Lors du comité de direction où la décision a été prise de mettre en place une telle réorganisation ? Ou encore lors de l'étude de faisabilité ? Ou d'écriture du cahier des charges ? Ou bien enfin lors du démarrage de la transformation physique de l'atelier ? La réponse n'est pas simple !

Bien sûr, on peut affiner ce niveau de généralité et identifier des points communs à des projets aux caractéristiques proches. On distingue alors diverses situations projet en fonction :

- de leurs objectifs : réaliser une activité nouvelle, inventer un nouveau produit ou service, réduire les coûts, améliorer la qualité, réorganiser une entreprise, rechercher des financements, mobiliser des énergies humaines, etc. ;
- de leur nature : projet d'ordre technique, administratif, marketing, industriel, projets de recherche, démarche entrepreneuriale, etc. ;
- du secteur d'activité dans lequel ils se déroulent : projet associatif, militaire, médical, éducatif, politique, etc. ;
- du domaine d'application : maintenance, produits nouveaux, informatique, qualité, social, etc.

Construire des typologies (Joly et Muller, 1994) permet de rassembler des situations ou des contextes proches et d'élaborer des outils peu ou prou applicables à tout projet au sein d'une même catégorie. Cette conception permet d'éviter de « réinventer la roue » et de tirer profit des solutions existantes pour un type de situation donnée et qui ont déjà fait leur preuve.

Exemple

Tout projet touchant l'aménagement du territoire (construction de route, d'école, etc.) nécessite de suivre scrupuleusement une démarche bien précise (et d'ailleurs obligatoire) d'étude préalable, d'enquête d'utilité publique, de demande de subvention, etc., dont les étapes sont formalisées, spécifiées et réglementées dans des procédures administratives propres à ce type de contexte et qu'on doit respecter dans chaque cas. Inutile de dire combien il apparaîtrait saugrenu d'utiliser une démarche de ce type dans le cadre d'un projet associatif mené par des étudiants pour organiser un challenge sportif inter-universités !

De même, créer une nouvelle campagne marketing s'appuie sur une démarche ouverte à l'imagination, l'exploration, la créativité. À l'inverse, un projet de certification qualité nécessite de suivre méthodiquement un cahier des charges bien balisé et d'appliquer des règles rigoureuses d'assurance qualité. À chaque typologie correspondent des démarches, méthodes et outils privilégiés.

Cependant, construire des typologies demeure la plupart du temps insuffisant. Même au sein d'une catégorie donnée, la diversité des situations demeure.

La mise en place d'un intranet dans une entreprise diffère de façon importante de la création d'un système d'échange automatique de données informatisées (EDI) entre un donneur d'ordre et un sous-traitant et pourtant, ils rentrent tous les deux dans la même catégorie générique de projet informatique.

Bref, une démarche de typologie conduit assez vite à créer des sous-catégories plus cohérentes, puis des sous-sous-catégories encore plus précises, pour finalement arriver à des situations à chaque fois uniques.

Le projet : une activité unique dans un contexte singulier

Plutôt que de rechercher ce qui rapproche des situations projet, nous défendons ici l'intérêt de se concentrer sur ce qui les distingue et de suivre au pied de la lettre l'idée qu'*un projet est une activité unique dans un contexte singulier.*

Exemple

Prenons le cas d'un projet de formation sur-mesure conçu pour une institution bancaire : former une équipe d'une centaine d'agents commerciaux à un nouveau produit financier. L'équipe projet est composée de 2 formateurs (un externe et un interne) ainsi que d'un responsable pédagogique. Le programme se déroule en 3 jours de séminaire, par groupes de 20 personnes. Cinq séminaires sont prévus : ils ont les mêmes objectifs, le même contenu, la même démarche pédagogique, la même organisation, etc. Pourtant, ils ne seront jamais totalement identiques : les participants (leurs attentes, leur profil, leurs comportements, etc.) seront différents, mais aussi des éléments divers tels que le contexte (qui peut varier d'un séminaire à l'autre), la forme physique et l'énergie du formateur, la dynamique propre à chaque groupe, etc., en feront à chaque fois une situation unique dans un contexte singulier.

Quel est l'intérêt de repérer les éléments singuliers d'un projet, plutôt que ses éléments récurrents pour lesquels on dispose d'expériences ou de méthodes bien rodées ?

La réponse principale est que cela permet de conserver de la vigilance : dans un monde complexe, soumis à des bouleversements permanents, il est prudent de s'interroger sur ce qui a changé d'une situation à une autre, même si elles sont apparemment très proches. Cette vigilance permet de ne pas tomber dans le piège de la reproductibilité mécanique et d'adopter une attitude ouverte à l'anticipation, à la remise en cause, à l'adaptation et au changement. En langage technique de gestion de projet, on parlerait d'analyse des risques.

Plutôt que de chercher la bonne méthode reproductible et généralisable, l'approche présentée ici privilégie la recherche permanente des bonnes questions à se poser, dans une situation de conduite de projet qui est à chaque fois nouvelle et singulière.

Les capacités d'action et d'organisation sont souvent mises en avant dans les projets : « Il faut foncer, avancer coûte que coûte, passer en force », entend-on souvent.

Le point de vue défendu met en évidence l'importance des compétences de questionnement, de diagnostic global et d'analyse systémique.

Exemple

Dans le cas du projet de formation précédemment cité, c'est parce que l'équipe projet s'est constamment posé la question suivante : « En quoi le séminaire N+1 est-il différent du séminaire N ? », qu'elle a pu faire évoluer le contenu de la formation et s'adapter aux besoins des participants des séminaires 4 et 5. En effet, ceux-ci avaient déjà eu le temps de se familiariser avec le nouveau produit avant le séminaire et ils souhaitaient moins d'apports basiques et plus d'expertise pointue, sur la base d'interrogations précises qu'ils avaient, et un temps plus réduit. Les séminaires 4 et 5 n'ont donc duré qu'une journée et demie, animés directement par les concepteurs du nouveau produit, avec un format de type questions-réponses. On est loin de la vision initiale d'un même projet répété 5 fois à l'identique.

À une conception universaliste du management de projet s'oppose donc une vision contingente. Adopter l'une ou l'autre approche n'est pas neutre : les enjeux, les questions qui se posent et les stratégies d'actions diffèrent de façon importante.

La manière de mener un projet change en fonction du point de vue dominant que l'on adopte.

Dans un cas, la planification et le respect des bonnes pratiques l'emportent. Dans l'autre, ce sont les processus d'apprentissage et de développement *ad hoc* tout au long du projet qui comptent.

Bien sûr, l'opposition présentée ici entre deux modèles extrêmes est sciemment accentuée : il est aussi inefficace de systématiquement « réinventer la roue » que d'appliquer sans discernement les mêmes méthodes et outils dans tous les cas.

Un juste équilibre doit être trouvé entre une approche « page blanche », qui privilégie l'invention de solutions nouvelles, et une judicieuse mobilisation des savoir-faire, outils et expériences passés aisément disponibles.

Tableau 1.1 – Deux conceptions extrêmes du management de projet

Accent mis sur les *convergences* entre un projet et un autre	Accent mis sur les *spécificités* de chaque projet
Accent mis sur les *points communs*	Accent mis sur les *facteurs de contingence*
La conduite de projet répond à des *principes universels*	La conduite de projet est toujours un *cas particulier*
Recours à des méthodes et outils *standard*	Développement de méthodes et outils *ad hoc*
Accent mis sur la *planification* et la *programmation* des tâches au démarrage d'un projet	Accent mis sur l'*apprentissage* au fur et à mesure de l'avance du projet

Nous insistons cependant ici sur l'importance d'envisager chaque projet sous son angle spécifique, car il nous semble que les comportements de prise de recul et de questionnement que suppose ce point de vue sont moins naturellement mobilisés dans les organisations. La recherche permanente de l'efficacité (faire vite et à moindre coût) incite insidieusement à la reproductibilité systématique et un peu aveugle de ce que l'on sait déjà bien faire.

Le projet : une question de point de vue

Un coup d'œil rapide à quelques définitions classiques de la gestion de projet permet d'étayer la thèse de la polysémie du concept.

Pour le *Petit Robert,* un projet est « une chose que l'on se propose de faire, une intention ». J'ai le projet de faire construire une maison : rien n'est encore commencé : ce n'est qu'une déclaration d'intention, peut-être même pas située dans le temps.

Une autre définition possible d'un projet est : « L'objet de la réalisation tant qu'il n'est pas terminé. » Cette fois-ci, le projet devient matériel, visible et palpable : c'est le chantier de la maison en train d'être construite. Celui-ci achevé, on ne parlera enfin plus de projet, mais de réalité.

Étymologie du mot projet[1]

Le verbe « projeter » aurait fait son apparition dans notre vocabulaire au XIIe siècle. Il signifiait alors « jeter en avant, au loin ». À l'aube du XIVe siècle, le même terme, devenu entre-temps « pourgeter », désigne l'action de reconnaître un lieu, une chose, pour s'en faire une idée précise. De là est issue l'expression « pourgeter une embuscade », entendue dans la bouche de Jean Reno dans le film *Les Visiteurs*. Aujourd'hui, le sens donné par les Français au mot projet privilégie l'intention, l'objectif que l'on veut atteindre. Les Anglo-Saxons l'envisagent plutôt sous l'angle de la réalisation, du pilotage, du passage de l'intention à l'acte. ■

Pour l'Afnor, il s'agit « d'une démarche spécifique qui permet de structurer méthodiquement et progressivement une réalité à venir ».

Dans le cadre de cette définition, le projet représente les différentes étapes techniques par lesquelles l'idée de construire une maison va progressivement se réaliser : préparation du terrain, plan, choix des maîtres d'œuvre, fondation, gros œuvre, toiture, équipements intérieurs, finition, etc.

Parfois, on peut appréhender un projet par « l'entité dédiée pour parvenir à un objectif ». Cette fois-ci, parler de projet consiste à énumérer les acteurs membres de l'équipe projet : dans le cas de la maison, il s'agit de l'architecte, du chef de chantier, des différents corps de métier, du banquier, etc.

Enfin, on assimile souvent la conduite d'un projet à un art, « l'art d'adapter des méthodes à un objectif unique à atteindre ».

Le projet représente cette fois le savoir-faire de l'architecte et l'expérience des ouvriers spécialisés pour faire en sorte que la réalisation finale soit la plus adaptée possible aux attentes du client, aux contraintes du terrain, aux réglementations locales, etc.

Ces quelques définitions attestent bien de la complexité du concept : le terme « projet » s'applique indifféremment à des éléments immatériels (une intention, un rêve, un souhait, etc.), ou au contraire matériels (objet concret en cours de réalisation), d'ordre méthodologique (une démarche, un dispositif) ou au contraire personnalisés (un art, un savoir-faire).

Aucune approche n'est meilleure que les autres : chacune éclaire un angle particulier, selon le regard privilégié adopté.

Définir un projet est donc bien une question de point de vue.

1 Extrait de Hamon M., *Comment réussir des projets de changement, op. cit.*

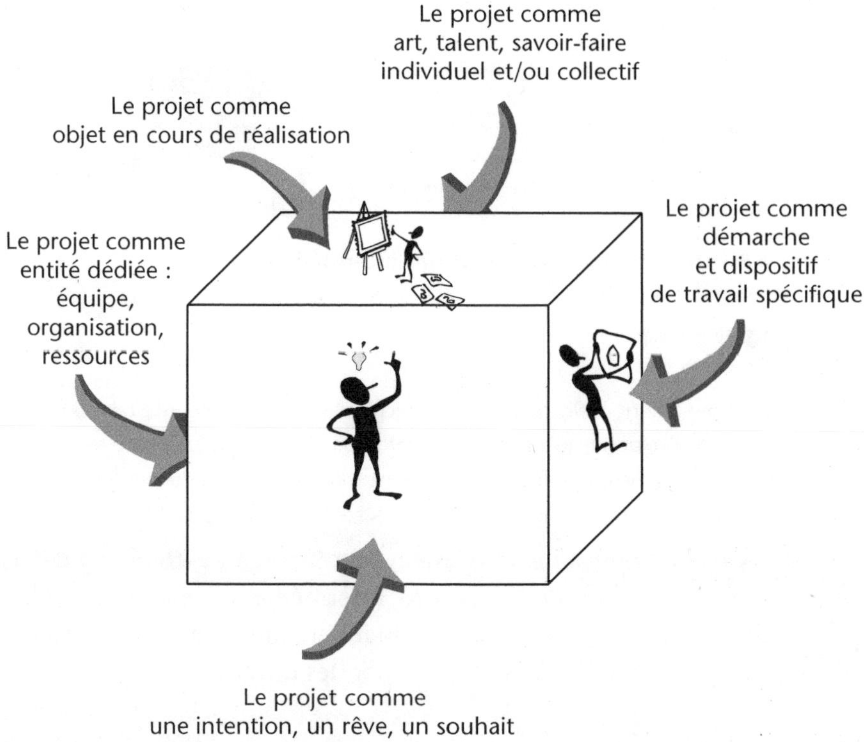

Figure 1.1 – Différentes façons de définir un projet selon l'angle de vue adopté

Le projet : une vue de l'esprit

Certains lecteurs, en parcourant le cas des 5 séminaires de formation dans l'institution bancaire se sont peut-être posé la question : mais parle-t-on bien ici d'un projet, et non d'une mission, d'un programme, etc. ? Le problème de la définition exacte de ce qu'est et de ce que n'est pas un projet reste posé.

Intuitivement, il ne fait pas de doute que des réalisations du type Tunnel sous la Manche, ou organisation de la Coupe du monde de football représentent bien l'archétype de ce qu'on appelle projet. Ils sont uniques et non reproductibles en l'état. À l'inverse, produire en grande série un véhicule automobile ou encore des masses de composants électroniques tous identiques n'entre clairement pas dans la catégorie projet. Entre ces deux extrêmes, il existe un continuum de situations intermédiaires.

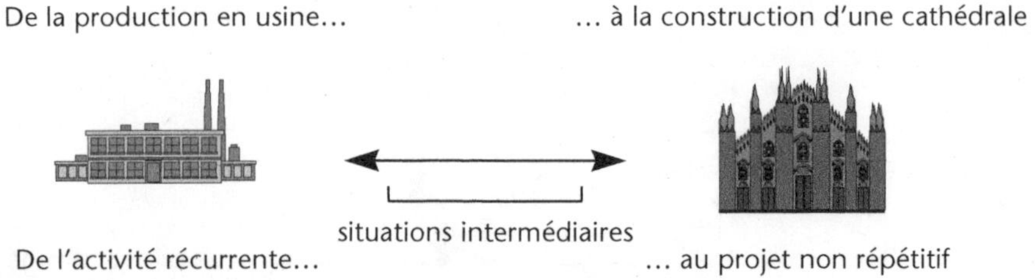

Figure 1.2 – Un continuum de situations intermédiaires

Exemple

Développer une nouvelle gamme de véhicules automobiles peut se faire pour partie en mode projet (jusqu'au stade du prototypage ou de la petite série expérimentale) et pour partie en mode non-projet (dans la phase de production de masse).

Poussons de nouveau le raisonnement un peu à l'extrême en défendant l'idée qu'il existe des situations intermédiaires pour lesquelles il s'agit de faire un choix. Le fait de qualifier une activité de projet se décrète et résulte d'une décision prise par des dirigeants.

Un projet n'existe pas en soi : c'est une vue de l'esprit, c'est une étiquette que décide de coller ou non un manager sur une activité donnée.

Bien évidemment, la mise en œuvre de l'action ne sera pas la même si l'on a choisi d'en faire un projet ou pas et les points d'attention seront différents.

Décréter qu'une activité est un projet amène à affecter et concentrer des ressources (humaines, financières, techniques, etc.) sur cette activité et à l'envisager sous l'angle de son unicité.

Décréter qu'une activité n'est pas un projet amène à concevoir des dispositifs de régularité et à l'envisager sous l'angle de sa reproductibilité.

Cas d'entreprise

Une campagne de promotion pour les fêtes de Noël dans un grand magasin parisien.

D'un côté, on peut se représenter ce cas comme une activité récurrente : tous les ans, le magasin fête la fin d'année par une opération imposante de marketing »

» (magasin décoré, spectacles quotidiens, jeux-concours, opérations coup-de-poing, etc.). Même si l'interruption (du 15 janvier au 15 décembre) est longue, il s'agit bien d'une opération récurrente, qui se reproduit tous les ans aux mêmes dates, avec un certain nombre d'étapes, d'éléments logistiques, de manifestations concrètes qui sont identiques.

D'un autre côté, chaque année un thème différent est choisi. Les manifestations proposées sont chaque fois renouvelées. Les personnes chargées de réaliser la quinzaine ne sont pas toujours les mêmes. Le contexte des affaires et les ressources disponibles sont variables d'une année sur l'autre.

Il s'agit bien d'une activité unique dans un contexte singulier.

En fin de compte, est-ce un projet ou pas ?

Si le directeur du magasin fait le choix d'en faire un projet, cela signifie qu'il va insister de façon privilégiée sur la structure *ad hoc* à mettre en place, sur les hommes à mobiliser, sur l'objectif particulier de la campagne, sur le thème propre à l'année en cours, etc. Bref, il va concentrer des ressources sur l'événement et lui conférer une importance symbolique particulière. Il va également nommer un chef de projet (lui-même ou un de ses collaborateurs). Il va envoyer un message fort sur le caractère exceptionnel et l'importance stratégique qu'il confère à l'opération « quinzaine de Noël » dans son magasin.

À l'inverse, si le directeur du magasin fait le choix d'en faire une activité récurrente, cela signifie que ses efforts vont porter sur les relations avec des partenaires logistiques externes capables tous les ans de l'aider à réaliser la quinzaine, sur les conditions d'embauches pluriannuelles de personnel supplémentaire pour cette période, sur la budgétisation régulière de l'opération...

La responsabilité de l'opération sera inscrite dans une description de fonction (la sienne ou celle d'un collaborateur). Bref, il va concentrer son attention sur les dispositifs de régulation qui vont assurer la continuité et la stabilité de l'opération et de son organisation. Il va « banaliser » l'opération « quinzaine de Noël » en l'inscrivant dans le cadre des missions régulières de l'organisation et des hommes.

Bien sûr, une approche n'empêche pas l'autre et la démonstration présentée ici est volontairement simpliste. Elle permet toutefois d'éclairer la dimension subjective, plus ou moins prononcée mais néanmoins inhérente à toute situation projet.

Quand une direction générale labellise des actions de « projets stratégiques », c'est plus l'importance symbolique liée à la position prise par cette direction qui compte, que de savoir en fin de compte si les actions promues sont réellement des projets. On y consacre de l'attention, des ressources, de la mobilisation humaine… et c'est bien l'objectif visé.

Le projet est donc bien, de ce fait, une vue de l'esprit.

Combien y a-t-il de projets dits stratégiques dans votre entreprise ?

Selon ce raisonnement, les projets stratégiques sont, par définition, peu nombreux dans une organisation. Les multiplier amènerait à réduire leur portée symbolique et à diluer des ressources que le mode projet sert, au contraire, à concentrer. Cette règle est-elle vérifiée dans votre entreprise ? Amusez-vous à recenser le nombre actuel de projets dits « stratégiques ». ■

Dans cette partie, nous avons voulu montrer que rien ne ressemblait moins à un projet qu'un autre projet. Le terme lui-même se réfère à de multiples situations et définir un projet est bien souvent une question de point de vue, voire une vue de l'esprit.

Bref, la diversité est au cœur du concept de projet. Pouvoir se repérer dans cette diversité est donc une nécessité. Ce sera l'objet du chapitre suivant.

L'essentiel

- **Les projets** sont particulièrement à la mode aujourd'hui dans les entreprises. Cependant, le même terme de projet s'adresse indifféremment à des situations d'une extrême diversité.
- **Un projet** peut être appréhendé de différentes façons selon l'angle de vue adopté.
- **Un projet** n'existe pas en soi : le fait de qualifier une activité de projet se décrète et résulte d'un choix. Le projet est donc aussi une vue de l'esprit.
- **Construire** des typologies permet d'identifier des situations projet aux caractéristiques proches.

Chapitre 2

Identifier les spécificités d'un projet

Executive Summary

Pour bien comprendre les spécificités d'un projet, il faut pouvoir répondre à des questions apparemment simples :

– Quel est l'objectif, la taille, l'importante, la complexité et les effets induits du projet ?

– Quels sont les liens que le projet entretient avec le contexte dans lequel il se développe ?

Chaque projet peut être représenté par « son empreinte digitale » qui lui confère un caractère unique.

Ce chapitre propose quelques typologies simples pour se repérer dans la diversité des projets et un outil opérationnel de formalisation de « l'empreinte digitale » sous forme de profil visuel.

Nous avons défendu le point de vue qui consiste à considérer chaque projet comme spécifique. À la question « Qu'est-ce qu'un projet ? » nous avons induit une réponse du type : « Cela dépend ». Il devient alors légitime de se poser un certain nombre de bonnes questions, quand on est amené à participer, de près ou de loin, à une situation de projet.

Comprendre un projet, c'est pouvoir répondre à des questions apparemment simples

Un projet est, par nature, toujours unique.

Ainsi, au-delà des définitions très générales, il est nécessaire d'identifier de façon fine des caractéristiques distinctives qui en font à chaque fois un dispositif singulier adapté à un objectif non répétitif.

Plusieurs questions simples d'apparence viennent immédiatement à l'esprit : « Quel est l'objectif ? Quels sont les enjeux ? En quoi le projet est-il important ? Quel est son contenu exact ? »

Quel est l'objectif du projet ?

Le contenu des réponses est souvent multiple. Par exemple, concernant la finalité d'un projet, derrière l'évidence d'un énoncé spontané (mettre sur le marché un nouveau produit, obtenir une certification qualité, réaliser un voyage autour du monde, ou encore organiser une représentation théâtrale), se dissimulent fréquemment des objectifs sous-jacents, plus ou moins explicites et parfois contradictoires entre eux.

Exemple

Projet de création d'un parc d'affaire dans une petite ville de l'est de la France, proche d'une grande métropole.

Suite aux dernières élections, l'équipe municipale en place depuis plus de dix ans a été cette fois réélue de justesse : faisant le double constat d'une saturation de la métropole régionale toute proche (tant au niveau du trafic que de l'espace constructif disponible), elle a bâti sa campagne électorale autour de la redynamisation économique de la commune et d'une politique volontariste de développement de l'emploi local. La création d'un parc d'affaire en bordure de la commune a été l'engagement le plus visible de l'équipe et, du moins le pense-t-elle, l'argument qui a fait pencher la balance électorale de son côté. L'objectif de développement économique est indéniable, mais au-delà, ce projet peut aussi être vu comme une opportunité :

– d'obtenir des financements locaux, régionaux et nationaux, et donc de faire rentrer de l'argent dans les caisses de la commune ;

– d'assurer une activité importante pour les nombreuses entreprises de bâtiment et de travaux publics locales, constituées en groupe de lobbying très puissant et qui ont, semble-t-il, joué un rôle important dans la réélection du maire ;

– d'acquérir plus facilement et moins cher un terrain très convoité depuis longtemps par la municipalité ;

– de ne pas se laisser dépasser par une commune voisine, où un nouveau maire fraîchement élu vient de déclarer son intention de créer une grande zone commerciale à vocation régionale ;

– de communiquer une image dynamique de la ville... et de faire taire l'opposition municipale qui met fréquemment en exergue l'immobilisme de l'équipe en place ;

– de permettre au maire de se construire une légitimité pour se présenter aux prochaines élections régionales, au sein d'une liste qui met les problèmes d'emploi au cœur de sa campagne.

Tous ces objectifs ne sont pas exclusifs : lancer le projet permet d'obtenir des financements, d'acquérir le terrain tant convoité, renforce l'image de la ville et répond aux enjeux personnels du maire. Mais face aux difficultés de tout ordre (administratives, financières, techniques, écologiques, etc.) auxquelles on peut supposer que va se heurter un projet de ce type, il est sain de se poser la question de la solidité des objectifs dans le temps et de repérer ceux susceptibles de résister ou de s'affaiblir.

Exemple

Après tout, lancer des études de faisabilité permet déjà d'atteindre l'objectif de promotion et de notoriété de la ville... et de son équipe dirigeante. D'autre part, si l'objectif dominant est de fournir de l'activité pluriannuelle aux entreprises de BTP, il se peut que la commercialisation du parc d'affaire soit négligée et qu'on se retrouve avec un superbe espace mais qui reste vierge de toute entreprise locataire !

De plus, la multiplicité des objectifs renvoie à une multiplicité de points de vue, attentes et enjeux spécifiques formulés implicitement par tous ceux qui sont, d'une manière ou d'une autre, concernés par le projet.

Exemple

Pour le maire, c'est l'enjeu de notoriété et de légitimité personnelle auprès de ses collègues de la liste pour les élections régionales qui domine. Pour son premier adjoint chargé des finances, c'est la perspective de financement pouvant gonfler le budget et soulager une trésorerie instable qui prime. Pour le président du groupement local des entreprises de BTP, remplir les carnets de commande pour une longue période est une priorité. Pour les riverains proches de la zone concernée, c'est plutôt la crainte de nuisances qui l'emporte, même s'ils sont bien conscients de l'intérêt pour l'emploi d'une telle initiative.

Quelles sont la taille et l'importance du projet ?

Quantifier l'importance des enjeux et même simplement la taille d'un projet peut prêter à de multiples interprétations et doit faire l'objet d'une attention toute particulière. Qu'appelle-t-on un projet important ? Comment le mesure-t-on ? Là aussi, cela dépend des points de vue.

Exemple

Dans une entreprise industrielle, on trouve de nombreux types de projets importants :
- pénétrer un nouveau marché ou renouveler une gamme de produits : c'est un projet important parce qu'il est vital sur le plan stratégique ;
- mettre en place un nouveau système d'information, parce qu'il concerne l'ensemble des employés et bouleverse les modes d'organisation interne ;
- automatiser une ligne de production, parce qu'il nécessite un lourd investissement financier ;
- obtenir une certification qualité, parce qu'il oblige à dégager du temps et à constituer une équipe dédiée sur une période relativement longue ;
- lancer une grande opération de mécénat culturel, parce que le directeur général, grand amateur d'art et fervent promoteur de l'idée que l'entreprise doive soutenir le milieu socioculturel local, s'engage personnellement...

On le voit, de multiples indicateurs peuvent permettre de caractériser la taille d'un projet et l'importance de ses enjeux : montant de l'investissement financier, nature et importance des ressources techniques mobilisées, taille de l'équipe projet, temps consacré par les personnes, durée totale, effets internes du projet sur l'organisation, contribution attendue au développement de l'entreprise, engagement de la direction générale... Aucun ne s'impose de façon permanente et universelle.

Quel est le degré de complexité du projet ?

La même remarque peut être portée à l'analyse de la complexité d'un projet. Pour répondre à la question : « Est-ce un projet complexe ? », de multiples systèmes de mesure existent. Des entreprises industrielles se basent souvent sur le degré de difficulté technique. On rencontre parfois des indicateurs particuliers, comme par exemple le niveau d'hétérogénéité des membres qui composent l'équipe projet. Ainsi, des projets industriels ou commerciaux sont jugés comme complexes quand ils font appel à des personnes issues simultanément de domaines de compétences, de filiales et de nationalités différents. L'éclatement géographique est également un critère supplémentaire de complexité : il est plus difficile de mener un projet avec des acteurs localisés dans plusieurs pays, et devant s'ajuster à distance que si l'équipe est réunie en permanence sur le même lieu.

Exemple

Le barrage des Trois-Gorges : un exemple de projet pharaonique[1]

Le barrage des Trois-Gorges est un barrage situé au cœur de la Chine, sur le Yangtsé, dans la province du Hubei. C'est le plus grand barrage hydraulique ainsi que le plus grand générateur d'électricité au monde.

Le chantier a démarré en 1994 et n'est pas encore terminé à ce jour, même si le barrage a été mis en production par étapes de 2001 à 2009.

Ce projet a généré de nombreuses polémiques, sur le plan écologique (déviation d'un fleuve, inondation de 600 km^2 de terres agricoles et de forêts) et sur le plan humain (déplacements de plus de 1,8 million d'habitants sans aucune aide de l'État, engloutissement de 1300 sites, villes et villages).

Les chiffres qui caractérisent ce projet sont impressionnants :

– Barrage : long de 2 335 mètres et haut d'environ 100 mètres. Sa construction a nécessité 27 millions de m^3 de béton.

1 « La construction du barrage des Trois-Gorges officiellement achevée » dans *Le Monde* web, 20 mai 2006, *http://fr.wikipedia.org/wiki/Barrage_des_Trois-Gorges.*

– Réservoir d'une superficie de 1 084 km^2, avec une navigation assurée par une gigantesque écluse de 100 m (5 écluses de 20 m). Le volume d'eau emmagasiné est de 39,3 milliards de m^3.
– Capacité de production : les 26 générateurs de la centrale ont une puissance installée de 18 200 mégawatts, soit 10 % de la capacité installée en Chine (ou 6 fois la capacité des centrales hydroélectriques du Rhône ou encore l'équivalent d'une douzaine de tranches de centrales nucléaires).
– Coût : officiellement la construction n'a coûté que 25 milliards de dollars, mais serait plus proche des 50 milliards.
– Face à ces chiffres, les 200 000 m^2 du parc d'affaire et la construction prévue de 10 bâtiments sur le site apparaissent comme une réalisation bien anodine.
– On comprend aisément que les acteurs concernés ne partagent pas ce point de vue si l'on se réfère au budget de l'opération comparé aux moyens limités d'une petite commune ou encore si l'on considère l'importance des enjeux qu'elle représente en matière d'emplois, de développement économique, de notoriété, etc., pour le bassin local. Tout est relatif !

Exemple

Dans le cas du parc d'affaire, la complexité venait de la nouveauté du projet et du manque d'expérience préalable au sein du conseil municipal en matière de développement économique.
Une autre source de complexité est plus inhérente au contenu lui-même du projet : complexité des démarches administratives et des montages financiers, multiplicité des parties prenantes, durée du projet, etc.

Taille et complexité sont deux facteurs utiles pour établir des typologies précises et permettre une représentation de la cartographie des projets qui cohabitent à un moment donné dans une entreprise.

Cas d'entreprise

Cette société leader du marché du petit outillage électroportatif a cherché à appréhender la diversité des projets simultanément menés en son sein. Une représentation a été construite autour de la taille des projets (définie dans ce cas par le montant du budget d'investissement) et la complexité (définie par le degré d'innovation de chaque projet : innovation produit, process de production, innovation marché). »

» Une complexité de niveau 1 mesure une faible innovation, limitée soit au produit, soit au marché, soit au process (exemple : l'amélioration locale d'un procédé de fabrication).

Une complexité de niveau 4 suppose une forte innovation, touchant simultanément les produits, process et marchés (exemple : une nouvelle gamme lancée sur un marché à l'international pour le moment inconnu, nécessitant de nouvelles méthodes de production et de commercialisation).

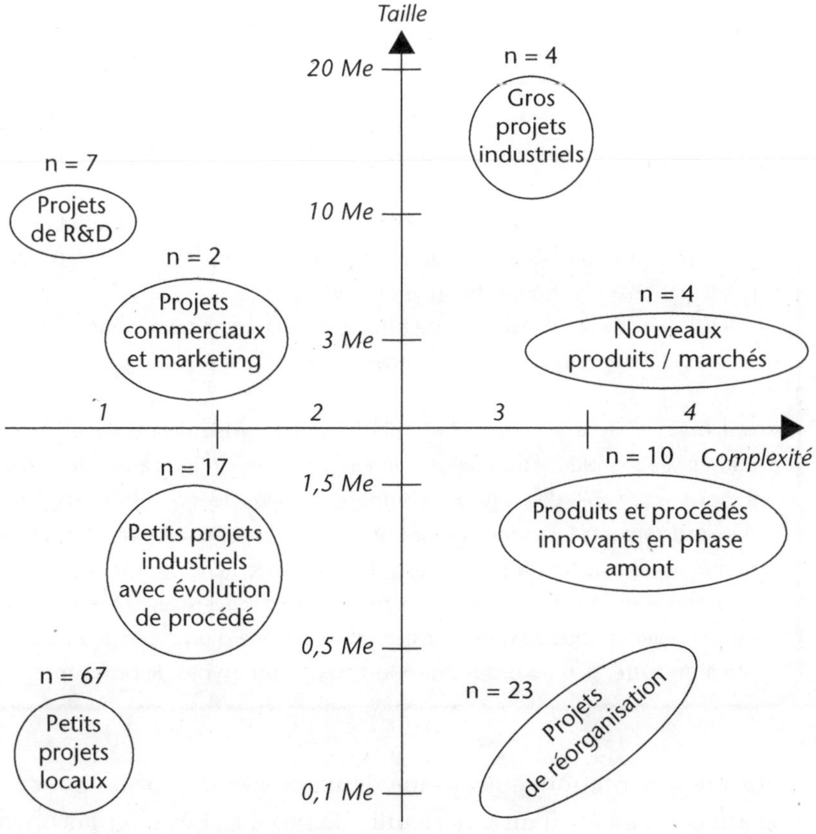

Figure 2.1 – Cartographie des projets en cours dans une entreprise industrielle[1]

Plusieurs types de projets différents ont été ainsi identifiés :

– les gros projets industriels : construction ou rachat d'un site de production, délocalisation dans des pays à moindre coût salarial, etc. ; »

1 Inspirée de la grille de Charue F. et Midler C., « Le Développement du management de projet chez Rhône-Poulenc », *Rapport de recherche interne*, juin 1994.

»– les projets « nouveaux produits/marchés » : lancement d'une nouvelle gamme, pénétration de marchés plus complexes, joint venture, etc. ;
– les projets « produits et procédés innovants en phase amont » : ils représentent plutôt des innovations techniques (par exemple, des outils de bricolage sans fil et avec batterie) s'appuyant beaucoup sur les outils et méthodes déjà en place (donc moins chers) ;
– les projets de réorganisation : cette catégorie représente principalement des actions ressources humaines : formation et reconversion des opérateurs, développement de la polyvalence, réflexion sur les 35 heures, etc., mais aussi des projets informatiques ;
– les petits projets industriels avec évolution de procédés : ils sont en général limités à un site ou même un atelier spécifique ;
– les petits projets locaux : ils concernent une partie bien localisée du système productif. Par exemple : investir dans une nouvelle chaîne automatisée, optimiser la gestion d'un stock, etc. ;
– les projets commerciaux et marketing : ils ne concernent pas la production et peuvent néanmoins être de grande ampleur : campagne ciblée dans un pays, participation à un salon, achat d'espace, etc. ;
– les projets de R & D : il s'agit de projets de recherche pure, généralement coûteux et à dominante technique, menés au sein d'une équipe spécialisée.

Une brève analyse de cette cartographie montre que les travaux de recherche fondamentale semblent être menés « en circuit fermé » (l'indicateur de complexité indique une faible diversité des compétences associées à ces projets), que peu d'investissements financiers portent sur les projets d'organisation et de ressources humaines, que le nombre de projets de développement commerciaux et marketing est faible ; à l'inverse des petits projets techniques locaux, très nombreux et qui soulèvent la question du transfert d'expérience d'un projet à un autre, d'un site à un autre, peu ou prou confrontés aux mêmes types de problèmes.

Ces représentations sous forme de typologie sont utiles pour mener une analyse globale d'un portefeuille de projets et évaluer la cohérence d'ensemble des actions menées.

Quels vont être les effets induits du projet ?

L'identification des conséquences directes et indirectes d'un projet est également un exercice plus difficile qu'il n'y paraît. Bien sûr, trouver une nouvelle molécule ou construire une usine en Asie constitue pour une entreprise des résultats tangibles et précis qui se suffisent à eux-mêmes. Mais toute production tangible comme celle-ci ne s'accompagne-t-elle pas d'autres intentions, de nature plus immatérielle ? Ne s'agit-il pas également par exemple, au-delà de l'innovation produit et commerciale, d'une incitation à développer de nouveaux modes de travail entre les personnes et filiales qui ne se connaissent pas encore ? Ne cherche-t-on pas à bousculer des modes d'organisation trop cloisonnés et à susciter de nouvelles formes de coopération ?

Exemple

De même, dans le cas du parc d'affaire, le projet ne constitue-t-il pas une opportunité de resserrer les liens et de redonner de la confiance à une équipe municipale en proie au doute, après une réélection de justesse ? Ou encore d'ouvrir une guerre ouverte avec la municipalité voisine et une lutte sans merci pour le financement de deux projets concurrents : le parc d'affaire et le centre commercial régional ?

On le voit, il faut se méfier des réponses trop rapides quand on cherche à caractériser un projet, à en définir les objectifs, les enjeux, l'importance... Plus que les réponses en tant que telles, c'est finalement la qualité et la profondeur du questionnement qui comptent. L'équipe projet doit, dès le départ, adopter une posture de doute constructif et de distanciation par rapport aux évidences si elle veut explorer les dimensions cachées du projet et de son environnement et en clarifier le plus tôt possible les contours. Par exemple, l'ambiguïté générée par la multiplicité d'objectifs plus ou moins explicites et contradictoires représente, si elle n'est pas levée très tôt, une menace qui risque de ressortir de façon inattendue au cours du projet, d'en perturber le déroulement et, de proche en proche, de conduire à l'échec.

Comprendre un projet, c'est identifier les liens qu'il entretient avec l'organisation environnante

Après avoir repéré les caractéristiques intrinsèques du projet, il convient de comprendre la place qu'il occupe dans son environnement et notamment les liens qui relient l'équipe projet avec le reste de l'organisation dans laquelle elle s'insère. Paradoxalement, il faut d'abord s'intéresser à ce qui est en dehors et autour du projet et de l'équipe chargée de le réaliser (l'environnement, les parties prenantes, la situation concrète, etc.) : *c'est « l'intelligence du projet »*.

Différents modèles types de relations projet-organisation[1]

Cette question est essentielle car elle permet d'évaluer la possibilité de s'appuyer peu ou prou sur des dispositifs, ressources, compétences ou expériences déjà existants. Par exemple, des secteurs comme le service informatique ou le conseil aux entreprises dont le mode de fonctionnement normal repose sur une succession de missions à chaque fois différentes n'ont pas de difficultés à constituer une équipe temporaire et multidisciplinaire pour répondre à la signature d'un nouveau contrat. Tout est organisé pour faciliter une répartition optimale des ressources (temps, hommes...) autour d'activités ponctuelles, limitées dans le temps et en constant renouvellement. L'enjeu porte ici sur la qualité des systèmes d'organisation et de gestion qui assurent l'efficacité globale de ce fonctionnement par projet : ordonnancement, gestion et suivi des ressources, planification des activités, transfert des expériences d'un projet à un autre, systèmes d'évaluation et de rétribution individuels et collectifs, gestion de carrières...

La gestion du portefeuille de projet l'emporte sur les considérations de tel ou tel projet local, dont aucun n'est réellement vital pour l'entreprise.

Cette importance relative des projets est par exemple typique des structures de recherche et développement dans l'industrie pharmaceutique.

La durée moyenne d'arrivée sur le marché d'une nouvelle molécule est d'environ 15 ans. Il vaut mieux arrêter le plus vite possible un projet si on perçoit qu'il a peu de chance d'aboutir, ou de ne pas être le premier sur le marché. Plus vite on aura su abandonner un projet aux perspectives faibles, plus grandes seront les ressources disponibles pour les autres. On parle ici de démarche *stop or go*. L'arrêt prématuré d'un projet n'est pas un échec : bien au contraire, *c'est un acte de clairvoyance managériale.*

Encore faut-il que les acteurs projets soient conscients de ce contexte particulier et que les décideurs prennent la peine de communiquer sur les conditions particulières dans lesquelles se développe ce type de projets.

---

1 Sur la base des idées de Midler C., « L'Acteur projet : situation, missions, moyens », in *Ecosip, Pilotages de projet et entreprises*, Economica, 1993.

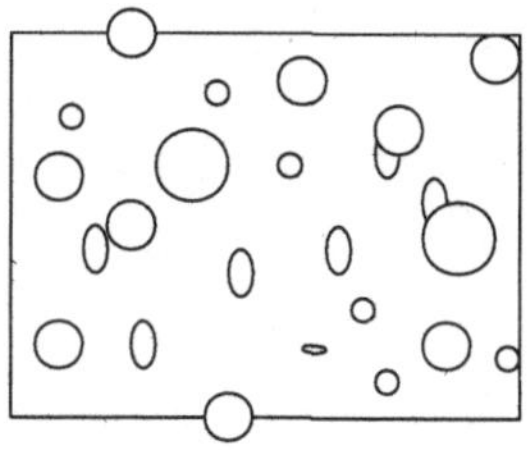

Figure 2.2 – Modèle 1 : De nombreux projets cohabitent dans une organisation donnée

On comprend que l'on se situe dans d'autres types de relations dans une entreprise industrielle importante, structurée en grandes fonctions, filiales autonomes, ou bien encore en produits et marques différenciés et qui doivent mettre des ressources en commun pour créer une innovation qu'aucune d'entre elles ne pourrait concevoir, produire et commercialiser isolément. L'enjeu porte ici sur la capacité de la structure projet à s'affranchir des règles dominantes de l'entreprise et à acquérir son autonomie tout en bénéficiant des compétences et expertises disponibles dans les structures métiers.

À l'inverse du cas précédent, il n'est pas question d'arrêter les projets : ils sont peu nombreux et très stratégiques (renouvellement d'une gamme de produits, pénétration d'un nouveau marché, construction d'une unité de production délocalisée, etc.).

Ces deux cas de figure constituent deux modèles types, que Christophe Midler distingue également d'une autre situation, où c'est le projet qui structure des entreprises ou entités organisationnelles différentes (cas du BTP, des grands travaux ou d'organisation d'événements par exemple). L'enjeu pour l'équipe projet est de savoir fédérer et coordonner des opérateurs spécialisés qui ne sont responsables que de leur propre contribution. L'exemple de dilution des responsabilités entre les différents corps de métier qui interviennent lors de la construction d'une maison est bien connu de tous ceux qui ont déjà été confrontés à cette situation.

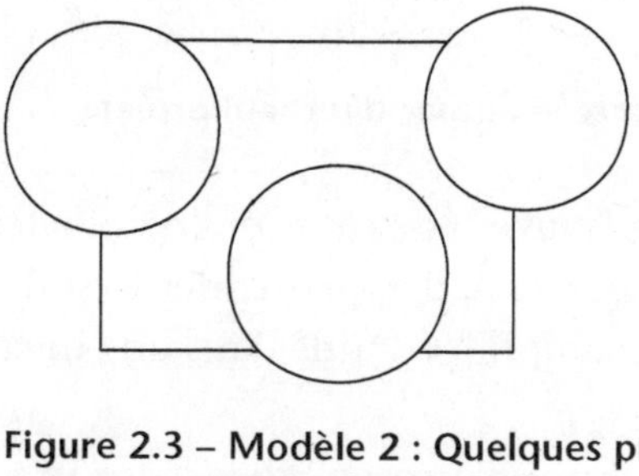

Figure 2.3 – Modèle 2 : Quelques projets très stratégiques, doivent s'articuler avec une organisation donnée

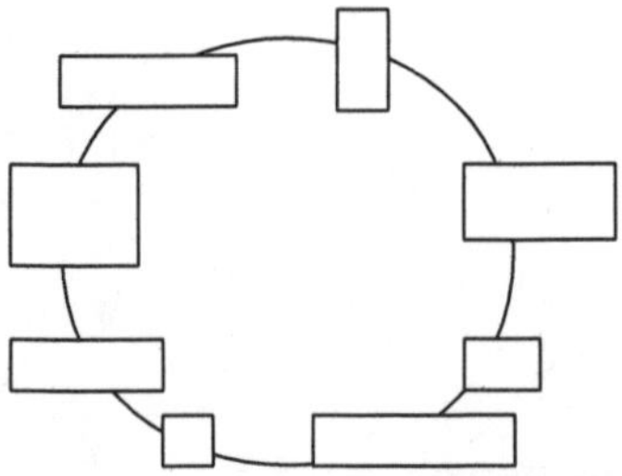

Figure 2.4 – Modèle 3 : Un grand projet et diverses organisations qui interviennent de façon limitée

On voit bien combien il est important de comprendre la place qu'occupe le projet dans une structure d'accueil et quels sont les enjeux posés par l'articulation entre des modes d'organisation souvent différents et construits pour répondre à des objectifs distincts.

Enfin, la nouvelle économie a enfanté une nouvelle forme d'organisation, dans laquelle le projet occupe une place centrale. Nous sommes ici dans le modèle de la start-up, créée parfois autour d'un seul projet, comme par exemple dans le secteur du jeu vidéo, où la survie de l'entreprise dépend de la réussite ou de l'échec du « hit » en cours de production. L'entreprise se confond avec le projet. La question qui est posée est bien évidemment celle de la pérennité de la structure au-delà du projet et de sa capacité à gérer un portefeuille équilibré de projets, entre investissement et rentabilité.

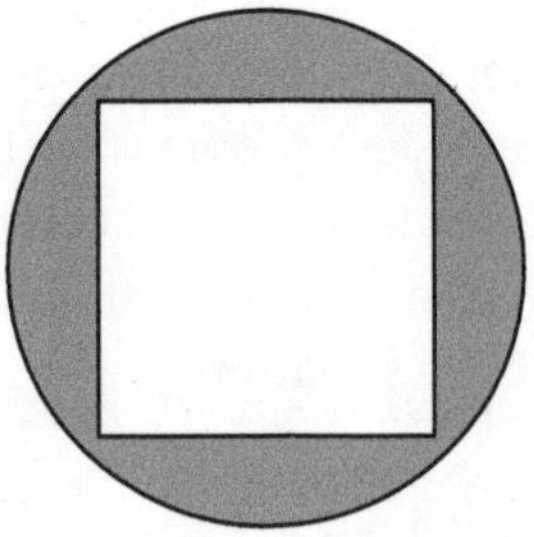

Figure 2.5 – Modèle 4 : L'organisation est créée autour d'un seul projet

Précisons enfin que la réalité sort très souvent du cadre des typologies et modèles académiques, et qu'il est nécessaire d'appréhender la situation à chaque fois spécifique que forme un projet donné dans une organisation donnée.

Exemple

Dans le cas du parc d'affaire, la municipalité présente un mode de fonctionnement proche du modèle 2 : une activité d'administration de la cité clairement organisée en grands services (logement, éducation, affaires sociales, finances, sport et culture, etc.) avec quelques gros projets (dont celui de la création du parc d'affaire). Par contre, le projet parc d'affaire lui-même s'apparente plutôt au modèle 3, dans sa phase de mise en œuvre.

Tout projet est porteur d'une part d'innovation

La réflexion sur l'articulation entre projets et activité récurrente pose en fait la question du degré de rupture avec les modes de fonctionnement habituels de l'organisation.

Tout projet présente un certain degré de rupture avec soit des projets antérieurs proches, mais jamais rigoureusement identiques, soit *a fortiori* un environnement organisationnel qui ne repose pas sur cette logique (activités récurrentes). Le repérage le plus tôt possible des points d'ancrage du projet dans son contexte d'accueil permet de bénéficier d'une efficacité accrue.

Exemple

Le maire porteur du projet parc d'affaire a vite compris que les structures municipales en place étaient incapables de prendre en charge le projet : manque de ressources humaines, manque de compétences, manque d'expérience de ce type de situations, etc., pour une organisation qui n'a, de toute façon, pas été construite pour cela. C'est pourquoi il a choisi de recruter un chef de projet extérieur et expérimenté, à qui il a donné carte blanche pour composer l'équipe.

L'identification des éléments réellement nouveaux du projet oriente l'analyse des risques et pousse à l'anticipation sur des domaines critiques car non encore balisés.

Pour approfondir cette notion d'innovation, il est nécessaire de qualifier précisément au moins deux dimensions :

- la nature des innovations induites par le projet : est-ce l'existence du projet lui-même, sa taille, son objet, sa structure, les personnes impliquées, son déroulement, qui sont nouveaux pour une organisation donnée ?

- l'intensité de rupture avec le fonctionnement normal de l'organisation : quel est le niveau existant de compétences disponibles et qui en est porteur ? Quelles expériences formelles ou informelles déjà existantes peuvent être mobilisées ? Quelle est la part réelle de nouveauté et d'inconnu ?

Savoir sortir des cadres institutionnels pour mieux innover

Une des raisons fréquentes d'introduction d'un projet dans une organisation est justement d'amener de l'innovation (sur les produits, les processus, les modes d'organisation...).

Ce n'est cependant pas facile pour une équipe projet de se soustraire aux normes, méthodes et savoir-faire en vigueur dans l'entreprise, d'autant plus solides qu'ils ont prouvé leur performance.

On observe donc souvent un *décalage entre l'intention* : créer un dispositif en marge du fonctionnement habituel pour générer de l'innovation ; *et la réalité* : demander à l'équipe projet de respecter des règles, des méthodologies, des « manières de faire » qui ont fait leur preuve jusqu'ici.

Le projet doit donc être capable de sortir des cadres institutionnels, d'innover, d'inventer et de résister à se soumettre aux nombreuses pressions insidieuses qui ne manqueront pas de lui rappeler que « ce n'est pas comme cela qu'on travaille ici ».

La fameuse expérience de Milgram sur la soumission à l'autorité[1]

Tout le monde a entendu parler de cette expérience de psychologie sociale des années soixante-dix. Un film : *I comme Icare,* avec Yves Montand, l'a rendue célèbre et une émission de télévision, *Le Jeu de la mort,* diffusée le 19 mars 2010, en a repris le principe.

Des individus sont recrutés sur petites annonces par un prestigieux centre de recherche universitaire pour participer à une expérience dont le but est, leur dit-on, de tester la mémoire. Un individu (le moniteur) est placé devant un tableau de commandes de 30 boutons de 15 à 450 volts. Un autre (l'élève, qui est en fait un comédien) est attaché sur une chaise métallique et des électrodes sont fixées à ses bras. Le moniteur lit 30 mots associés à des adjectifs. L'élève doit les répéter de mémoire.

1 D'après des documents pédagogiques internes à E.-M. Lyon conçus par Emeriat A.-M., Mutazabi E., Petit M. et Potel A.

À chaque erreur, le moniteur doit lui administrer un choc électrique de plus en plus fort. À 75 volts, l'élève gémit, à 150 il se révolte, à 270 il pousse des cris, à 300 des râles d'agonie. Au-delà, il ne répond plus. (Tout cela est bien sûr simulé par le comédien : la machine, en réalité, ne fonctionne pas mais le moniteur l'ignore.)
À chaque fois que le moniteur hésite, une équipe de chercheurs de l'université (en blouses blanches !) lui enjoint de continuer.
L'expérience ne porte pas sur les effets de la punition sur la mémoire, mais sur la capacité d'obéissance d'un individu soumis à une autorité qu'il reconnaît légitime. Testés de multiples fois partout dans le monde, les résultats sont effarants : plus de 60 % des sujets obéissent jusqu'au bout... c'est-à-dire jusqu'à envoyer des décharges mortelles de 450 volts ! Ce n'est pas du sadisme, mais de la soumission aux exigences de l'autorité.
Des variantes ont permis d'évaluer les facteurs d'influence de la soumission à l'autorité. En l'absence de toute mise en scène, la moyenne des chocs électriques est de 55 volts, pour une population test donnée. Elle est de 212 volts avec conditions sophistiquées de mise en scène (laboratoire de l'université, accueil par un éminent professeur, présence des « blouses blanches » à côté du moniteur). La moyenne augmente encore quand l'élève est dans une autre pièce (contact sonore mais pas visuel) ou quand quelqu'un d'autre pousse les manettes sur les ordres du moniteur (elle est de 350 volts !). Par contre, la moyenne chute quand il y a contact physique entre le moniteur et l'élève, ou encore quand d'autres personnes ayant répondu à l'annonce observent la scène, se rebellent et incitent le moniteur à refuser de continuer.[1] ■

Cette expérience édifiante est riche d'enseignement pour un chef de projet. De nombreuses manifestations d'autorité légitime (les conseils d'un haut dirigeant, la méthodologie « maison » en vigueur, l'exemple d'une expérience passée, notamment) vont lui enjoindre plus ou moins ouvertement de « se soumettre ». Parfois, il peut être précieux de suivre la voie proposée par une autorité légitime. Parfois cela peut être dangereux, au risque de « tuer le projet », comme le moniteur qui électrocute l'élève.

Mais cette expérience démontre aussi que le meilleur moyen de lutter contre la soumission à l'autorité est de s'appuyer sur le groupe auquel on appartient : *la solidarité reste le rempart le plus efficace contre les excès de l'autorité.* Dans un projet, c'est donc l'équipe tout entière qui doit initier, partager et porter des comportements de prise de recul vis-à-vis des cadres institutionnels, de vigilance par rapport à ses routines, voire d'anticonformisme si la situation du projet l'exige.

1 Pour plus de détail, se reporter à *Sciences Humaines*, n° 72, mai 1997.

Différents niveaux d'autonomie

En fonction des remarques précédentes doit être définie l'autonomie de l'équipe projet.

Plusieurs niveaux d'autonomie sont généralement repérables :

- L'autonomie d'action : l'équipe agit comme elle l'entend, mais avec des moyens et objectifs de résultat qui lui sont imposés.

Le montage du dossier de financement est réalisé entièrement par l'équipe du projet parc d'affaire.

- L'autonomie de moyens : dans le cadre d'objectifs fixés (construire des locaux sur le terrain visé), l'équipe a plus ou moins de latitude pour s'organiser et développer les actions qu'elle juge les plus adaptées pour remplir son engagement.

Il est clair que l'équipe n'a pas eu beaucoup de marges de manœuvre dans le choix des entreprises de travaux publics : la cible locale a été quasi imposée par le maire.

- L'autonomie de résultat : un objectif général est formulé, par contre, l'équipe projet décide elle-même du niveau de résultat qu'elle veut atteindre, dans le champ de ces objectifs.

Dans le cadre de la construction et de la commercialisation d'un parc d'affaire, c'est l'équipe projet qui s'est donné le challenge de spécialiser le parc en technopole, en choisissant la cible des petites entreprises high-tech innovantes.

- L'autonomie d'objectifs : c'est un cas extrême et donc plus rare, surtout en entreprise. L'équipe projet détermine elle-même sa raison d'être.

L'exemple classique est celui du groupe d'étudiants qui a envie de monter une activité festive pour la fin de l'année scolaire : tous ceux qui ont vécu cette situation savent bien que c'est l'autonomie d'objectif qui la rend particulièrement attractive : on fait ce que l'on veut, pourvu que l'on s'amuse !

Il est important que cette liberté d'action puisse faire l'objet d'une sorte de contrat avec la direction, pour préserver l'autonomie du projet (quelle que soit sa nature) et éviter le risque d'intervention des circuits de décision habituels de l'organisation qu'il est souvent délicat de tenir à l'écart.

Cette entente négociée avec la direction devient une arme-clé pour le chef de projet qui peut alors brandir le « blanc-seing » de cette direction face à toute intervention intempestive non prévue.

C'est aussi un vecteur fondateur de légitimité et de défense d'un pouvoir d'action pour une structure temporaire qui n'est pas issue, par définition, d'une quelconque inscription dans un organigramme.

Exemple

Le chef du projet parc d'affaire s'est servi de son engagement devant l'ensemble du conseil municipal et de la légitimité que cela lui conférait, pour ne pas modifier la finalité, les objectifs ou le déroulement de son projet au gré des souhaits d'individus même influents (par exemple le maire) mais qui, pris isolément, ne représentaient pas le cosignataire de la contractualisation.
Par contre, le recours au vote collectif du conseil municipal a souvent été utilisé pour effectuer des arbitrages.

En cas de changements majeurs au cours du projet touchant le niveau d'autonomie de l'équipe projet (nouveaux objectifs par exemple), c'est une nouvelle démarche de négociation-contractualisation qu'il s'agit de relancer.

Identifier le profil d'un projet : proposition d'un outil opérationnel

À l'instar d'un être humain, chaque projet est unique et présente des caractéristiques propres qui le distinguent d'un autre. Les réponses précises toujours contingentes aux questions de la taille, des enjeux, de la complexité, etc., constituent une sorte « d'empreinte digitale du projet » et lui confèrent son caractère unique.

Nous proposons un outil simple de représentation de la description d'un projet, appelé « profil morphologique du projet ». Chaque situation projet possède ainsi un profil spécifique, construit à l'aide de thèmes descriptifs pertinents : taille, enjeux, complexité, etc.

On peut visualiser ces thèmes sur des échelles, comme le montre la figure 2.6.

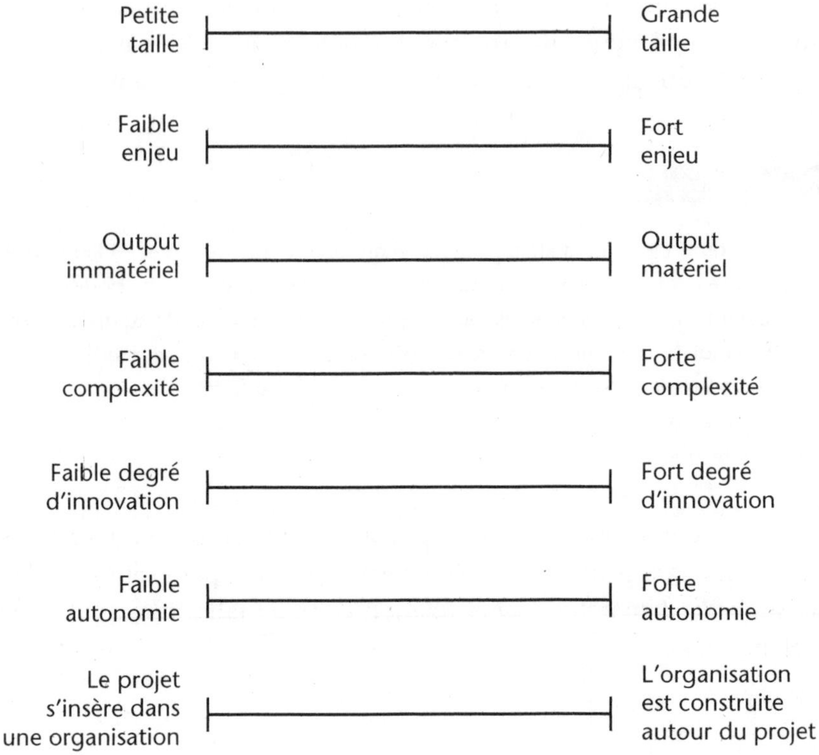

Figure 2.6 – Quelques axes d'analyse du profil d'un projet

La liste des indicateurs n'est pas exhaustive, et peut être complétée, adaptée, et modifiée pour mieux coller à des situations très variées.

Sur chacun des axes, les réponses à chaque fois contingentes aux questions, le projet est-il important, complexe, innovant, autonome, etc., sont positionnées.

Cette méthode très simple permet d'obtenir une visualisation du profil d'un projet.

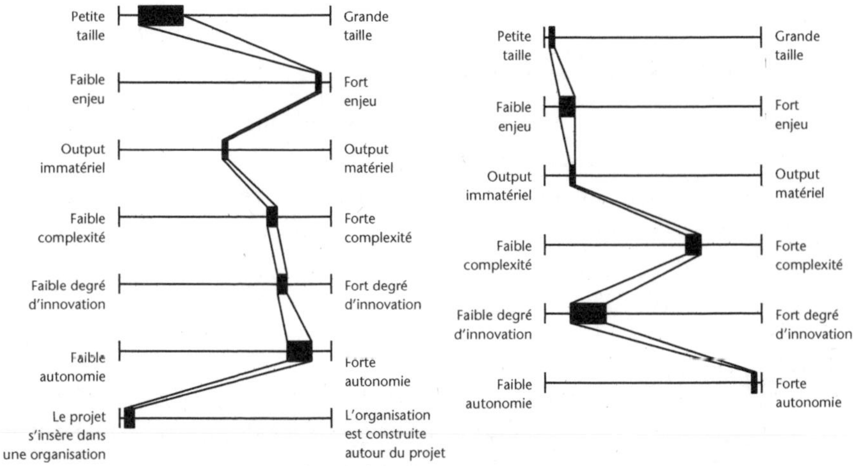

Figure 2.7 – Exemples de profils de projets réels

La taille du point représente le degré de certitude de la réponse donnée : par exemple, le profil de gauche représente un projet de certification qualité chez un équipementier automobile. La taille de l'équipe est modeste (7 personnes), mais celle-ci sera sûrement amenée à évoluer dans des phases ultérieures du projet, dans une proportion encore inconnue. Par contre, il n'y a pas d'hésitation sur le fait que l'enjeu est fort, ou encore que l'objectif du projet (son *output*) est autant d'obtenir une certification que de faire évoluer des comportements.

Dans le profil de droite, qui représente une mission de conseil (améliorer la productivité dans une usine), l'équipe est composée de 3 consultants, l'enjeu pour le cabinet est faible (ce n'est qu'un contrat parmi d'autres... bien que, peut-être, des suites soient envisageables). Le degré d'innovation apparaît comme faible (les consultants ont déjà mené de nombreuses fois ce type de missions), cependant, le contexte particulier de l'entreprise (très forte présence syndicale) semble nécessiter une démarche de conduite de la mission un peu nouvelle, adaptée aux spécificités du client.

Quels sont les intérêts de ce type d'outils ? Quatre domaines d'utilisation principaux méritent d'être évoqués :

Visualiser et matérialiser les spécificités d'un projet

Un des intérêts majeurs est de rendre visibles des facteurs d'analyse la plupart du temps implicites et de tangibiliser une démarche qui se situe par définition dans le futur et donc, dans l'incertain. La dimension visuelle offre un langage commun et un support concret de représentation. Des projets différents peuvent être comparés sur la même grille, par superposition de leurs profils.

Anticiper des risques

Là encore, l'outil est un prétexte pour se poser de bonnes questions : Quelle est la taille de ce projet ? Comment la mesure-t-on ? Sommes-nous tous d'accord ? La notion d'incertitude introduite dans la taille de la zone noircie, sur chaque échelle, permet de mettre en évidence les questions pour lesquelles les réponses ne sont pas certaines ou qui peuvent fluctuer dans le temps.

Une lecture sous l'angle des risques de changement des caractéristiques du projet dans le temps est donc ainsi rendue possible.

Construire une représentation commune

Cependant, bien au-delà du résultat final (le profil obtenu), l'outil est prétexte à la construction d'une représentation commune du projet par les parties prenantes impliquées : membres de l'équipe projet, personnes concernées, clients, fournisseurs du projet, etc. On l'a dit, un projet est souvent question de point de vue. Encore faut-il à un moment que les points de vue convergent, pour pouvoir avancer de façon efficace. Les caractéristiques d'un projet (sa taille, ses enjeux, sa complexité, etc.) ne sont pas données *a priori* : elles résultent d'une élaboration commune, à partir d'échange de perceptions, de confrontations de définitions, d'indicateurs, de critères d'analyse, etc., sur lesquels des acteurs s'accordent, à un moment donné.

L'outil présenté ici est un moyen simple et concret de faciliter cette construction collective.

Mener un diagnostic permanent

Bien sûr, un projet et les représentations qu'en ont les acteurs évoluent dans le temps, au fur et à mesure de son avancée.

Cet outil constitue donc une trame de diagnostic permanent, un tableau de bord utilisable à tout moment et un support de discussion et de représentation mobilisable aux différents stades de progression du projet.

Ce type d'instrument, modeste et simple dans sa conception, rappelle cependant *qu'il est parfois utile de « perdre du temps » au début pour parler de l'objet-projet en tant que tel* (c'est-à-dire repérer ses caractéristiques distinctives, anticiper les risques potentiels d'évolution, construire une représentation commune, etc.), *si l'on veut aller plus vite dans la phase de réalisation.* Beaucoup d'échecs constatés proviennent d'une plongée dans l'action trop hâtive, sans avoir pris le temps d'établir le « profil morphologique » d'un projet et de discuter de ses scénarios d'évolution.

L'essentiel

▶▶ **Un projet** peut avoir de multiples objectifs, qui renvoient à de multiples points de vue, attentes et enjeux. De nombreux indicateurs peuvent permettre de caractériser la taille et la complexité d'un projet.

▶▶ **Se poser la question** de la localisation d'un projet au sein d'une organisation permet de définir la nature et le degré de transversalité qu'il induit. Identifier les liens entre un projet et l'organisation dans laquelle il s'insère permet d'évaluer la possibilité de s'appuyer sur des dispositifs, ressources, compétences ou expériences déjà existants.

▶▶ **Tout projet** est porteur d'une part d'innovation : reste à préciser la nature des innovations introduites et l'intensité de rupture qu'elles génèrent.

▶▶ **Consacrer du temps** à construire des outils de description du profil d'un projet permet de se poser les bonnes questions, de construire une représentation commune… et d'être plus efficace dans la réalisation. Ne craignez pas de « perdre du temps » et méfiez-vous de ce qui « semble aller de soi ».

Chapitre 3

Les relations entre un projet et son environnement

Executive summary

- **Comprendre** un projet passe par une analyse fine des relations entre les acteurs concernés.
- **Mener un projet** nécessite de concevoir et mettre en place des stratégies d'action adaptées au contexte humain de soutien, résistance et pouvoir dans lequel va se déployer le projet.
- **Ce chapitre** propose quelques outils simples d'analyse des acteurs et des relations entre eux et vis-à-vis du projet, pour mieux agir dans des environnements humains de plus en plus complexes.

Comprendre un projet, c'est appréhender des relations entre des personnes

On l'a vu, l'analyse de l'insertion de l'équipe projet dans sa structure d'accueil est importante pour appréhender le type d'enjeux auxquels l'équipe va être confrontée.

L'élément-clé de cette analyse est de repérer les divers acteurs du projet, c'est-à-dire littéralement les personnes qui vont y jouer un rôle et donc influencer à la fois son déroulement et son résultat.

Généralement, on distingue au moins 5 catégories d'acteurs projet.

1. La plus évidente est *l'équipe projet,* c'est-à-dire les personnes qui consacrent tout ou partie de leur temps pour réaliser, conduire et piloter la maîtrise d'œuvre du projet. Elle peut à l'extrême se réduire à un individu unique (l'équipe de projet se résume alors au chef de projet) ou, à l'inverse, s'apparenter à une structure organisationnelle complète et complexe, mais cependant temporaire (comme par exemple, le comité d'organisation des Jeux olympiques ou de la Coupe du monde de football).
2. *Les organes de décision,* c'est-à-dire ceux qui décident du lancement, de la poursuite ou de l'arrêt du projet, ainsi que des ressources qui doivent y être consacrées. Ces acteurs sont rarement engagés dans la mise en œuvre : ils sont cependant régulièrement informés pour prendre les décisions qui s'imposent concernant le projet, tout au long de son déroulement. Il s'agit typiquement du cas des dirigeants auxquels une équipe projet doit rendre des comptes (comité de direction d'une entreprise, ou comités de projet par exemple).
3. *Les membres du contexte* dans lequel s'insère le projet, mais qui ne font pas partie de l'équipe projet et qui ne sont pas en position de décideurs officiels. Ils sont affectés par le projet, soit parce qu'ils lui fournissent des ressources (techniques, humaines, information, temps, etc.) soit parce qu'ils en subissent directement ou non les conséquences. Il peut s'agir des grandes fonctions traditionnelles dans le cas d'une entreprise industrielle ou de service (R & D, production, commercial, marketing, gestion-finance, ressources humaines, etc.), des diverses instances sportives nationales dans le cas des Jeux olympiques (fédérations, comité olympique, ministère de la Jeunesse et des Sports, etc.), de l'ensemble des étudiants d'une promotion

d'élèves dont quelques-uns se sont chargés d'organiser un projet de week-end de fin d'année scolaire, etc.

4. *Les fournisseurs de ressources externes à l'organisation :* ils interviennent tout au long du développement du projet : ils peuvent être fournisseurs, sous-traitants, partenaires, consultants, soutiens externes, etc.
5. *Les destinataires du projet :* le terme destinataire est volontairement large et englobe aussi bien les clients, commanditaires, maître d'ouvrage, etc., que les utilisateurs intermédiaires, finaux, directs, indirects, etc. Bref tout acteur qui achète et/ou utilise le projet et/ou en tire parti. Nous reviendrons ultérieurement sur cette vaste catégorie pour éclaircir plus précisément la notion de client d'un projet.

L'exemple simplifié de cartographie appliquée au cas parc d'affaire (voir page ci-contre) illustre les 5 catégories générales présentées précédemment. C'est une façon simple de balayer le terrain de jeu des personnes concrètes susceptibles de jouer un rôle, et donc d'influer sur le déroulement et le résultat du projet.

On le voit, en rester à des catégories générales et abstraites n'est pas satisfaisant pour l'action. Chaque projet est confronté à un environnement d'intervenants et de partenaires bien spécifiques, qu'il est nécessaire d'appréhender précisément pour être réellement utile. L'identification *a priori* des parties prenantes potentielles et effectives, ponctuelles ou permanentes constitue un outil précieux de questionnement pour appréhender la complexité sociale propre à toute situation projet. Il faut donc, pour chaque projet, rentrer dans le détail des interactions concrètes et personnalisées et ne pas hésiter à aller jusqu'au niveau de l'individu.

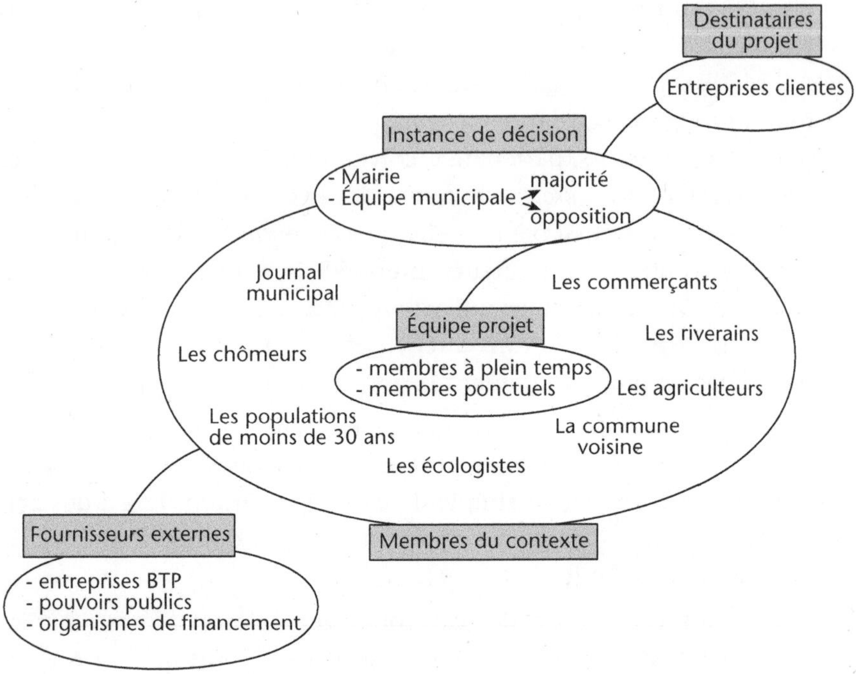

Figure 3.1 – Cartographie de quelques parties prenantes importantes du projet parc d'affaire

D'autres typologies d'acteurs peuvent être imaginées : par exemple Colin Hastings (1995) évoque une classification selon leur localisation :

- dedans (chef de projet, membres de l'équipe) ;
- dehors (sous-traitant, fournisseurs, partenaires ;
- au-dessus (c'est-à-dire dans la ligne hiérarchique : direction, sponsors, comités de projet) ;
- au-dessous (acteurs concernés dans l'entreprise) ;
- sur les côtés (autres équipes, « pairs », responsables métiers).

Les « acteurs » du projet

Le concept d'acteur, défini par Michel Crozier[1], s'applique de façon pertinente dans le cas de l'étude des parties prenantes d'un projet. « Est acteur un individu ou un groupe qui, dans une organisation donnée et face à une situation d'incertitude, a une position à défendre, un rôle à jouer, et mobilise une énergie pour le faire. Un acteur peut être individuel ou collectif et sa pertinence ne dépend pas forcément du statut ou du rôle formel qu'il occupe au sein de l'organisation. »

1 Crozier M. et Friedberg E., *L'Acteur et le système*, Seuil, 1977.

Qui est le vrai client ?

Ce questionnement sur les acteurs incite, notamment, à compléter notre liste de questions apparemment triviales par une interrogation fondamentale : Qui est le client du projet ?

Là encore, la réponse est rarement unique.

Cas d'entreprise

Dans le cas d'un week-end de fin d'année d'une grande école d'ingénieurs, un groupe de 8 étudiants s'est spontanément porté volontaire pour concevoir et réaliser une manifestation de grande ampleur, réunissant tous les élèves de la promotion, les enseignants, le personnel administratif ainsi que les partenaires extérieurs.

Mais au fait, qui est le client ? L'ensemble de la promotion ? L'institution (représentée par la direction) ? Les partenaires extérieurs ? Ou bien l'équipe elle-même des 8 étudiants volontaires ?

Répondre à cette question est essentiel. En effet, si le projet est avant tout conçu pour l'ensemble des étudiants, on peut s'attendre à un week-end festif débridé ! Au contraire, si ce sont les dirigeants de l'école qui sont considérés comme les clients, on pourrait imaginer des activités permettant de promouvoir l'image de dynamisme de l'école et de faire de ce week-end une grande opération de notoriété. Si les partenaires extérieurs sont la cible première, il faudra concevoir un événement où ceux-ci soient associés (conférence de chefs d'entreprise, présentation de travaux d'étudiants, cérémonie de remise de diplômes parrainée par des sponsors, par exemple). Enfin, si ce sont les 8 étudiants qui sont les clients réels du projet, cela signifie qu'ils peuvent se faire plaisir et répondre, avant tout, à leurs propres objectifs personnels (se faire connaître, développer des compétences, s'amuser, etc.).

Des décisions importantes peuvent varier en fonction de la réponse choisie.

Par exemple, le choix du lieu du dîner de gala peut-être radicalement différent selon les cas : simple salle des fêtes pour les étudiants, lieux prestigieux si on invite des partenaires extérieurs, etc.

Ces questions méritent qu'on s'y attarde et l'on voit qu'en fonction des réponses nécessairement contingentes, les dispositifs de fonctionnement, le contenu du projet et le résultat obtenu peuvent être sensiblement différents. Il n'y a pas de projet sans client et l'on a toujours intérêt à faire émerger un client principal parmi la liste des candidats possibles.

D'autre part, le client est de moins en moins immédiatement repérable, dans le monde complexe des organisations actuelles. Il serait plus juste de parler de « systèmes-client » pour évoquer le fait que la notion de client représente de plus en plus un ensemble complexe d'acteurs inter-reliés : décideur final (celui qui achète le projet), utilisateur (celui à qui est destiné le projet), porte-parole (celui qui représente le décideur ou l'utilisateur), prescripteur (celui qui influence le décideur).

Les cabinets de conseil et autres prestataires de service intellectuel sont souvent en contact avec des intermédiaires, représentants du système client : chargé d'affaire, gestionnaire de grand compte, porte-parole...

Exemple

L'organisme prestataire de programme de formation, chargé de répondre à l'appel d'offres de l'institution bancaire pour la formation à un nouveau produit financier a eu comme interlocuteur principal le responsable formation. C'est pour dresser précisément la cartographie du système-client que les consultants ont tenu à mener des entretiens préparatoires auprès du DRH, du service de formation interne, des responsables du service commercial, des agents de vente eux-mêmes, etc.

Ce réflexe de questionnement du contexte client est également précieux pour garder une attitude critique par rapport aux appels d'offres, censés décrire de façon précise et exhaustive une demande indiscutable et indiscutée. Ce schéma pourtant sécurisant, issu du modèle traditionnel de stricte séparation des rôles entre un maître d'ouvrage supposé savoir exactement ce qu'il veut, et un maître d'œuvre chargé de s'en tenir à la stricte réalisation de la solution souhaitée, ne s'avère que trop rarement correspondre à une réalité bien plus complexe.

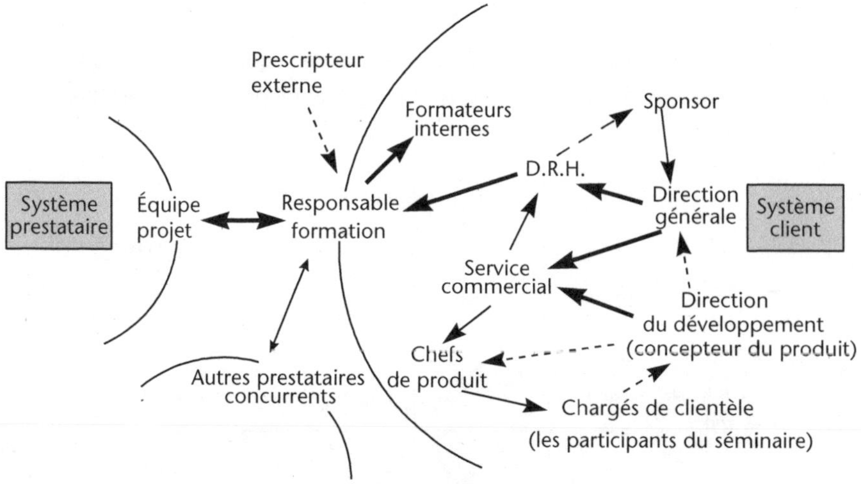

Figure 3.2 – Exemple de sociogramme d'analyse d'un système client

Les clients-utilisateurs ont souvent du mal à formaliser de façon rigoureuse leurs besoins. De plus, tous ceux qui ont un jour fait construire une maison savent bien qu'il y a toujours une différence entre un idéal de départ (la maison de ses rêves) et la réalisation finale, issue de la confrontation du rêve initial aux contraintes financières ou techniques, évaluées réellement au fur et à mesure de l'avancée des travaux. *C'est donc bien souvent une approche de type « co-construction » qui s'avère pertinente, où les besoins du commanditaire se précisent au fur et à mesure des interactions avec le prestataire.* C'est en aidant le maître d'ouvrage à exprimer ses besoins réels, à affiner ses objectifs, en le questionnant et en le faisant régulièrement réagir sur des propositions, des plans, des maquettes, des prototypes, etc., que le maître d'œuvre va mieux calibrer le projet, définir progressivement son objet exact, construire par allers-retours successifs une réponse plus satisfaisante pour le client, et accroître ses chances d'obtenir *in fine* le contrat dans des situations de mise en concurrence.

Voilà encore une approche qui pousse à privilégier l'analyse, la recherche d'information, la compréhension du système social dans lequel se joue le projet et l'inscription de ses actions dans ce système.

Le couple infernal client/projet : qui domine l'autre ?

En fonction de la prépondérance du client ou de l'équipe projet dans la définition du contenu réel du projet, quatre modalités différentes d'interactions sont observables.

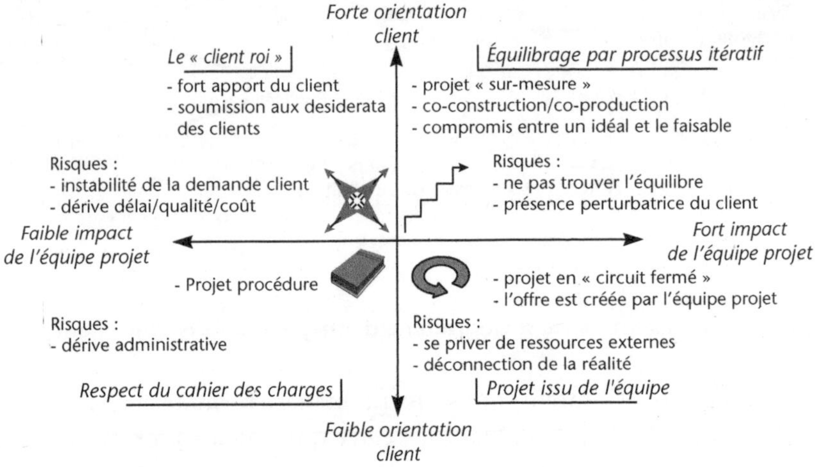

Figure 3.3 – Types de relation client/projet

De l'utilité des concepts de l'analyse stratégique

Cette démarche de questionnement du contexte social peut s'appuyer notamment sur les outils de l'analyse stratégique, issue du champ de la sociologie des organisations, qui constituent une grille de lecture précieuse au démarrage, mais également tout au long d'un projet.

Tout projet, autant par son aspect novateur que par les zones d'incertitude qu'il génère ou par les enjeux qu'il représente, suscite des positions synergiques ou antagonistes à son égard.

L'environnement social concerné se structure en groupe d'acteurs (individus ou collectifs), simples spectateurs, alliés inconditionnels ou opposant déclarés en fonction de leurs intérêts et enjeux personnels.

Identifier ces acteurs, comprendre leurs enjeux, évaluer leurs ressources, atouts et handicaps, anticiper leurs stratégies d'action sont à la base d'un véritable tableau de bord sociologique indispensable pour que l'équipe projet puisse adopter les comportements adéquats en fonction de l'analyse qu'elle porte sur cet environnement.

Les principaux concepts de l'analyse stratégique[1]

Outre la notion d'*acteur,* déjà présentée précédemment, l'analyse stratégique repose sur les concepts suivants :

- *Incertitude* : phénomène interne ou externe, non maîtrisé actuellement et qui perturbe (au sens « d'amener des modifications ») plus ou moins profondément le terrain de jeu de l'organisation où agissent des acteurs.
- *Enjeu* : c'est ce que l'acteur peut espérer gagner ou craindre de perdre en engageant ses ressources dans une situation. Les enjeux sont plus ou moins clairs et conscients. Ils expliquent pour partie les comportements adoptés par les acteurs.
- *Ressources* : tout acteur dispose de ressources pour agir dans une organisation. Elles sont de différentes natures : formation, compétence, expérience, âge, ancienneté, statut, réseau de relations, etc. Leur pertinence est contingente : elles peuvent constituer des atouts ou des handicaps au regard de la situation, de ses contraintes et de ses opportunités. Elles donnent ainsi plus ou moins de pouvoirs à celui qui les détient.
- *Stratégie :* ensemble cohérent de comportements adoptés par l'acteur dans une situation donnée, selon les ressources et les enjeux perçus. Il y a des stratégies offensives (réaliser des objectifs) ou défensives (échapper aux objectifs des autres) et donc des stratégies gagnantes ou perdantes, vis-à-vis de l'organisation ou des autres acteurs. ■

C'est en quelque sorte un outil d'analyse des risques sociaux.

À titre d'illustration, nous allons appliquer la grille d'analyse stratégique pour quelques acteurs-clés du cas parc d'affaire.

1 Crozier M. et Friedberg F., *L'Acteur et le système, op. cit.*

Tableau 3.1. – Les acteurs-clés du parc d'affaire

1. Le maire de la commune	
Caractéristiques	**Enjeux**
Notable local, il a depuis peu des ambitions au niveau régional Il a fait récemment l'objet de nombreuses critiques quant à son manque de dynamisme	Sa légitimité dans le lancement de projet ambitieux Son influence locale Son avenir politique sur le plan régional

Atouts	Handicaps	Stratégie
Est en position de pouvoir et de décision Est soutenu des lobbies locaux Forte personnalité qui inspire le respect Vient d'être réélu	A été réélu de justesse Son équipe est vieillissante et peu compétente sur les questions économiques et sociales Manque d'expérience et de compétences sur ce type de grands projets	Démarrer le projet « pour voir » en insistant sur les actions de communication et de promotion

2. Les deux élus écologistes de la majorité municipale	
Caractéristiques	**Enjeux**
Jeunes conseillers municipaux, ils sont assez inexpérimentés Ce sont les nouveaux venus de l'équipe municipale	Ne pas perdre la face par rapport aux militants écologistes Montrer qu'ils sont crédibles au sein de l'équipe municipale

Atouts	Handicaps	Stratégie
Ils sont considérés comme des personnes de bonne volonté Ils ont un comportement positif, constructif et non polémique	Tiraillés entre le soutien à l'équipe municipale et la défense de l'environnement Sont parfois les auteurs d'interventions naïves en réunion qui nuisent à leur crédibilité	Attendre que le projet démarre et se positionner « pour » ou « contre » en fonction de comment les choses se passent Soutenir le projet tout en rassurant les militants écologiques

»

»

3. Les riverains du futur parc d'affaire	
Caractéristiques	**Enjeux**
Population de retraités qui habitent dans des lotissements assez luxueux en bordure du futur parc d'affaire	Conserver un environnement paisible et de qualité, assurant le maintien de leur cadre de vie et de la valeur de leurs propriétés

Atouts	**Handicaps**	**Stratégie**
Ils se connaissent bien et forment un groupe uni Ils apparaissent comme déterminés : ils n'ont rien à perdre	Peu nombreux Peu de moyens de pression réels Ne peuvent aller trop loin dans un combat contre un projet de développement économique et social	Faire échouer le projet à tout prix

4. Le secrétaire général de la mairie	
Caractéristiques	**Enjeux**
Employé de la commune, il ne fait pas partie des élus Agent administratif compétent et reconnu	Assurer le bon fonctionnement et la qualité des services municipaux

Atouts	**Handicaps**	**Stratégie**
Gérer et maîtriser efficacement les ressources disponibles (financières, humaines, techniques, etc.) Occupe ce poste depuis 12 ans et en connaît tous les rouages	Soumis au pouvoir de décision du maire Il a émis publiquement des doutes de la capacité de la commune à mener un projet de ce type : le maire n'a pas apprécié cette prise de position	Se tenir le plus possible à l'écart du projet pour ne pas déstabiliser les services municipaux

»

»» **5. Le chef de projet**

Caractéristiques	Enjeux
Contractuel municipal, il a été embauché pour mener à bien le projet Il a déjà participé à des opérations importantes dans le domaine du développement socio-économique	Réussir un projet où il est en situation de forte autonomie Se faire connaître dans une région où il souhaiterait s'installer

Atouts	Handicaps	Stratégie
Expérience de projets de ce type Possède toutes les compétences nécessaires Personnalité jeune, dynamique, « fonceur »	Peu de connaissance des réseaux de décision locaux et régionaux Venant de Paris, il a peu de connaissance de la culture locale, majoritairement « rurale »	Réussir à construire et commercialiser un parc d'affaire dans les délais impartis

6. Les élus de l'opposition

Caractéristiques	Enjeux
Ils ont obtenu un très bon score lors des dernières élections et ont été battus de justesse Plus jeunes que l'équipe actuelle, ils sont soutenus par les classes les plus populaires de la commune	À court terme, marquer leurs différences À long terme, se faire élire pour gérer la commune

Atouts	Handicaps	Stratégie
Viennent d'obtenir une légitimité par leur bon résultat aux dernières élections Ils sont confiants dans leur avenir	Ils ne font pas partie du courant politique dominant qui caractérise la région Leur électorat populaire traditionnel est loin d'être majoritaire dans la commune	Adopter un regard critique sur la façon dont le projet est mené tout en veillant à ne pas apparaître comme à l'origine d'un éventuel échec

Cette démarche de questionnement est très précieuse, quand elle est appliquée de façon rigoureuse et exhaustive. Les acteurs sont repérés, leurs caractéristiques, enjeux, atouts et handicaps évalués et leurs stratégies d'action peuvent être anticipées. Cette réflexion est d'autant plus riche qu'elle est menée de façon collective, par les membres de l'équipe projet.

Cependant, l'expérience montre que cette analyse stratégique est rarement appliquée de façon formelle et complète. Son aspect un peu fastidieux et consommateur de temps (lister des acteurs et se poser des questions systématiques) est souvent invoqué comme frein majeur.

Il peut être alors utile d'avoir recours à des outils complémentaires, qui non seulement prolongent l'analyse stratégique classique, mais en plus lui confèrent un caractère visuel qui en fait des supports plus simples de travail en groupe et de confrontation de points de vue.

La sociodynamique constitue un exemple représentatif de ce type d'outils, que nous allons décrire brièvement maintenant.

Mesurer la sociodynamique des acteurs concernés

Développée par Jean-Christian Fauvet[1], la sociodynamique vise à mieux comprendre les attitudes d'acteurs individuels et collectifs, vis-à-vis d'un projet, d'une action ou d'une situation. Par attitude, il faut comprendre une position, une posture mentale, une orientation globale et évaluative qu'adopte à un moment une personne ou un groupe sur un sujet précis : telle personne est plutôt favorable à la peine de mort, celle-ci n'aime pas les étrangers, tel groupe n'est pas d'accord avec le développement de l'énergie nucléaire... Les attitudes sont à la base des comportements (bien qu'elles ne suffisent pas à les expliquer totalement). Il est donc particulièrement important de comprendre la position d'un acteur en terme d'attitude pour mieux tenter de décoder des comportements concrets observables en situation et leur donner du sens.

Attitudes et comportements : êtes-vous en « dissonance cognitive » ?

Nos comportements sont loin d'être le reflet fidèle de nos attitudes. Par exemple, une personne généreuse et altruiste par nature ne va pas pour autant contribuer à toutes les opérations humanitaires et œuvres de charité. Qui ne connaît pas dans son entourage des personnes reconnues comme tolérantes et respectueuses des autres en général et qui adoptent pourtant des comportements rigides voire sectaires lorsqu'elles sont personnellement impliquées dans une situation particulière qui les confronte à la diversité ethnique, culturelle ou tout simplement d'opinions. Pensez à des situations personnelles. Nous vivons tous de multiples décalages de cette nature au quotidien (sans que cela pose de problèmes particuliers, au demeurant).

Ce hiatus entre attitude et comportement conduit à un état dit de « dissonance cognitive »[2], reconnu comme psychologiquement inconfortable. Pour réduire

1 Fauvet J.-C. et Stefani X., *La Sociodynamique : un art de gouverner*, Éd. d'Organisation, 1985.
2 Concept généralement attribué à Léon Festinger (1957).

ce malaise, l'individu va chercher à relativiser ou supprimer l'écart, ou encore le justifier en lui trouvant de bonnes raisons. C'est le cas du fumeur invétéré qui va proclamer à qui veut l'entendre que « de toute façon, il faut bien mourir de quelque chose... », ou « qu'il connaît de nombreux fumeurs qui sont en excellente santé... » ou encore « que pour lui, les risques de cancer sont faibles puisqu'il ne fume que des light... »[1] ■

La sociodynamique repose sur deux types d'attitude fondatrice :

- *la synergie,* qui mesure le soutien potentiel, le degré de jeu commun d'un acteur avec un projet donné, c'est l'énergie qu'est prêt à dépenser un acteur pour faire aboutir le projet qui est proposé ;[2]
- *l'antagonisme,* qui mesure l'opposition, le degré de jeu personnel d'un acteur vis-à-vis d'un projet donné, c'est l'énergie qu'est prêt à dépenser un acteur pour faire échouer le projet qui est proposé.[3]

Bien évidemment, contribuer à faire aboutir un projet ou à le faire échouer sont deux extrêmes parmi tout un spectre de comportements possibles. Des échelles de mesure des degrés de synergie et d'antagonismes à 4 niveaux permettent de qualifier des situations intermédiaires.

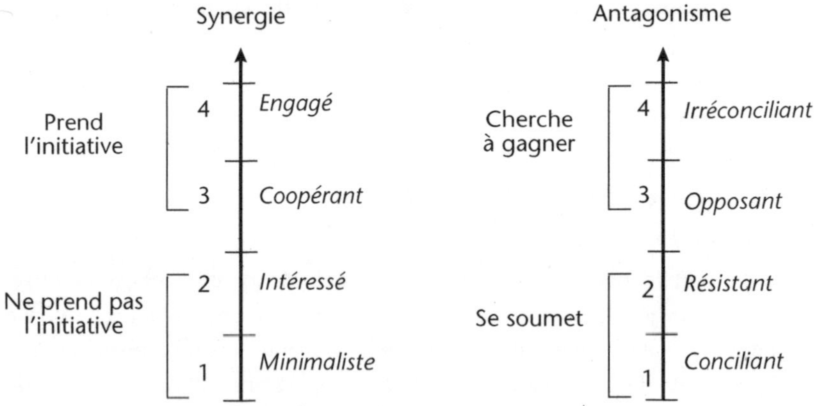

Figure 3.4 – Deux échelles de mesure des attitudes

En considérant ces deux attitudes comme potentiellement simultanées plutôt que concurrentes, plusieurs ensembles de populations

1 Pour plus d'information sur la dissonance cognitive, se reporter à Tapia et Alii, *Introduction à la psychologie sociale*, Éd. d'Organisation, 1996.

2 D'Herbemont O. et César B., *La Stratégie du projet latéral*, Dunod, 2e édition, 1998.

3 *Ibid.*

peuvent être identifiés, comme le montre la cartographie suivante, que nous appliquons immédiatement au cas parc d'affaire.

- *Les engagés* sont les soutiens inconditionnels du projet. Pour des raisons diverses (fidélité des membres de l'équipe municipale au maire ou perspectives d'emplois pour les chômeurs), on peut compter sur eux pour s'engager dans l'action. « Prêts à foncer », ils attendent des consignes, des objectifs clairs, des modalités d'actions précises. Leur adhésion parfois un peu aveugle porte en soi le risque d'un manque de recul et de regard critique.
- *Les concertatifs* sont avant tout favorables au projet : ils sont néanmoins porteurs de réserves, points de vue différents ou encore de suggestions d'amélioration. Généralement peu nombreux, ils jouent un rôle d'alliés constructifs, à la fois suffisamment engagés et cependant capables d'entendre et d'intégrer des arguments contradictoires pertinents. Les démarches participatives, propices au débat et au dialogue sont essentielles pour recueillir leurs apports.
- *Les passifs* ne sont pas vraiment concernés par le projet : ils ne vont pas s'engager d'un côté ou de l'autre. Ils sont quantitativement la population la plus nombreuse et aussi la plus hétéroclite : tout le monde ne peut pas s'impliquer (que ce soit en « pour » ou en « contre ») tout le temps et toujours. Dans le projet parc d'affaire, la majorité de la population de la ville reste spectateur, et « attend pour voir ». On imagine aisément combien le projet multiplierait ses chances d'aboutir si les passifs manifestaient ensemble un fort engagement, ou au contraire quel triste sort il lui serait réservé en cas d'hostilité collective. Par leur nombre, ils peuvent faire pencher la balance : les passifs constituent donc « l'enjeu du projet »[1].
- *Les hésitants* vont soutenir ou pas le projet, en fonction des contreparties pressenties qu'ils pourraient en retirer. La position du journaliste local dépendra par exemple de l'impact sur les ventes du journal généré par des articles plutôt polémiques, ou au contraire empreints d'un discours positif vantant les mérites de l'opération. De même, l'équipe municipale de la grande ville toute proche est plutôt favorable à la création d'un parc d'affaire dans sa banlieue à partir du moment où il ne porte quand même pas ombrage à ses propres activités en ce domaine ! Les hésitants ont donc de bonnes raisons de ne pas se prononcer trop vite et se placent en situation de négocier leur soutien.

1 *Ibid.*

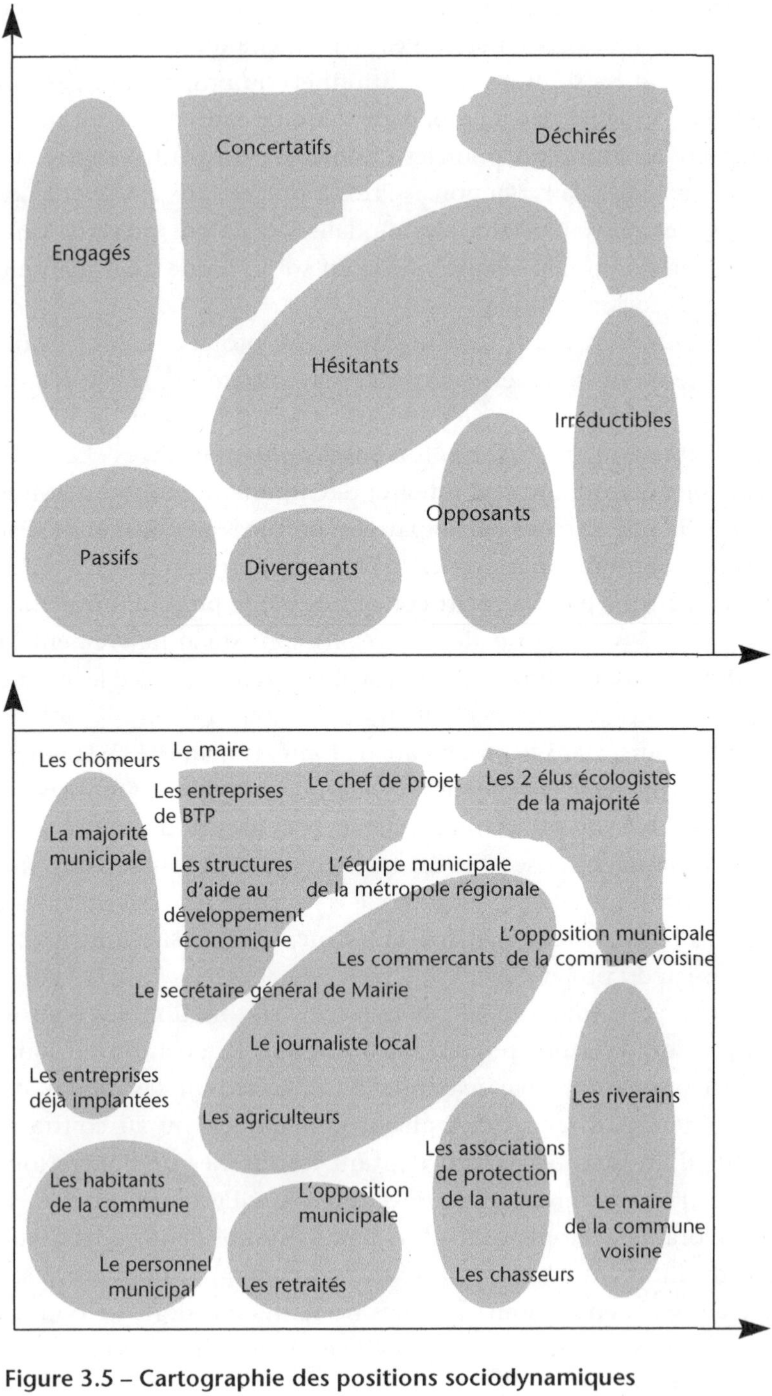

Figure 3.5 – Cartographie des positions sociodynamiques

- *Les divergeants* ont une attitude *a priori* défavorable : les retraités craignent que les subventions pour le troisième âge servent à alimenter le futur chantier. L'opposition municipale, quant à elle, est bien obligée de faire entendre son désaccord (sans cela elle ne serait pas dans l'opposition), mais il est difficile pour une formation politique responsable de lutter ouvertement contre une perspective de développement de l'emploi. Leur grogne ne s'exerce pas de façon systématique : elle doit cependant être prise au sérieux.
- *Les opposants,* comme leur nom l'indique, ont de bonnes raisons pour être contre le projet : les associations pour l'environnement qui craignent pour les nuisances et la pollution, les chasseurs qui vont perdre un superbe coin de forêt où abonde le gibier. Il faut s'attendre à des actions visibles d'opposition (tracts, manifestations, etc.), qu'on peut néanmoins supposer rester dans des limites acceptables.
- Ce n'est plus le cas de la population *des irréductibles,* prêts à tout pour faire échouer le projet. Ce sont les riverains en bordure de la zone pressentie pour le parc, contribuables pourtant paisibles, qui vont se transformer en révoltés capables de manifestations violentes, bris de matériel et autres actes de terrorisme pour faire reculer le maire. Le maire de la commune voisine va également se situer dans cette catégorie mais sa stratégie d'action va se développer plus subtilement et plus sournoisement par l'influence des réseaux de décision, à tous les niveaux pour gagner la bataille du centre commercial terrassant le parc d'affaire. Elle n'en est que plus redoutable.
- Enfin *les déchirés* occupent une position paradoxale : favorables et soutiens actifs du projet en tant que membres de l'équipe municipale, les deux élus écologistes ont en même temps le sentiment de trahir leur base, dans une région rurale où la chasse et le respect de la nature sont des valeurs très fortes. Mal à l'aise dans leur rôle, leurs comportements peuvent apparaître incohérents : une fois « pour », une fois « contre » !

Bien entendu, il est crucial d'insister sur le fait que ces typologies d'attitudes ne représentent aucunement des traits de personnalités immuables, qui feraient des chasseurs des opposants systématiques, des agriculteurs des hésitants permanents ou des habitants de la commune des passifs chroniques.

Ces attitudes ne sont valables que par rapport à une situation donnée ou à un projet cible, à un instant précis.

Imaginez à quelle migration sur la carte va se livrer instantanément la population de la commune si le maire annonçait que le parc d'affaire allait être entièrement financé par le contribuable, ou encore celle des entreprises de BTP si le projet évoluait vers la création d'un parc naturel sanctuaire de la faune et flore locales !

Enfin, la position sociodynamique des acteurs peut évidemment varier en fonction de la compréhension qu'ils ont du projet. Voilà qui ouvre des perspectives d'action pour l'équipe projet : la manière dont elle va communiquer, présenter et mener les opérations tout au long du processus conditionne la carte sociodynamique des parties prenantes. *Rien n'est jamais totalement subi et inéluctable dans les situations projet* : la caractéristique fondatrice de « construction d'une réalité à venir » s'applique également aux représentations des acteurs dans et autour du projet.

Pour aller encore plus loin

Une dimension essentielle de l'action humaine manque dans la grille sociodynamique : celle du pouvoir dont sont dotés les acteurs pour agir de façon positive (pouvoir de soutien) ou négative (pouvoir d'entrave) vis-à-vis du projet.

Mieux vaut avoir peu d'alliés puissants et influents qu'une multitude au pouvoir d'action limité. À l'inverse, il y a tout à craindre d'un opposant isolé, mais doté d'un fort pouvoir d'entrave. Une matrice simple peut aider à positionner des acteurs en fonction du pouvoir dont ils disposent vis-à-vis du projet.

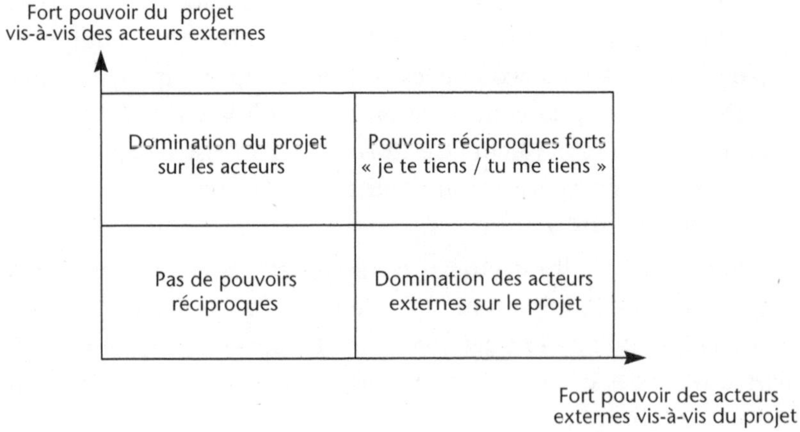

Figure 3.6 – Matrice du pouvoir

Agir pour réussir

Les outils proposés ici ne sont pas seulement des instruments de diagnostic. Ils offrent un cadre de réflexion pour concevoir des stratégies d'action adaptées et efficaces, en fonction d'une cartographie sociodynamique donnée. Illustrons notre propos à l'aide de deux principes d'actions majeurs : la stratégie des alliés et la théorie de l'engagement.

Une des règles d'or de la sociodynamique est, par exemple, de ne pas passer du temps avec ses opposants : *préférez investir sur vos alliés, sur le ralliement des hésitants à votre cause, sur l'adhésion progressive des passifs plutôt que d'épuiser vos forces et vos ressources dans des luttes sans fin avec des adversaires enracinés sur leurs positions.*

Exemple

Dans le cas parc d'affaire, les riverains de la zone pressentie ou encore le maire de la commune voisine ont des enjeux personnels tellement forts qu'ils n'écouteront pas les arguments pourtant sûrement très pertinents du chef de projet. Pas la peine donc pour lui de passer trop de temps à essayer de les convaincre. Par contre, il doit être à l'initiative de contacts fréquents et nourris avec les structures locales d'aide au développement économique, ou encore le secrétaire de mairie, ainsi qu'avec les membres de l'équipe municipale de la métropole régionale, tous susceptibles de lui fournir une aide précieuse (sous forme de conseils, soutiens, ressources...). Il ne doit pas hésiter à aller négocier le soutien des commerçants, des agriculteurs, du journaliste local, etc. Enfin, il ne doit pas ménager sa peine pour tenter de rallier à la cause du projet le plus grand nombre d'habitants de la commune, encore indécis. Tant pis pour les opposants qui, quoi qu'on fasse, le resteront.

Une autre stratégie efficace est celle dite de la *théorie de l'engagement.* Issue de recherches récentes de psychosociologie[1], cette théorie développe l'idée que l'on peut rallier à la cause d'un projet des personnes pourtant *a priori* opposées... tout simplement en les engageant par des actes concrets, mineurs et modestes.

Concrètement, cela signifie que, face à des acteurs hésitants ou réfractaires vis-à-vis d'un projet, il peut être plus efficace pour les faire adhérer de leur confier une action même modeste au sein du projet plutôt que de les convaincre, de les raisonner ou de faire appel

1 Théorie généralement attribuée à Charles Festinger (1971).

à des bons sentiments ou nobles causes (sens du devoir, sens des responsabilités, intérêt général...). *Seuls les actes nous engagent et non pas nos idées, croyances ou sentiments.*[1]

Une expérience édifiante[2]

Si on demande à 100 particuliers de mettre dans leur jardin un imposant panneau indicateur routier, 16 % seulement acceptent spontanément. Par contre, si l'on fait la même proposition à 100 autres personnes qui ont déjà accepté de poser sur leur vitre de maison un petit autocollant en faveur de la même cause, 76 % acceptent cette fois-ci le panneau dans leur jardin !

Le principe qui consiste à demander peu dans un premier temps pour obtenir beaucoup par la suite est simple mais redoutablement efficace. Il est bien connu des quémandeurs de rue, qui savent bien qu'il est plus facile d'obtenir une pièce après avoir demandé l'heure. Une action jugée coûteuse devient finalement plus acceptable si elle intervient à la suite d'une action antérieure jugée anodine. ■

Cette théorie sur le comportement humain ouvre des perspectives pratiques très intéressantes pour le chef de projet du parc d'affaire. Elle va l'inciter notamment à identifier des opportunités d'engagements des acteurs apparemment anodines, mais qui vont rendre plus difficile toute manifestation ultérieure d'opposition. Par exemple, on peut demander aux commerçants de la ville de distribuer à leurs clients un bulletin d'information sur le futur parc d'affaire. Selon la théorie de l'engagement, cet acte pourtant sans conséquences a de bonnes chances de réduire les manifestations d'opposition éventuelles des commerçants.

De même, vis-à-vis du journaliste local, plutôt que de déployer des efforts surhumains pour le convaincre d'assurer la promotion du projet, mieux vaut « l'engager » en lui demandant par exemple d'exposer dans le local du journal, toujours très fréquenté, une maquette du futur parc d'affaire. Celui-ci aura d'autant plus de mal à dénigrer le projet qu'il sera obligé de fournir de l'information (et donc de se tenir lui-même informé) à tous les visiteurs qui ne manqueront pas de lui poser de nombreuses questions sur le projet.

---

1 Beauvois et Joule, *Petit traité de manipulation à l'usage des honnêtes gens*, Presses Universitaires de Grenoble, 1987.

2 Cette expérience a été menée par Freedman et Fraser en 1966 à l'université de Standford, Californie.

Retenons donc que la persuasion est parfois moins efficace que l'action. Il est quelquefois plus facile d'agir sur les opinions, croyances et attitudes des gens en sollicitant un comportement préparatoire relativement anodin, que par le biais d'un discours abstrait cherchant à convaincre et à persuader.

Cela renvoie à la réduction de la dissonance cognitive, évoquée précédemment. Est-ce finalement les attitudes qui influencent les comportements ou bien l'inverse ? On voit donc que l'homme peut aussi être capable de faire évoluer aisément ses attitudes, ses croyances pour les rendre cohérentes avec ses comportements et formuler des bonnes raisons qui l'ont amené à agir de la sorte. *L'homme rationalise a posteriori des conditions de soumission qui lui sont souvent extorquées.*[1]

Après s'être intéressé aux parties prenantes externes, il est temps maintenant de se concentrer sur les personnes responsables de la mise en œuvre : elles forment l'équipe projet.

L'essentiel

▶▶ **Il est nécessaire** d'appréhender précisément les acteurs du projet et d'identifier clairement le client réel principal au sein d'un système-client complexe.

▶▶ **Il faut connaître** les attitudes des acteurs vis-à-vis d'un projet afin de mieux anticiper leurs stratégies d'action et comportements. L'analyse des risques sociaux est une dimension à part entière de l'analyse des risques d'un projet. Des outils opérationnels (analyse stratégique, sociodynamique) permettent de la réaliser.

▶▶ **Deux principes** majeurs d'action à retenir :

– la stratégie des alliés : préférer passer du temps avec les alliés du projet qu'avec ses adversaires ;

– la théorie de l'engagement : plutôt que de chercher à convaincre et à persuader les hésitants, préférer les associer au projet en leur confiant des actions même modestes mais qui vont les engager.

1 Beauvoir et Joule, *op. cit.*

Chapitre 4

Les caractéristiques distinctives d'une équipe projet

Executive summary

▶▶ **Une équipe projet** peut être organisée de différentes façons, en fonction de critères précis : types de tâche à effectuer, nature du contexte, durée de vie du projet, degré d'hétérogénéité de l'équipe.

▶▶ **La constitution** de l'équipe projet est une phase critique qui conditionnera de fonction importante la vie du groupe et impactera le pilotage du projet.

▶▶ **Ce chapitre** présente les différents modèles d'organisation des équipes projet et discute de leurs forces et faiblesses. Il permet également de réfléchir aux stratégies de constitution de l'équipe projet et aux impacts prévisibles sur les futures dynamiques de groupe.

Après avoir évoqué le contexte et l'environnement social du projet, c'est à l'équipe projet elle-même qu'il convient maintenant de s'intéresser. Mais là encore, il s'agit d'être prudent : les notions de projet et d'équipe apparaissent trop souvent comme indissociables, et leurs relations ne sont généralement pas questionnées. « On va créer une équipe projet » apparaît comme une réponse évidente et allant de soi. Il est rare de se poser la question de savoir si d'autres alternatives que l'équipe en matière d'organisation du travail ne seraient pas pertinentes, et surtout, quelle est la forme exacte de l'équipe dont nous parlons. L'observation de la réalité montre que les choses ne sont pas si simples et que le terme d'équipe renvoie en fait à des situations bien différentes.

Différents modes d'organisation du travail collaboratif

À un projet ne correspond pas toujours une équipe clairement identifiée. Certes, les hommes constituent une ressource particulière mais, au même titre que d'autres ressources, l'organisation de leur participation sur un projet peut se décliner selon de multiples schémas. Plusieurs modèles types simplifiés de mise à disposition des moyens humains sur un projet peuvent être repérés.

L'étrange étymologie du mot « équipe »[1]

Équipe viendrait du vieux français « esquif », qui désignait à l'époque une suite de chalands attachés les uns aux autres et tirés par des hommes ou des chevaux, bien avant l'époque des remorqueurs. Est-ce l'image des bateliers tirant sur la même corde ou celle des bateaux attachés ensemble... toujours est-il que le terme a été ensuite appliqué aux individus chargés de la construction d'édifice (maisons, églises...) puis beaucoup plus tardivement à des groupes d'ouvriers dans les usines, à des musiciens, artistes, sportifs...

Le modèle dit « en structure fonctionnelle »

Dans ce modèle, à l'existence du projet ne correspond pas celle d'une équipe. Comme Monsieur Jourdain pour la prose, nous avons

1 Saadoun M., *Le projet groupware*, Eyrolles, 1996, p. 62.

régulièrement au sein des entreprises, mais aussi dans la vie courante, de multiples occasions de participer à des activités qui impliquent des personnes aux profils et unités d'appartenance diverses et sans relations formelles de pouvoir entre elles. Il ne faut pas oublier que le mode d'organisation séquentielle, de type taylorien (une tâche après l'autre), est aussi un modèle très performant, dans certains contextes.

Exemple

La communication directe et des ajustements interpersonnels qui ne s'inscrivent pas dans une structure projet formalisée peuvent largement suffire à un groupe d'amis qui organisent un week-end de ski. Une fois le lieu et la date fixés, les rôles sont répartis de façon naturelle : l'un s'occupe du transport, l'autre de l'hébergement, le troisième de la location du matériel. Pas besoin de « méta-règles », rétro-planning, méthodes Pert, diagramme Gantt, dynamique de groupe et autre systèmes de reporting. Chacun sait ce qu'il a à faire : rendez-vous à la date et heure prévues pour le départ.

De même, cet institut de formation a été contacté par une entreprise qui souhaite organiser un cycle de conférences mensuelles pour ses cadres supérieurs, afin de les sensibiliser à des questions socio-économiques actuelles (développement durable, réduction du temps de travail, commerce électronique sur internet, etc.). L'attaché commercial de l'institut de formation va contacter les uns à la suite des autres les conférenciers experts les plus aptes à intervenir sur les thèmes demandés, et si les compétences manquent en interne, il va solliciter des intervenants externes. Chacun va construire une proposition de contenu et de déroulement de sa conférence, sur son sujet. L'organisation séquentielle s'avère ici tout à fait efficace : chacun contribue de façon indépendante au programme global. L'attaché commercial assure la coordination de l'ensemble et l'interface avec le client.

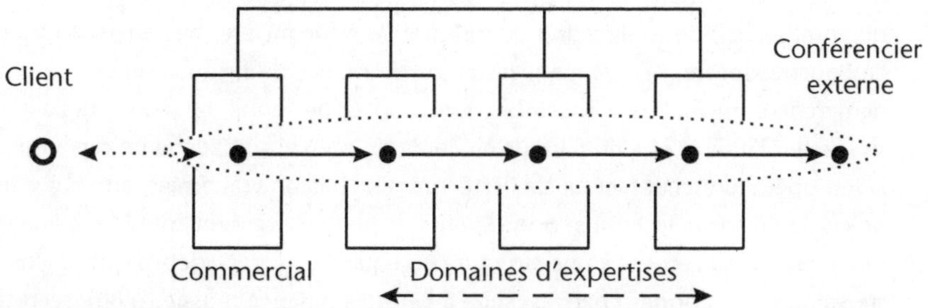

Figure 4.1 – Le « modèle fonctionnel » appliqué au projet « cycle de conférences »

Plus le projet devient une réalité formelle et structurée et plus la notion d'équipe prend sens. Elle regroupe des individus qui se consacrent partiellement au projet (sans toutefois y être affectés à plein temps).

Le modèle de la « coordination de projet »

Dans ce modèle, le rôle de chef de projet est réel, sans être cependant toujours inscrit officiellement dans la structure. Son titulaire peut disposer de certaines ressources spécifiques ponctuelles (temps, budget, moyens techniques...) mais n'est pas doté d'une réelle autorité hiérarchique sur les responsables d'unités ou de services de l'entreprise. Il doit réussir à construire une place pour le projet au sein de l'organisation, sans bénéficier toutefois de l'arme hiérarchique pour contraindre les opposants à sa cause. Cette position est souvent confiée à des jeunes diplômés, qui commencent leur carrière en tant que chef de projet et qui peuvent acquérir ainsi une vision panoramique de l'entreprise, ou bien encore « faire leurs preuves » et démontrer l'envergure de leur potentiel.

Exemple

Dans cette entreprise industrielle en plein développement et qui a massivement recours à des emplois intérimaires, l'idée de construire un livret d'accueil pour les nouveaux embauchés a été lancée. Avec l'appui technique de la direction de la communication et sous la responsabilité de la DRH, un jeune stagiaire a été chargé de ce projet : sa démarche a été de rédiger par lui-même, en s'appuyant sur des expériences d'autres entreprises, une première version. Cela lui a pris 3 semaines. Il a ensuite, 2 mois durant, diffusé et soumis à critiques son document dans les différents services de l'entreprise, à tous les niveaux hiérarchiques. Par une série de consultations et allers-retours participatifs sur la base d'un premier jet, avec des représentants de chaque service, il a pu ainsi intégrer le point de vue et les remarques tant des ouvriers que des cadres, de la production, du commercial, de la direction administrative et financière, des anciens et des embauchés récents. En prenant le temps de mener de façon scrupuleuse une démarche participative d'ensemble, sans oublier personne, ce jeune stagiaire a su susciter l'intérêt et a pu faire de ce guide du nouvel embauché un réel outil à la fois opérationnel et facteur de fierté interne. Voilà un vrai projet, aux objectifs précis, ciblés dans le temps, non répétitif et particulièrement multidisciplinaire mené sans avoir recours à une structure en équipe projet. Gageons que le jeune stagiaire ait de bonnes chances, suite à cette expérience réussie, d'être recruté par l'entreprise !

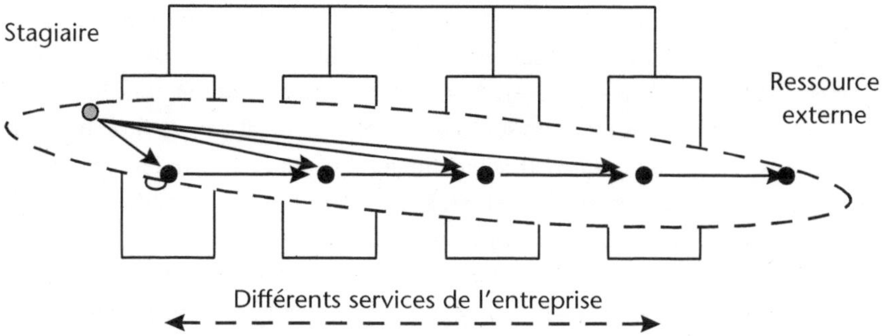

Figure 4.2 – Le modèle de la « coordination de projet » appliqué au cas « livret d'accueil »

Le modèle matriciel

C'est celui de l'équilibre entre une structure métier et des projets transverses, qui se partagent des ressources. La fonction de chef de projet est reconnue et son titulaire est généralement de même niveau hiérarchique que les responsables métiers. L'équipe est, cette fois-ci, bien visible (elle a un nom, un espace géographique, des ressources propres, etc.). L'ajustement mutuel, la coordination directe et la négociation avec les responsables des grandes fonctions instituées sont des points de passage obligés pour assurer le bon fonctionnement de cette structure.

Exemple

L'entreprise Palette est un des leaders européens dans le domaine des systèmes automatiques et semi-automatiques de manutention lourde pour l'industrie alimentaire, la chimie et la parachimie, le bâtiment, les produits de grande consommation (boissons, hygiène, entretien, beauté, etc.).
Ses produits se répartissent en deux catégories principales :
– systèmes de palettisation et dépalettisation ;
– suremballage des palettes, par l'emploi de la technologie du film rétractable pour des besoins exigeants de transport ou de stockage, ou par la technologie du film étirable, pour des produits à formats spéciaux ou volumineux (bobines de papier, produits fragiles, etc.).
Sous la pression des clients, l'entreprise a développé depuis quelques années de nouvelles activités, plus éloignées de ses gammes traditionnelles : par exemple, des plates-formes de manutention polyvalentes, adaptables à différents produits, différents gabarits, différents conditionnements, ou encore des systèmes de tri automatisés à codes à barres venant en amont de la palettisation. Ces domaines ne constituent pas encore de réelles offres nouvelles, mais

plutôt des expérimentations précurseurs d'éventuelles diversifications dans des métiers connexes. Ces réalisations sont généralement effectuées ponctuellement, de façon unitaire et en réponse à un besoin pointu et spécifique d'un client important. Ces « affaires spéciales », comme on dit dans l'entreprise, sont situées sous la responsabilité d'une petite équipe qui doit, pour leur réalisation, puiser dans les ressources disponibles, au sein des grandes « directions métiers » de l'entreprise. Cette équipe est permanente, en charge du développement de ces activités nouvelles, mais également responsable de leur réalisation. Nous sommes bien ici dans le cadre d'une structure matricielle en émergence.

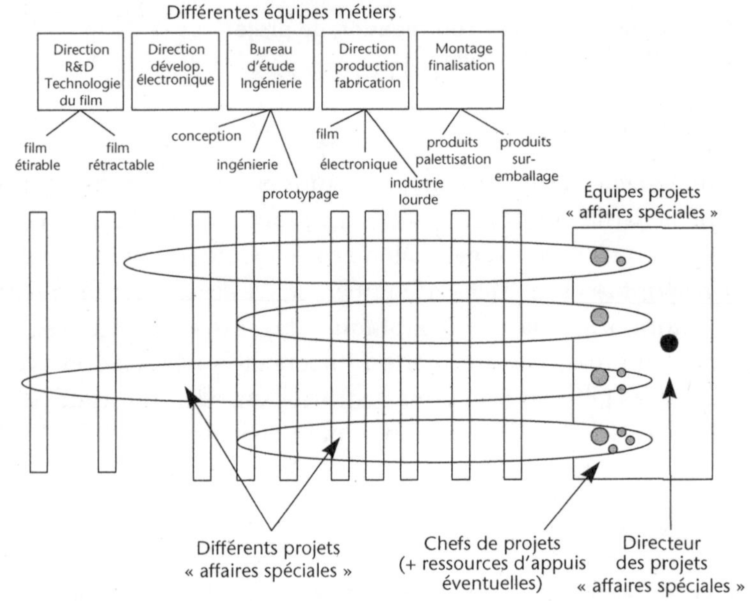

Figure 4.3 – Modèle matriciel illustré dans le cas de l'entreprise Palette[1]

Le modèle dit en « projet sorti » ou « équipe commando »

Enfin, ce modèle extrême est celui de l'équipe dédiée, avec des personnes à plein-temps et qui fonctionne en autonomie importante vis-à-vis de la structure. Cette configuration ne constitue qu'un modèle d'organisation parmi d'autres qui ne doit pas être vu comme le meilleur dans l'absolu. S'il favorise l'innovation et l'émergence d'une vraie dynamique au sein d'une équipe autonome, il est également consommateur de ressources et risque d'amputer les activités plus récurrentes de l'entreprise.

1 D'autres fonctions (commerciales, maintenance, etc.) ne sont pas indiquées ici pour ne pas alourdir le schéma.

Exemple

Dans l'entreprise Palette, cette forme d'organisation est exceptionnelle et se rencontre uniquement dans des cas rares, où des gros clients qu'il ne faut pas décevoir ou encore des prospects importants, émettent des demandes particulièrement complexes, non répétitives et inhabituelles sur le plan technique.

Le projet parc d'affaire est un autre exemple, dans un contexte où les prestations traditionnelles des services municipaux ne doivent en rien être perturbées.

Ces équipes dédiées sont fréquemment réunies dans un même espace géographique, afin de maximiser les interactions, échanges et productions communes de leurs membres. Dans l'industrie, ces équipes sont réunies sur « des plateaux », espaces dédiés qui permettent de concentrer au même endroit, diverses activités nécessaires au projet.

Exemple

Le technocentre Renault, situé à Guyancourt couvre 350 000 m² de bâtiments entourés de 100 000 arbres. Ce complexe gigantesque concentre tous les moyens nécessaires à la conception de nouveaux modèles automobiles. La colocalisation de près de 7 200 salariés qui représentent l'ensemble des métiers de l'automobile permet d'économiser près d'un milliard de francs sur le coût de développement de chaque nouvelle voiture.

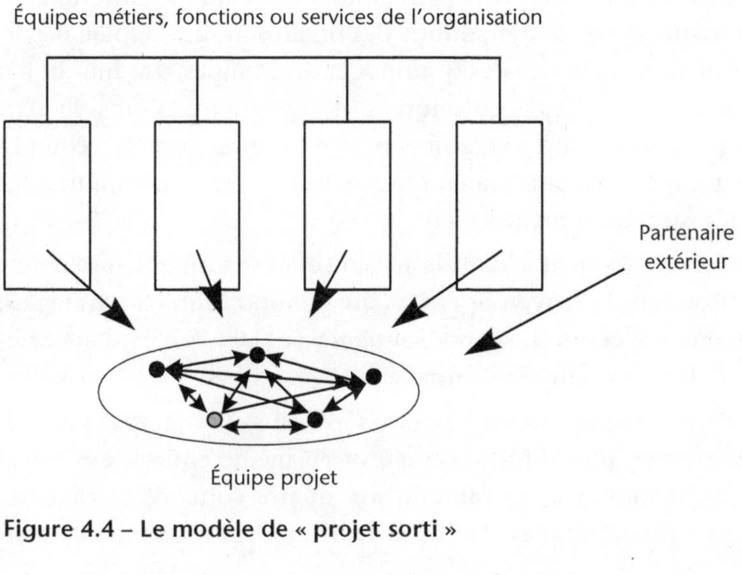

Figure 4.4 – Le modèle de « projet sorti »

Comme souvent, on constate que la réalité des structures projet est issue d'un mixte de ces modèles avec des participations à géométrie variable : à temps partiel pour certains acteurs, à temps complet pour d'autres, demeurant affectés à leur service d'origine pour certains, complètement détachés pour d'autres, en fonctionnement séquentiel sur certains points, en organisation simultanée pour d'autres, etc.

Il n'y a pas de mode d'organisation idéal : seulement des choix adaptés à un contexte, une situation, un objectif.

Une organisation bureaucratique a intérêt à mettre en place des équipes de « projets sortis » pour générer de l'innovation et des ruptures, et s'affranchir ainsi des pesanteurs des structures dominantes. À l'inverse, elle a intérêt à s'appuyer sur l'efficacité des procédures en place, quand le projet peut se contenter d'une suite de contributions distinctes et séquentielles. ■

Différents lieux, Différents temps

Dans le monde des entreprises modernes, à la fois internationales, décentralisées et flexibles, la notion traditionnelle d'équipe, physiquement réunie dans un même lieu au même moment, tend progressivement à ne devenir qu'une modalité d'organisation parmi d'autres.

L'entreprise passe de la pyramide au réseau, où des acteurs autonomes mais interdépendants joignent leurs compétences au service d'une réalisation collective, indépendamment de leurs localisations et unités d'appartenance. La dynamique des organisations s'appuie désormais sur l'initiative créatrice des hommes et des équipes, produit du jeu des interactions d'individus autonomes et compétents réunis au sein de collectifs de travail auto-organisés plus ou moins formels : équipes virtuelles, groupes transnationaux, réseaux transversaux, communautés de pratiques, structures maillées, etc.

Les équipes « s'éclatent », dans le sens où elles se forment et se déforment, se dispersent et se regroupent au gré des opportunités, stratégies, projets et intérêts communs, indépendamment des unités d'appartenance et des frontières institutionnelles.

Cette dématérialisation des équipes est aussi géographique : il devient de plus en plus difficile de réunir au même endroit des interlocuteurs qui habitent et travaillent aux quatre coins de la planète, surtout s'ils sont impliqués dans plusieurs projets à la fois. Le don d'ubiquité va-t-il devenir une compétence critique pour travailler dans l'entreprise de demain ?

Elle est enfin temporelle : l'entreprise moderne ne s'arrête jamais : elle ne connaît ni repos ni vacances, ni jour ni nuit grâce à une répartition judicieuse de ses ressources dans des fuseaux horaires différents. Une équipe aux États-Unis peut ainsi contribuer à un projet, puis passer le relais à ses coéquipiers européens et profiter d'une nuit salvatrice pour reprendre le travail à l'endroit où leurs collègues asiatiques se sont arrêtés.

Exemple

Le cas du centre de recherche

Cette entreprise industrielle de haute technologie est une référence sur ses marchés. Dotée de plusieurs milliers de personnes et présente sur tous les continents, elle est surtout connue pour sa capacité d'innovation. Près de 60 % des produits commercialisés aujourd'hui n'existaient pas il y a 3 ans ! Son centre de recherche comprend plus de 1 200 personnes, réparties sur 3 sites (un aux États-Unis, un en Angleterre, l'autre au Japon). Les gros projets de recherche sont par nature transnationaux et associent des ingénieurs des trois sites. L'utilisation permanente de l'intranet est à la base de la réduction des cycles de R & D de l'entreprise. Le travail ne s'arrête jamais puisque 24 heures sur 24, les équipes se passent le relais au-delà des fuseaux horaires.

L'explosion des technologies de l'information est bien évidemment à l'origine de ces évolutions d'organisation. À la fois catalyseurs, vecteurs et soutiens de ce travail global ininterrompu, les Tic fournissent de multiples « prothèses » pour aider l'homme à surmonter ses « handicaps » naturels (incapacité d'ubiquité, repos nocturne obligatoire...).

Réseaux organisationnels, réseaux informatiques et réseaux sociaux se superposent et se renforcent mutuellement pour générer un nouvel espace social planétaire, affranchi des contraintes de temps et d'espace.

L'objet n'est pas de présenter un long argumentaire technique sur l'évolution des moyens de communication, mais seulement de rappeler que de multiples possibilités sont aujourd'hui offertes aux équipiers projets virtuels, pour « rester branchés » n'importe où, n'importe quand, c'est-à-dire tout le temps !

De façon simple, les Tic se répartissent en quatre grandes catégories, en fonction de la localisation (même lieu ou lieux différents) et de la synchronisation (même temps ou temps différents) des interactions au sein d'une équipe.

Cette matrice montre bien que les situations de travail concernées ne sont pas nouvelles en soi. De plus, les hommes ont toujours su inventer des solutions techniques adaptées à leur temps pour communiquer à distance : les messagers à cheval au Moyen Âge, le courrier postal puis le télégraphe ont permis aux hommes de tisser des liens par-delà les frontières, les montagnes et les mers. L'Europe des monastères entre le Xe et le XIIIe siècle, l'Europe des églises et des cathédrales, puis des universités s'est construite autour de la notion de réseaux. De même, l'intensité des échanges commerciaux entre les villes de la Hanse (union commerciale et militaire des villes d'Allemagne du Nord), puis dans le sud vers le XVIe siècle montre que les hommes ont toujours su travailler « en mode asynchrone distant », plusieurs centaines d'années avant l'apparition des ordinateurs.

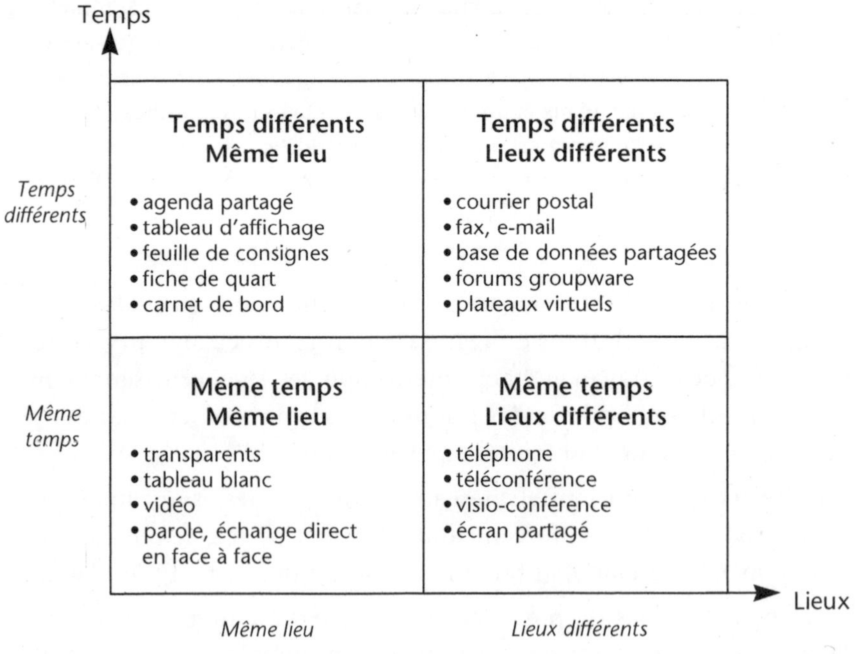

Figure 4.5 – Différentes modalités du travail collectif

La banalisation des Tic, leur facilité d'utilisation, leur performance et leur coût désormais abordable modifient bien sûr complètement les conditions dans lesquelles le travail distant peut s'effectuer.

Quelques composants des « plateaux techniques virtuels »

On trouve de plus en plus dans des projets industriels où les parties prenantes sont dispersées dans des plateaux techniques virtuels, où les contributeurs peuvent co-construire et coopérer sans être physiquement réunis dans la même pièce au même moment. On trouve traditionnellement les éléments suivants (Favier, 1998) : visioconférence, tableau blanc électronique partagé (pour représenter à plusieurs et en temps réel des objets sous forme de dessins, croquis, schémas, plans, etc.), partage d'applications (documentation technique, planning, nomenclatures, etc.), systèmes de gestion de données techniques (bases de données spécialisées) et simulateur collectif virtuel (une maquette numérique coûte moins cher qu'une maquette réelle : chacun peut éprouver à moindre coût de nouvelles solutions techniques). ■

Exemple

Le cas du film de science-fiction[1]

Beowulf est un film de science-fiction inspiré d'un poème épique du Moyen Âge. Ce film à grand spectacle, avec Christophe Lambert dans le rôle principal, est en fait une première : le réalisateur habite à Londres, la plupart des séquences sont tournées en Roumanie, quelques infographistes se trouvent à Paris, d'autres en Israël et au Japon. Sans compter que la société chargée de coordonner les effets spéciaux est à Santa Monica, en Californie, où une douzaine de spécialistes travaillent sur les séquences filmées en Europe de l'Est.

Aussi, Larry Kasanoff, responsable de Threshold Entertainment, société hollywoodienne coproductrice du film, a voulu rassembler les équipes dispersées aux quatre coins du monde en créant Threshold Digital Research Labs (TDRL), le premier studio virtuel, numérique en ligne à l'échelle planétaire.

« La technologie des réseaux à hauts débits s'est propagée dans le monde entier. Par ailleurs, il y a des professionnels de la création numérique un peu partout sur la planète. Pour la première fois dans l'histoire, la technologie permet de les réunir sans qu'ils aient à se déplacer. Aller à Hollywood juste pour visionner une séquence prend parfois beaucoup de temps et revient très cher. Aujourd'hui, c'est aussi simple qu'un coup de fil », constate Larry Kasanoff.

Pour *Beowulf,* 100 personnes au total communiquent entre elles via le studio virtuel. Chaque jour, le réalisateur visualise à distance le travail de ses équipes. Pour lui, l'avantage est double : il peut visionner les effets spéciaux créés avant même le tournage sur le terrain et apporter ses corrections rapidement. « Grâce à ce système, nous avons économisé 30 % de temps pour réaliser les effets spéciaux.

1 D'après un article de Tournier J., *Les Echos*, n° 17668, 17 juin 1998, p. 50.

Quand un artiste finit son travail à Los Angeles, un autre prend le relais à Paris, puis un autre au Japon. La production ne s'arrête jamais », note Larry Kasanoff. Sorti en mai 1999, *Beowulf* aura coûté environ 20 millions de dollars, soit nettement moins que le standard habituel pour un film de ce type.

Depuis, de nombreux *blockbusters* comme le sage du *Seigneur des anneaux*, *Star Wars*, *Inception* et évidemment tous les films d'animation (*Toy Story*, *Wall-E*, *Shrek*, notamment) ont eu recours, pour tout ou partie, à ce procédé.

Différents degrés d'interdépendance et de formes de coopération

Le mécanisme de coproduction est fréquemment associé à l'idée d'équipe-projet : des individus aux compétences distinctes mais complémentaires collaborent de façon intense pour construire et mener ensemble une opération complexe qu'aucun d'entre eux n'aurait pu réaliser de façon isolée. Voilà pour la théorie.

L'observation de la réalité montre qu'il existe de multiples manières d'organiser la coopération entre des individus, à distance ou non. L'intensité de la production conjointe et les interdépendances nécessaires pour mener à bien le travail demandé varient énormément d'un cas à un autre.

Sans vouloir être exhaustif, quatre paramètres peuvent être évoqués pour distinguer différentes formes et intensités du travail en commun.

Les types de tâches[1]

On distingue différents types de tâches :

- *Les tâches additives* : c'est le cas de plusieurs personnes qui poussent une voiture pour la faire démarrer. Leurs forces s'additionnent (sous réserve d'un minimum de coordination pour pousser en même temps et dans le même sens !). C'est la situation la plus naturelle, dans laquelle il faut néanmoins se méfier des risques de « paresse sociale », où chacun, plus ou moins consciemment, se repose sur les autres.
- *Les tâches communes* : l'escalade d'une montagne en cordée est un bon exemple. Tout le monde est solidaire car le sort de chacun est lié

1 *Sciences Humaines*, n° 73, juin 1997, pp. 38-42.

aux autres. La performance du groupe dépend alors du rendement de son élément le plus faible.

- *Les tâches disjointes* : dans le cas d'un jeu de questions-réponses par équipes, il suffit qu'un seul membre du groupe trouve pour que tout le monde gagne. La performance collective repose alors sur le « meilleur » de ses membres (chacun pouvant à son tour assumer ce statut de « champion »).
- *Les tâches discrétionnaires :* les membres du groupe associent leurs efforts, compétences et ressources de diverses manières. La combinaison des contributions, la fertilisation croisée des expertises, ou encore la coproduction, qui caractérisent souvent (mais pas toujours) les situations de projets complexes se situent dans cette catégorie. La performance dépend alors de la capacité du collectif à devenir réellement supérieur à la somme de ses parties (domaine dans lequel cet ouvrage vise à apporter quelques modestes contributions).

L'intensité de la coopération varie donc en fonction de la nature des tâches.

Les équipes dédiées, dotées de ressources importantes et dont l'organisation repose sur une quasi-permanence du travail en face-à-face sont indispensables dans des situations d'interdépendances fortes, comme par exemple, la création d'un nouveau modèle automobile.

Dans d'autres cas, le travail individuel mené par des experts qui ont besoin parfois de s'isoler constitue la voie la plus efficace.

De brèves réunions de coordination dont l'objet principal est de mesurer l'avancée du travail réalisé par chacun sont alors bien suffisantes.

La nature du contexte

La pression de l'environnement exercée sur l'équipe va également conditionner ses principes d'organisation. En cas de situation de crise (urgence, forte complexité ou forte incertitude), la régulation instantanée, directe, en face-à-face est une condition-clé de succès.

La culture organisationnelle influence également les modèles de coordination au travail : certains contextes privilégient *a priori* les modes participatifs et collégiaux.

D'autres cultures, au contraire, reposent sur l'emboîtement de contributions individuelles.

Enfin, les systèmes d'incitation en vigueur dans l'entreprise (systèmes d'évaluation, de rétribution, de sanctions-récompenses, etc.) vont influencer les choix effectués en matière d'organisation collective du travail.

Dans un contexte donné, tout n'est jamais possible et l'univers des possibles est restreint sous l'influence du poids du passé et des logiques collectives dominantes.

La durée de vie du projet

Exemple

Un exemple frappant, développé par Christophe Everaere[1] : celui d'une équipe chirurgicale.

Une opération nécessite la présence simultanée de plusieurs personnes situées à proximité les unes des autres (unité de lieu et de temps). Autour du patient, s'activent un anesthésiste, un chirurgien et des infirmières, et chacun intervient avec un degré de vigilance très aigu par rapport à ce que font simultanément les autres. La coordination est visuelle, orale ou gestuelle mais constante, systématique et très intense. Un acteur ne peut rien sans la participation des autres. Dans d'autres contextes (représentation théâtrale par exemple), cette coordination dans l'instant est tellement critique qu'elle nécessite des mois de répétition et d'ajustement mutuel avant l'apothéose de la soirée de première.

La qualité de la coproduction est donc d'autant plus critique que la durée de vie du projet est courte (quelques heures pour une opération chirurgicale ou une pièce de théâtre) et que le droit à l'erreur n'est pas permis (gageons que la célèbre devise de Boileau : « Sur l'établi remet 100 fois ton ouvrage », ne fait heureusement pas partie du vocabulaire du chirurgien).

Le degré d'hétérogénéité au sein de l'équipe

L'hétérogénéité d'une équipe s'exprime souvent sous l'angle de la diversité culturelle de ses membres. Il faut adopter ici une vision large de la notion de culture. Elle concerne bien sûr les origines nationales, mais la culture se décline également en termes de métiers, de domaines

1 Everaere C., « Les Collectifs de travail : une fausse évidence », *Éducation Permanente*, n° 129, 1996, pp. 111-127.

de compétences, d'unités d'appartenance, d'histoire et de valeurs partagées, de profils et caractéristiques personnelles, etc.

Les anciens et les nouveaux, les techniciens et les commerciaux, les innovants et les prudents, les opérationnels et les fonctionnels, les sédentaires et les itinérants sont quelques exemples de sous-ensembles culturels qui s'opposent fréquemment sur des projets.

On entend régulièrement proclamer que la richesse potentielle de l'équipe est proportionnelle à son degré de multiculturalité. C'est vrai, à la condition de savoir tirer parti de cette diversité et de susciter des complémentarités. Le risque d'incompréhension, voire de conflit suit malheureusement la même règle. Une analyse des risques spécifiques, complémentaire aux approches traditionnellement limitées à la technique ou aux coûts, mérite d'être menée pour appréhender l'intensité et la nature des sources de diversité culturelle, la plupart du temps multiples.

Le cas particulier de la diversité de la culture nationale

Dans un monde des affaires où les frontières s'estompent et se dématérialisent, il est fréquent de constater que les équipes projets regroupent des partenaires de plusieurs pays : on parle parfois d'équipes transnationales, pour insister sur la nécessité de tirer parti de cultures nationales différentes mais complémentaires. Les tendances d'évolution des organisations vers une décentralisation et une autonomie maximum aux niveaux les plus proches du terrain amènent une part plus grande du personnel à être en relation directe avec des interlocuteurs étrangers. Ce n'est plus seulement un problème cantonné aux équipes de direction, services exports ou cellules internationales spécialisées : tout le monde, à tous les niveaux est désormais concerné par le management en situation interculturelle. On comprend aisément que des difficultés supplémentaires puissent émerger au quotidien quand on ne parle pas la même langue ou encore que les habitudes de travail diffèrent profondément.

Cependant, quel est l'impact réel de la dimension culturelle dans la conduite de projet ? Est-elle un simple facteur de complexité supplémentaire ou au contraire, une source majeure de risques qui nécessite des actions spécifiques ? Une étude basée sur l'analyse de plusieurs équipes projets internationales[1] propose une réponse assez provocante : les problèmes liés aux différences

1 Chevrier S., *Le Management de projets interculturels*, Annales des mines, septembre 1996, pp. 38-47.

culturelles seraient en fin de compte assez aisément surmontables à partir du moment où des règles claires et précises d'organisation sont définies et suffisamment partagées au sein de l'équipe.

Quand les enjeux, objectifs, rôles, responsabilités et modes de fonctionnement sont clairement définis, il suffirait d'un peu d'ouverture d'esprit, de tolérance, de bonne volonté pour parvenir à trouver un mode satisfaisant de travail en commun. On peut alors faire confiance à l'intelligence des personnes pour trouver des solutions simples et pour s'adapter de façon pragmatique aux différences culturelles, du moment qu'elles sont d'accord sur les options de fond du projet.

À l'inverse, si les facteurs *hard* ne sont pas suffisamment solides ni suffisamment unificateurs, ce sont alors des dimensions *soft*, liées aux différences culturelles qui sont dénoncées.

« On ne communique pas bien... On est trop différent pour travailler ensemble... Ils ne voient pas les choses comme nous... On ne peut rien faire avec ces gens là... » sont des exemples de remontrances fréquemment entendues dans les groupes multiculturels.

Le succès d'un projet interculturel dépend donc moins des nationalités en présence que de la manière dont les objectifs, méthodes et règles du jeu sont construits et partagés. « Lorsque les différences culturelles se greffent sur des antagonismes d'un autre ordre, elles tendent à les nourrir » et à hypertrophier les difficultés de communication, incompatibilités des points de vue, conflits de valeurs, différences de comportements, etc.

Les entreprises ont souvent tendance, face à des difficultés constatées de travail en équipe, à recourir à de la formation interculturelle, pour développer des comportements plus ouverts et plus réceptifs à la diversité. La thèse défendue ici montre en fait que l'identification des problèmes liés aux différences de culture est un bon signal d'alerte pour s'interroger d'abord sur la clarté et le partage des éléments constitutifs du projet : raison d'être, finalités, stratégie, enjeux, méthodes, organisation, etc. ■

Rappelons donc qu'il convient de prendre en compte la combinaison de la nature de la tâche, la nature du contexte, la durée de vie du projet ou encore l'hétérogénéité des compétences représentées pour évaluer la nature et l'intensité de la coopération nécessaire au sein d'une équipe et donc choisir un mode d'organisation.

Trois modèles types d'équipe, comprenant chacun de multiples variantes, peuvent être identifiés.

■ Le modèle de la coordination

Il s'applique dans le cas d'une tâche facilement divisible, où les acteurs interviennent dans le cadre de rôles prédéfinis (qui peuvent être liés à des domaines d'expertise).

Des mécanismes de coordination (présence d'un chef de projet, réunions d'ajustement, règles et procédures, planification, etc.) permettent de mettre en cohérence des contributions isolées.

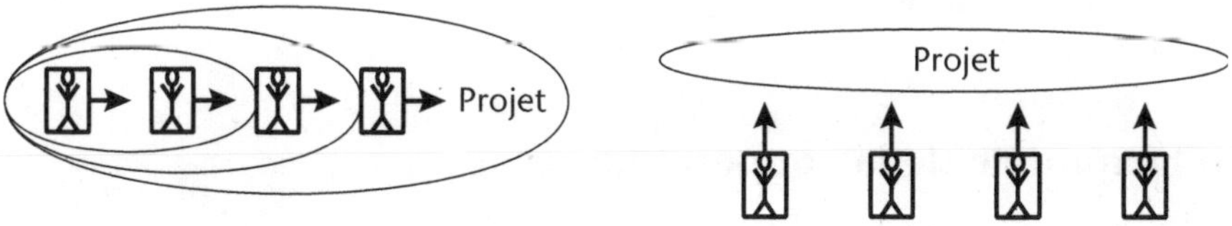

Figure 4.6 – Deux variantes du modèle de coordination

Dans le modèle de gauche, la démarche est séquentielle. C'est le cas de la construction d'une maison où les différents corps de métier interviennent les uns à la suite des autres, dans un ordre bien défini. Dans le deuxième cas, les contributions sont simultanées, le projet étant issu de l'apport conjoint des divers intervenants.

■ Le modèle de l'intégration

Le projet est réalisé par une personne ou un groupe qui bénéficie, en back-office, de l'apport de spécialistes. Ces contributions, simultanées ou non, sont alors intégrées pour donner le jour au projet. Cette phase d'intégration est très différente d'une simple coordination, puisque les contributions expertes sont utilisées, combinées et transformées au cours de l'acte de production du projet. L'équipe d'opération chirurgicale dont nous avons déjà parlé illustre bien le rôle d'appui spécialisé que jouent l'anesthésiste, les infirmières, les assistants, etc., auprès du chirurgien, en train de réaliser le projet.

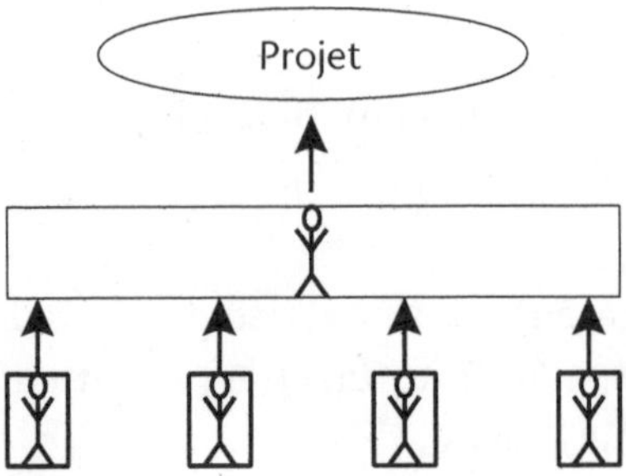

Figure 4.7 – Le modèle de l'intégration

■ Le modèle de la coopération

Les membres de l'équipe travaillent ensemble et collaborent sur tous les aspects du projet dès le départ. Ils dépendent les uns des autres et, plus que simplement se coordonner, ils co-définissent et co-construisent le projet au fur et à mesure de leurs interactions.

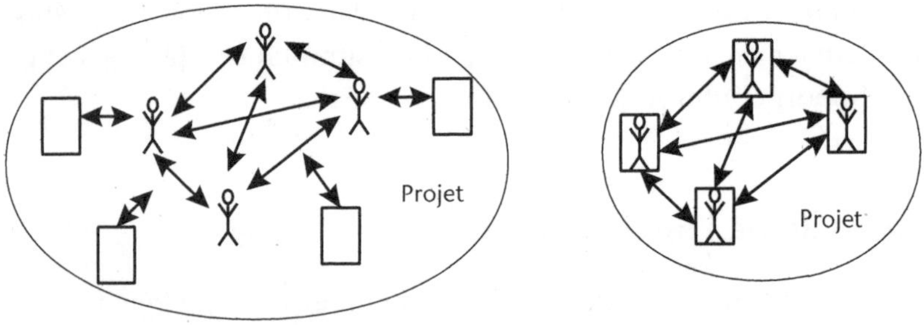

Figure 4.8 – Deux variantes du modèle de la coopération

Dans le premier cas, le projet ne nécessite pas de mobiliser des expertises pointues ou bien les membres de l'équipe sont très polyvalents. Les tâches vont être affectées de façon souple et éventuellement changeante, sur la base du volontariat. C'est le cas d'un groupe d'amis qui montent un projet de vacances ou d'étudiants qui préparent ensemble un exposé.

Dans le deuxième cas, les acteurs représentent des champs d'expertise bien distincts mais qu'ils doivent confronter et mettre au profit d'une construction commune. La conception d'un nouveau modèle automobile est un cas représentatif de ce modèle.

L'organisation en équipe est donc loin de correspondre à un modèle unique.

L'idée défendue ici est qu'il est nécessaire de dépasser la croyance qu'une équipe projet est toujours en situation de coproduction permanente. De nombreuses situations ne nécessitent pas un dispositif de travail si complexe.

Certes, la notion d'équipe au sens du modèle coopératif permet l'expression des complémentarités pour réussir à atteindre le niveau de la fameuse équation : 1 + 1 = 3.

Mais parfois les difficultés à surmonter sont trop importantes pour réussir cette subtile alchimie. C'est pourquoi, d'autres modèles qui privilégient l'intégration ou la coordination (séparation des tâches, arbitrage hiérarchique, organisation séquentielle, etc.) ne sont pas à rejeter et s'avèrent parfois plus efficaces, au final, que des systèmes d'équipes qui sollicitent des relations exigeantes d'ajustement de personne à personne, dans des contextes humains qui n'ont pas toujours la maturité suffisante.

Exemple

Encore un autre modèle d'équipe projet : l'équipe d'intervention rapide

Mervyn's est une chaîne américaine de près de 300 magasins et emploie 32 000 personnes. Cette entreprise a constitué au siège un pool d'une cinquantaine de managers qui forment des petites équipes qui courent à longueur d'année de magasins en magasins, pour des missions ponctuelles (quelques semaines) généralement pour aider le personnel local à résoudre un problème complexe ou surmonter une crise. On les appelle des *Swat teams* (Skilled With Advanced Tools). La particularité de ces équipes d'intervention rapides est qu'elles sont systématiquement multi-disciplinaires (acheteurs, gestionnaire, marketing...). Selon les propos d'un dirigeant de l'entreprise : « Une *Swat team* est un groupe d'experts de haut niveau qui peuvent se déployer n'importe où dans l'entreprise, à tout moment, dès que l'on a besoin d'eux. Ce dispositif permet de résoudre des crises rapidement et efficacement, comme des opérations "commando" ».[1]

1 *Mervyn's calls in the Swat team,* Fast Company, avril-mai 1998, p. 54.

Les origines de l'équipe projet

Pour mieux comprendre les caractéristiques distinctives d'une équipe projet, il est souvent fort utile d'apporter un regard historique et de revenir aux conditions de la création de cette équipe. Quand s'est-elle formée et comment ? Qui en a choisi les membres ? Sur quels critères ? Voilà bien des questions essentielles pour donner du sens à l'analyse. Plusieurs situations sont généralement observables liées à de nombreux facteurs : pratiques habituelles en vigueur, autonomie du projet, poids personnel du chef de projet, etc.

Qui choisit les membres de l'équipe projet ?

Trois acteurs essentiels entrent en scène quand il s'agit de constituer une équipe projet : l'organisation, le chef de projet et l'individu[1]. Leur poids respectif dans le recrutement des membres de l'équipe est rarement égal : quelques cas types représentatifs de pratiques fréquentes en entreprises sont évoqués ci-dessous.

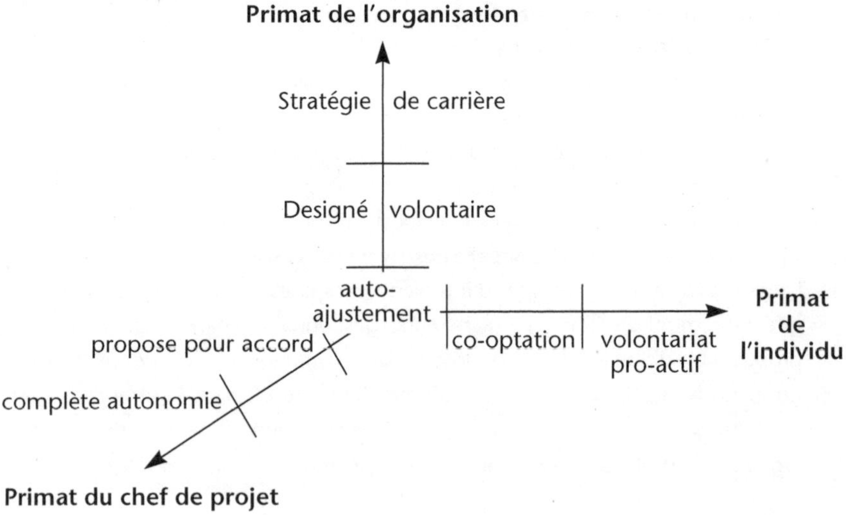

Figure 4.9 – Trois vecteurs principaux de constitution d'une équipe projet

1 Nous n'évoquons pas le rôle du client : de plus en plus important dans des situations de soustraitance. Nous simplifions en disant qu'il est médiatisé soit par l'organisation, soit par le chef de projet.

■ Le cas des « désignés volontaires »

Dans le premier modèle, malheureusement assez fréquent en entreprises, les heureux élus (les « désignés volontaires »), le sont sur des critères de disponibilité ou d'absence d'autres candidatures. L'argument se limite bien souvent à des propos du type : « Il n'y a personne d'autre et il faut bien démarrer ». On comprend que le projet soit dès le début mal engagé avec des acteurs pas forcément motivés et dont on n'a pas vraiment validé la compétence. Et pourtant, de nombreux projets montés avec des équipes constituées à la va-vite, sans critères réfléchis, avec les ressources disponibles, arrivent néanmoins à terme avec succès. Répétons-le une fois de plus : il n'y a pas de fatalité, ni dans un sens ni dans un autre, dans le management de projet.

■ Le système du « parcours institutionnel »

Dans ce cas de figure, l'organisation programme volontairement la participation d'untel ou untel à un projet.

La démarche s'appuie sur un système de gestion des carrières dans lequel l'entreprise va confier un projet à un jeune cadre à potentiel pour évaluer sa capacité réelle en situation, ou encore va nommer un cadre confirmé qui aspire à de nouveaux horizons à la tête d'un projet à l'international. Pour beaucoup, le projet devient un point de passage obligé, une étape dans un processus de développement professionnel. L'intérêt individuel et la stratégie de carrière sont alors à la base de la participation.

■ La sélection par le chef de projet

Dans ce scénario, le chef de projet choisit ses collaborateurs, soit de façon complètement autonome, sans même rendre de comptes, soit dans le cadre d'une procédure de validation/contrôle, où la direction entérine ou modifie les propositions qui lui sont présentées.

Deux critères de choix prédominent fréquemment dans ce modèle : l'affinité et la compétence reconnue.

- *L'affinité* paraît être un critère évident. On travaille mieux avec des gens avec qui l'on s'entend bien ! Les Américains parlent plutôt de *tacit knowledge* pour désigner une expérience et un vécu que partagent des individus à la base d'une confiance mutuelle et qui les persuadent, *a priori*, qu'ils travaillent bien ensemble. C'est le cas des équipes commando, où le leader va réunir une « bande d'anciens compagnons » pour mener une opération militaire particulièrement risquée.

- *La compétence reconnue* est l'autre source fréquente de sélection. Pour atteindre l'objectif, mieux vaut s'entourer de personnes dont on peut attendre une contribution experte significative. Notons cependant que bien souvent, cette compétence à la base de la sélection d'une personne reste essentiellement subjective et fréquemment véhiculée par les réseaux informels de l'entreprise. Untel est réputé fiable, compétent, ou à l'inverse, untel est à l'origine d'un silence gêné quand on évoque son éventuelle participation. Ainsi, des mécanismes très durs d'exclusion se mettent en place dans lesquels les acteurs qualifiés de « moins compétents » seront de moins en moins sollicités par des chefs de projet alors que ceux jugés plus compétents seront vite débordés. On mesure bien le caractère flou de cette notion de compétence[1], dans laquelle l'image qu'on donne de soi occupe une place au moins aussi importante que la nature réelle des savoir-faire qu'elle est censée représenter.

■ Le recours au volontariat

L'axe du primat de l'individu, enfin, représente le cas où c'est l'individu qui décide librement de sa participation à un projet, en fonction de ses motivations, de ses perspectives personnelles, etc. L'organisation n'exerce pas ou peu de pression et laisse des ajustements interpersonnels s'effectuer. Ce modèle existe par exemple dans les cabinets de conseil, où les consultants possèdent, en principe, une certaine liberté pour choisir de participer à telle ou telle mission. Soit l'individu est de lui-même pro-actif et manifeste, pour différentes raisons, sa motivation pour rejoindre l'équipe en cours de constitution, soit les membres de l'équipe viennent solliciter sa participation et « co-optent » sa présence dans le groupe.

Cette grille de lecture représente bien évidemment une simplification de la réalité, marquée par un croisement systématique de ces modèles types. La participation d'une personne à un projet résulte généralement d'une pondération entre une sollicitation du chef de projet, une pression de l'organisation, un intérêt personnel et enfin la compatibilité du projet avec ses autres pôles d'investissements. Cependant, on constate

1 Courpasson D. et Livian Y.-F., « L'Émergence de la notion de compétence. Glissement sémantique ou idéologie ? » *Revue de Gestion des Ressources Humaines*, n° 1, octobre 1991.

que la situation parfaite d'équilibre, « d'auto-ajustement » entre ces différents pôles d'influence est rarement observée.

Le recours à un modèle dominant n'est jamais neutre et conditionne pour partie la dynamique collective qui va s'instaurer. Chaque système est potentiellement porteur d'opportunités et de risques : opportunité de choisir les meilleurs coéquipiers dans le système de cooptation ou encore de répondre à la diversité des aspirations individuelles dans le modèle du volontariat, risque de générer des démarches opportunistes dans lesquelles les individus placent leurs enjeux personnels avant ceux du projet dans le système institutionnel ou encore risque de démotivation très forte dans celui des « désignés volontaires ».

Des comportements collectifs homogènes sont donc susceptibles d'apparaître : plus que la simple somme algébrique des comportements individuels, ils expriment une dynamique spécifique au groupe, issue de la diversité de ses membres et qui influence, en retour, les comportements individuels. La manière dont a été formée l'équipe en est un facteur explicatif et une grille d'analyse pertinente. La nature des profils individuels ou encore la solidité d'une identité partagée en constituent d'autres : ils sont évoqués dans le chapitre suivant.

L'essentiel

- **À un projet** ne correspond pas toujours une équipe clairement identifiée : l'équipe dédiée et autonome n'est qu'un modèle d'organisation parmi d'autres. Ainsi, il n'y a pas de mode d'organisation idéal en matière de projet : seulement des choix adaptés à un contexte, une situation, un objectif.
- **Il existe** de nombreuses manières d'organiser la coopération entre des individus. Les modèles de la coordination, de l'intégration et de la coopération constituent trois configurations fondamentales d'une équipe.
- **Le succès** d'un projet transnational dépend moins des nationalités en présence que de la manière dont les objectifs, méthodes et règles de fonctionnement sont construits et partagés.
- **Les caractéristiques** d'une équipe projet dépendent pour partie de la manière dont elle a été créée.

Chapitre 5

La dynamique de groupe d'une équipe projet

Executive summary

- **Le bon fonctionnement** d'une équipe projet dépend des profils, compétences et motivations des individus qui la composent.
- **Mais résonner** à un niveau individuel ne suffit pas : une équipe constitue une alchimie collective complexe, à la fois plus et moins que la somme des individus qui la composent.

Ce chapitre aborde la façon d'évaluer l'adéquation des profils, compétences et motivation des membres d'une équipe projet, et fournit quelques clés pour créer une dynamique collective qui fédère les énergies. Une fois l'équipe constituée, comment va-t-elle fonctionner ? Existe-t-il des comportements collectifs que l'on peut anticiper en fonction des caractéristiques individuelles ? Y a-t-il une part de déterminisme dans le fonctionnement d'une équipe et comment l'appréhender ?

Une alchimie collective complexe

Pour répondre à ces questions, il existe de nombreuses méthodes d'aide à la constitution d'équipes, utiles pour anticiper et gérer l'alchimie de leur performance. Ces démarches commercialisées et aujourd'hui de plus en plus diffusées se réfèrent peu ou prou à une même hypothèse : chaque individu possède des préférences professionnelles qui lui sont propres et qui induisent pour partie des comportements privilégiés.

De multiples comportements types ont été repérés et classés dans des familles homogènes (leur nombre varie selon les démarches utilisées), à partir de tests statistiques menés sur des grands échantillons. À chacun de ces profils professionnels sont associés non pas des métiers ou des activités de prédilection, mais des rôles naturellement privilégiés par un individu au sein d'un groupe, quels que soient la nature et le contenu de son expertise technique. Ainsi, face à un problème ou une situation donnée, certaines personnes (les créatifs) vont d'abord exprimer de multiples idées, d'autres (les pragmatiques) commencer par agir là où c'est le plus simple, d'autres (les analystes) vont chercher à comprendre dans les moindres détails les tenants et aboutissants du problème posé, d'autres enfin (les relations humaines) vont chercher d'abord avec qui ils pourraient travailler.

L'exemple du MBTI

Instrument de mesure de la personnalité le plus utilisé dans le monde, l'inventaire psychologique MBTI a été développé par Isabelle Myers et Katherine Briggs en 1941, à partir de la théorie des « types psychologiques » de Carl Jung.
Le principe du MBTI est simple : les différences de comportement que l'on observe entre les individus ne sont pas le résultat du hasard mais la conséquence de préférences spontanées concernant 4 dimensions fondamentales :

le type de relation entre une personne et son environnement, le recueil d'information, la prise de décision, l'organisation personnelle. La combinaison de ces préférences conduit à la définition de « types psychologiques ».
Validé pendant des dizaines d'années sur plusieurs millions de cas, il a été adapté en France en 1987 et bénéficie d'une diffusion et d'un intérêt croissants.
Le MBTI se prête à de nombreuses utilisations, dans des domaines très variés comme ceux du bilan personnel et de l'orientation professionnelle individuelle, de la communication, de la négociation, de la gestion des conflits, de la résolution de problèmes, de la prise de décision collective et de l'utilisation optimale des ressources de chacun au sein d'une équipe. ■

Ces outils permettent à chacun de mieux se connaître en situation professionnelle et de développer de la tolérance par rapport à la coexistence de profils professionnels, de préférences, de rôles et de comportements qui diffèrent voire s'opposent.

Exemple

L'entreprise Palette a mené pendant 28 mois un projet de certification qualité, passage obligé pour décrocher de nouveaux clients et particulièrement dans les marchés de l'agro-alimentaire, très stricts en matière d'assurance qualité. De façon très traditionnelle, l'équipe projet a été constituée sur la base des compétences nécessaires pour atteindre efficacement l'objectif : le responsable de la R & D, du bureau d'étude, de la fabrication, du montage, un expert de chaque technologie du film (fil étirable et rétractable), un électronicien, le responsable achat-logistique (en charge également de la relation avec les sous-traitants/fournisseurs), un chargé de mission commerciale, connaissant bien les grands comptes et leurs exigences, ainsi que le directeur administratif et financier, sous la houlette du responsable de la qualité (par ailleurs également DRH adjoint) et chef de projet. Le cocktail idéal pour intégrer des points de vue d'experts différents mais complémentaires.
Cependant, le groupe disposait d'une richesse potentielle d'une autre nature. Certains membres de l'équipe s'avéraient être très extravertis, à la fois très créatifs et très actifs, et ouverts à une approche innovante de la qualité totale dans l'entreprise. « Pourquoi ne pas profiter de l'objectif de certification pour associer l'ensemble du personnel dans une réflexion participative sur notre organisation du travail et à son évolution, sur l'amélioration des conditions de travail, sur le développement de la flexibilité, de la réactivité client… ? »
D'autres membres de l'équipe, aux profils opposés, manifestaient plutôt un fort souci de rigueur, de suivi strict des procédures et étapes du processus de certification, de respect des délais. Pour eux, il fallait mieux avancer pas à pas,

sur un objectif précis, clair, avec des étapes, outils et méthodes bien identifiés. Aucune approche n'est meilleure que l'autre : tout l'enjeu est de pouvoir tirer partie des personnalités en présence pour marier la réflexion et l'action, l'imagination et la mise en œuvre, la créativité et la rigueur, etc.

Bien évidemment, une position de recul doit être conservée par rapport à ce type d'approche, basée sur des grilles d'aide à l'analyse personnelle, dont la complexité ne peut se réduire à une simple typologie. Par exemple, les profils professionnels identifiés ne sont que des tendances et ce serait porter bien peu de confiance en la flexibilité de l'homme de croire qu'un profil « créatif » ne serait pas capable de mener à son terme et avec rigueur une action organisée.

Cependant, ce constat de bon sens ne se vérifie plus lorsqu'on se situe au niveau de l'équipe.

Ces démarches d'analyse de profil présentent l'immense mérite de fournir également une grille de lecture simple mais puissante de la dynamique d'un groupe. En effet, s'il est aisé pour une personne de passer d'une typologie de comportements à une autre, en fonction des situations, contraintes et enjeux, pour un groupe, l'inertie est beaucoup plus forte.

La dimension collective accentue les tendances individuelles et freine leur flexibilité.

Exemple

Par exemple, une équipe qui serait composée majoritairement de profils « action-production », aurait beaucoup de difficultés, en dépit des capacités individuelles indéniables de ses membres, à générer des idées innovantes ou explorer des alternatives aux solutions immédiates qui semblent s'imposer. Le mode de fonctionnement collectif accentuerait l'efficacité de la réalisation, favoriserait le respect des conditions (délais, coûts, etc.) et la dynamique implicite n'irait pas naturellement vers la prise de recul, la remise en cause et la formulation d'idées nouvelles.

L'équipe idéale n'existe pas dans l'absolu. Par contre, l'équipe performante, dans un contexte donné, résulte du dosage adéquat des profils individuels qui la composent.

Des outils comme le MBTI ou TMS[1] à base d'autodiagnostic et de questionnaires existent pour analyser cette dimension spécifique. Ils permettent de proposer les combinaisons cibles de profils les plus adaptés en fonction de la nature du projet, de décrypter *a contrario* les formules instables, d'agir sur les dosages inhibiteurs ou potentiellement conflictuels, de faire évoluer les profils collectifs déséquilibrés.

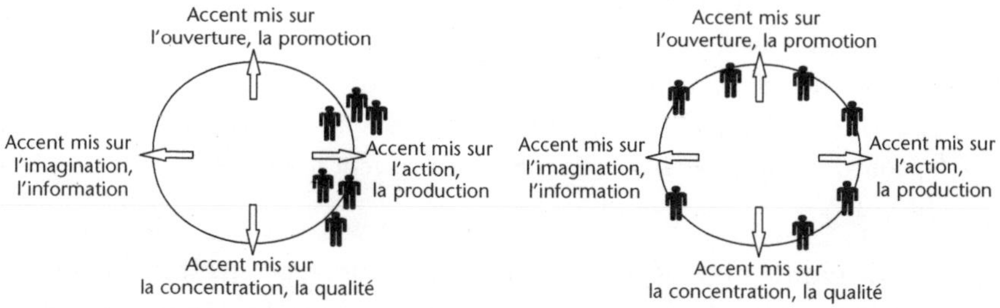

Figure 5.1 – Deux exemples de cas fréquents de dynamique de groupe

	Points forts	Risques
Cas n° 1	Groupe actif, qui avance coûte que coûte Équipe qui atteint ses objectifs Équipe unie, pas de conflit À l'aise dans le concret	Manque de recul, d'imagination Horizon à court terme Excès d'activisme Point de vue unique privilégié
Cas n° 2	Diversité, complémentarité, richesse potentielle Multiplicité des points de vue De multiples modalités d'action possibles	Éclatement, divergence, conflit Immobilisme par impossibilité de se mettre d'accord Incohérence, dispersion des efforts

La normalisation de groupe : un autre type de dynamique de groupe, l'expérience du professeur Asch[2]

7 personnes dont 6 comparses sont au fond d'une salle de classe. Au tableau, sont dessinées 3 lignes droites : A (qui mesure 29 cm), B (qui mesure 32 cm), C (qui mesure 25 cm). Les différences de longueur entre ces 3 lignes droites sont visibles à l'œil nu, moyennant quelques secondes d'attention dues à l'éloignement. Il est

1 Par exemple l'outil TMS, présenté dans l'ouvrage de Margerison C. et McCann D., *Team management*, InterÉditions, 1992.

2 Inspiré d'un document pédagogique développé par le cabinet Orgaconseil.

interdit de s'approcher trop près. La question posée est : quel est le trait le plus long ? La discussion s'engage. Les 6 comparses sont assez vite tous d'accord pour dire que c'est A et assurent une pression sociale forte sur la septième.

90 % des personnes mises en situation de septième homme sont ou finissent par être convaincus et défendent ce point de vue avec vigueur voire agacement si on tente de les faire changer d'avis :

- dans 60 % des cas, le numéro 7 endosse la position du groupe ;
- dans 30 % des cas, il commence par adopter un avis contraire (il dit que c'est B), puis se rétracte.

Après révélation de la supercherie :

- dans 10 % des cas, le numéro 7 maintient que A est bien la plus courte ;
- les autres reconnaissent leurs erreurs et se trouvent toutes sortes d'excuses ! ■

La grille explicative développée précédemment pourrait laisser croire que la dynamique de groupe n'est somme toute qu'un phénomène mécanique, uniquement dépendant du hasard d'une combinaison de profils. Un tel propos négligerait la part active que jouent la motivation et la volonté d'engagement des individus dans l'émergence de comportements collectifs.

Les compétences individuelles et collectives

L'analyse des compétences individuelles

Au-delà des préférences et rôles privilégiés au sein d'un collectif de travail, l'analyse des compétences constitue un second pilier de la dynamique de groupe. La performance collective doit évidemment s'appuyer sur des compétences minimales. N'a-t-on pas coutume de dire dans le monde du sport qu'il n'y a pas de bonnes équipes sans bons joueurs ! Pourquoi en serait-il différent dans les projets ?

Il faut distinguer deux types de compétences dans les situations de projets :

- *Les compétences requises pour le projet* : elles sont d'ordre technique, liées à l'objet du projet (exemple : compétences informatiques pour un projet de système d'information, technologique pour un projet d'ingénierie, marketing pour un projet de lancement de nouveau produits...) mais aussi méthodologiques et comportementales (capacité

d'organisation, de travail en groupe, de communication...). L'analyse de ce type de compétences est liée au projet à réaliser.
- *Les compétences réellement possédées par les membres de l'équipe* : elles sont également d'ordre technique et comportemental, mais l'analyse de ce type de compétences est cette fois liée aux individus.

La réflexion sur les compétences dans les projets nécessite de bien évaluer l'écart entre les compétences théoriques requises pour le projet et les compétences réellement possédées par les membres de l'équipe.

Cette analyse appelle ensuite des décisions soit en termes de mobilisation de compétences externes à l'équipe (compléments sous forme de sous-traitance, apport d'expertise ponctuelle...) ou développement de compétences manquantes au sein de l'équipe.

L'articulation des expertises individuelles au sein d'un collectif

La caractéristique fondatrice d'un projet est sa dimension collective. Tout l'enjeu de la gestion des compétences consiste à mailler et faire converger des apports individuels différents et spécialisés, habituellement cloisonnés, vers la construction d'une compétence collective de l'équipe, apte à assurer l'atteinte de l'objectif. Même un projet individuel, pour aboutir, doit pouvoir s'appuyer sur des tiers qui apportent des ressources.

La force d'un projet est donc de pouvoir combiner des compétences, pour atteindre un objectif qu'aucune prise isolément n'aurait pu atteindre.

Les rôles et modes d'intervention des experts sont mobilisés de façon différente, dans la perspective de création de compétences collectives qui les intègrent et les dépassent. Les experts, selon Pierre Leclair, « entrent dans un univers d'ambiguïté où ils vont devoir négocier des solutions et où on assiste à une construction hésitante et progressive de nouvelles compétences collectives ».

Les individus sont tout d'abord forcés de prendre en compte des aspects parfois nouveaux pour eux ou qui ne s'expriment d'ordinaire pas avec la même intensité : les solutions techniques qu'ils proposent doivent se plier à des considérations de coût, de délai, d'innovation, d'exigences client, d'arbitrage porté par les autres membres de l'équipe, etc., auxquelles ils sont directement confrontés et qu'ils doivent intégrer en plus des exigences techniques habituelles de leur domaine. Ce n'est pas vraiment évident pour des spécialistes pointus sollicités la plupart du temps uniquement dans un champ étroit.

Avis d'expert

Jean-Claude Moisdon et Benoît Weil ont observé pendant de nombreuses années des projets chez Renault. Ils ont été frappés par la variété des tâches menées par les techniciens membres des équipes projets ainsi que par l'importance des échanges entre eux. « Ils passent d'une discussion autour des planches à dessin à une manipulation sur une maquette ou un prototype pour vérifier la montabilité de la dernière pièce livrée par le fournisseur, avant de se rendre en réunion, non sans avoir échangé quelques propos fébriles avec un essayeur croisé dans le couloir qui vient d'apprendre que des résultats d'essais sont mauvais : une pièce n'a pas tenu en endurance, une autre coûte trop chère. Il faut revoir la maquette très vite, pour ne pas être hors délais… »

Ces experts doivent apprendre à dépasser leur registre habituel d'intervention, et donc à devenir des pédagogues avertis. En effet, il ne suffit pas d'être un spécialiste pointu, encore faut-il être capable d'expliquer les contraintes de son expertise aux autres membres de l'équipe, pour pouvoir trouver ensemble des solutions satisfaisantes pour le projet. Ainsi, il est nécessaire d'être capable d'appréhender son champ d'expertise sous l'angle des relations et combinaisons avec les autres, dans une perspective d'optimisation globale. C'est typiquement le type de dilemme très inconfortable pour un expert : renoncer à atteindre l'excellence absolue dans son domaine pour bâtir avec les autres un compromis optimum au plan global, mais imparfait au plan local.

Une des forces de l'organisation en projets est donc de créer un cadre propice à la transversalité, à condition que les parties prenantes apprennent au plus vite à bien travailler ensemble. L'apprentissage collectif s'avère essentiel, car un projet se redéfinit souvent « chemin faisant ». C'est au fil des interactions, expérimentations, débats, confrontations, essais et erreurs, qu'émergent à la fois le chemin mais aussi le résultat final du projet.

Le degré de motivation des membres de l'équipe

Comprendre la dynamique d'un groupe, c'est donc aussi mesurer l'envie portée par chacun pour que ce groupe fonctionne bien et atteigne ses objectifs. La motivation individuelle et collective semble une notion centrale. Elle est également un attribut bien fragile, sur lequel les managers chefs de projet apparaissent comme bien démunis.

La motivation[1] est avant tout un phénomène individuel. Mais comment mesurer la motivation individuelle ? Comment en appréhender toute la subtilité ? Et de quels moyens dispose un chef de projet pour la développer chez ses collaborateurs ?

Voici quelques tentatives de réponses simples à ces questions-clés de l'action humaine.

De façon très schématique, trois approches principales peuvent être invoquées pour mieux comprendre les phénomènes de motivation.

L'approche par la stimulation

Dans cette approche, historiquement la plus ancienne, la motivation se mesure sous la forme de comportements attendus. Pour générer ces comportements, il suffit pour un manager d'activer le bon facteur de stimulation. « Si je lie la partie variable de la rémunération de mes vendeurs à leur chiffre d'affaires, je peux m'attendre à des comportements plus offensifs et à une augmentation des ventes. » La motivation s'apparente alors à un phénomène mécanique, de cause à effet. « Tel stimulus va générer tel comportement. » Dans ce modèle, la motivation serait donc un phénomène extérieur aux individus. Le manager est aux commandes : à lui d'appuyer sur le bon bouton !

Nous ne voulons pas induire de jugement de valeur : la stimulation est certes une approche insuffisante pour expliquer des comportements humains bien plus complexes. Cependant, elle reste un registre d'action fort utile pour un chef de projet. La question de l'utilisation pertinente des systèmes d'incitation, de sanction et de récompense pour influencer des comportements mérite d'être posée. Il est évident que les modes d'organisation et les systèmes de gestion (ce que l'on mesure et ce que l'on récompense) conditionnent pour partie les comportements des

1 Étymologiquement, « motivation » vient du latin *movere* : mettre en mouvement.

individus. Pour partie seulement : c'est bien ce qui nous incite à prendre en compte cette dimension importante, mais à poursuivre l'exploration vers d'autres voies.

L'approche par les besoins

À l'inverse de l'idée précédente, cette approche repose sur l'hypothèse que la motivation est un phénomène endogène aux personnes. Seul l'individu est capable de se motiver lui-même. La motivation est alors un processus interne complexe, visant à satisfaire des besoins propres à chacun. Le manager ne peut que constater chez ses collaborateurs des comportements orientés vers l'assouvissement de leurs besoins. Il peut, par ses actions et décisions, accélérer ou freiner le processus : il ne peut en aucun cas le régir, le piloter et le contrôler.

Le modèle le plus célèbre est bien entendu celui de la pyramide de Maslow, qui identifie 5 grands types de besoins hiérarchisés entre eux : besoins physiologiques, de sécurité, d'appartenance, de reconnaissance, de réalisation. Cette célèbre pyramide des temps modernes est suffisamment commentée dans la plupart des ouvrages de management pour ne pas s'y attarder plus longtemps ni reprendre les nombreuses critiques qu'elle soulève généralement. Après tout, ce n'est qu'un modèle !

L'approche par les critères de motivation[1]

Au-delà de la théorie des besoins, les approches modernes de la motivation visent à explorer les ressorts internes, les moteurs, les raisons qui justifient, sous-tendent, expliquent et rendent logique le comportement d'un collaborateur, dans une situation et à un moment donnés. Cette analyse conduit à la question « pour quoi » agit-il comme cela, non pas en termes de causes (pourquoi ?), mais en termes de but (pour quoi ?). Plus que des besoins, il s'agit d'identifier les finalités de l'action.

Comprendre le comportement d'un collaborateur, c'est découvrir en quoi ce qu'il fait prend sens par rapport à des critères que ce comportement satisfait.

1 Sur la base d'un document pédagogique rédigé par Jean-Philippe Tard et des travaux menés par Sylvie Roussillon et son équipe dans le champ du développement personnel à E.-M. Lyon.

Tableau 5.1 – Quelques critères de motivation

Les critères de motivation sont aussi riches et nombreux que les pulsions humaines et le vocabulaire requis pour les décrire.
On est loin des 5 besoins de Maslow !
La liste ci-dessous n'est donc, bien entendu, pas exhaustive.

Ambition	Foi	Ouverture aux autres
Appartenance	Générosité	Participation
Attention	Harmonie	Passion
Bonheur	Honnêteté	Persévérance
Clarté	Honneur	Pouvoir
Confiance	Indépendance	Professionnalisme
Conformisme	Initiative	Progression
Confort	Intégration	Qualité
Créativité	Intégrité	Réalisation de soi
Curiosité	Joie	Reconnaissance
Défi	Liberté	Respect
Désintéressement	Loyauté	Responsabilité
Développement de soi	Nouveauté	Réussite
Difficulté	Obéissance	Rigueur
Écoute	Ordre	Sécurité
Efficacité	Organisation	Solidarité
Entente	Originalité	Utilité

Dans cette approche, la motivation est le résultat d'une interaction entre des critères qui caractérisent un individu à un moment donné et un contexte, qui fournit des opportunités de satisfaire ces critères.

Quel est dans ce schéma le registre d'action du manager ? Motiver quelqu'un, c'est lui permettre de satisfaire ses critères dans son action quotidienne. Cela n'est possible que dans la mesure où les situations proposées, le cadre et le contexte des projets sont des manifestations concrètes de ces critères.

Face à un collaborateur dont les critères sont : l'apprentissage, la prise de risque et le travail en équipe ; si vous lui confiez un rôle solitaire, dont il maîtrise toutes les facettes avec un faible enjeu, il ne faudra pas vous étonner de sa faible contribution et de son désintérêt probable pour le projet !

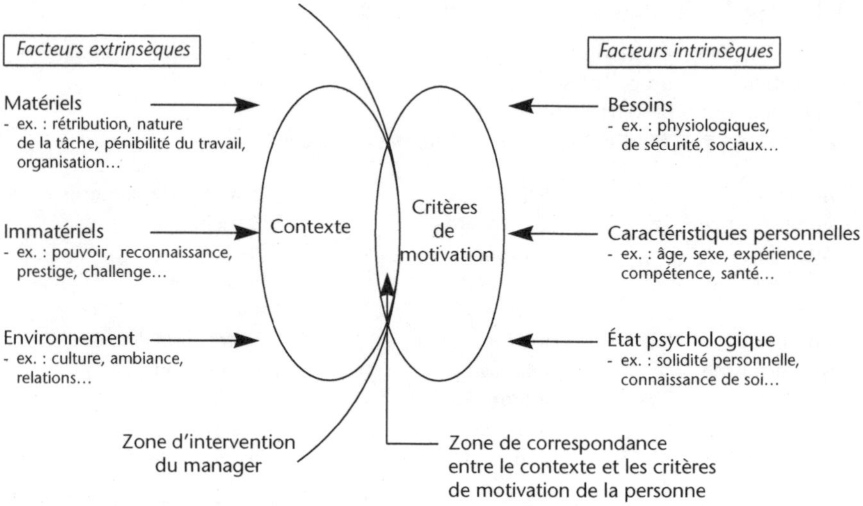

Figure 5.2 – La motivation : point de rencontre entre des facteurs extrinsèques et intrinsèques

Au contraire, si vous donnez le rôle de porte-parole du projet vis-à-vis de l'extérieur à quelqu'un sensible au pouvoir, à la reconnaissance et au contact humain, il y a de bonnes chances pour que cette personne s'implique, peut-être même au-delà de vos espérances.

On peut donc affirmer qu'il est impossible de motiver quelqu'un. Un manager ne peut que créer les conditions de l'engagement de ses collaborateurs.

La nuance paraît subtile, mais cette position est très différente de l'opinion couramment admise selon laquelle il existerait des « recettes pour motiver les gens ».

Cette approche moderne de la motivation met l'accent sur deux compétences critiques du manager/chef de projet :

- être capable de connaître les critères de motivation des personnes avec lesquelles il travaille (capacité d'analyse et d'écoute) ;
- être capable d'imaginer des moyens pour adapter le mieux possible une situation donnée aux critères de motivation de ses collaborateurs (capacité d'adapter ses actions).

Bien sûr, le chef de projet agit dans un cadre de contraintes fortes (budget, temps, etc.) qui limite ses marges de manœuvre. De plus, il est parfois irréaliste de trouver simultanément de la sécurité pour l'un, du challenge pour l'autre, de l'indépendance pour un troisième ou encore de l'action collective pour un quatrième. Cependant, être sensible à cette approche permet au moins de se poser la question, d'explorer d'éventuelles marges de manœuvre possibles dans un cadre donné et de construire des compromis pour satisfaire au mieux des critères parfois opposés.

« Comment faire participer cette personne à un projet nouveau, alors que son critère principal est la recherche de sécurité ? En quoi ce projet permet-il de satisfaire le critère de prise de risque, de sécurité, etc., d'untel ou d'untel ? » Voilà le type de questionnement que permet de développer cette approche de la motivation. Même si les réponses ne sont jamais évidentes, gageons que la probabilité d'en trouver est forcément meilleure comparée à la situation malheureusement trop fréquente où ces questions ne sont même pas envisagées.

Comment décoder simplement la motivation d'un collaborateur ?

Pas besoin d'être psychologue ni de « faire s'allonger son collaborateur sur le divan » pour identifier des critères de motivation. Les situations quotidiennes fournissent de multiples occasions de le regarder agir, de l'écouter parler de son travail et parfois aussi de l'interroger.

Quatre situations types peuvent être évoquées.

- *Observer le comportement quotidien de ses collaborateurs.* En permanence, les individus fournissent des indications précieuses sur le niveau d'engagement qu'ils manifestent vis-à-vis d'une tâche, d'une mission, d'un projet. Encore faut-il pour un manager se mettre en posture d'écoute pour recueillir tous les petits signes quotidiens de réactivité, d'engagement, de disponibilité ou au contraire de passivité, de désintérêt, de retrait. L'observation des signes non verbaux est également précieuse : n'oublions pas que la communication passe à hauteur de plus de 50 % par nos gestes, notre attitude physique, nos sourires, grimaces, etc.
- *Écouter ses collaborateurs.* On ne le dira jamais assez, l'écoute active est le plus puissant instrument de la boîte à outils managériale. Une oreille exercée va être en mesure de capter au quotidien les multiples commentaires qu'un collaborateur va porter sur son travail. Tout au long du projet, les personnes vont exprimer leurs difficultés, leurs désaccords, leurs sources de satisfaction, d'ennuis, de passion… Voilà autant d'indicateurs précieux sur leur niveau et leurs sources de motivation.

- *Interroger ses collaborateurs.* Parfois, cette écoute informelle régulière ne suffit pas : il est alors utile de consacrer un peu de temps à une investigation plus précise. Pas besoin cependant de soumettre ses collaborateurs à un interrogatoire en règles, à huis clos, sous lampe éblouissante, pour le faire parler ! La vie quotidienne des projets fournit de multiples occasions pour poser des questions simples qui s'avèrent cependant d'excellents capteurs de la motivation : « Qu'est-ce qui est important pour vous dans ce que vous faites ? Qu'est-ce qui vous plaît particulièrement ? Qu'est-ce qui compte pour vous ? Qu'est-ce qui est le plus difficile ? » Les repas, pauses café, rencontres dans les couloirs sont des moments privilégiés, à exploiter au maximum. Chaque réponse est une information qui permet d'évaluer l'intérêt que le collaborateur porte à ce qu'il fait et nous précise également les conditions dans lesquelles il souhaite que cette tâche se déroule (autonomie, signe de reconnaissance, organisation, présence du chef de projet, etc.).
- *Tirer profit des rencontres formelles.* Un projet est en permanence ponctué par des temps formels de suivi, de revue de projet, de reporting, de changement d'étapes, de prise de décision, où le chef de projet et son équipe se réunissent pour faire le point sur l'avancée du travail : planning, état des ressources, prospectives sur « le reste à faire », organisation de l'équipe. Ces temps de coordination constituent des opportunités précieuses pour évaluer les motivations individuelles. De façon formelle, c'est le moment d'examiner les missions, rôles et responsabilités de chacun dans le détail, les succès et moments difficiles tels que vécus par les acteurs, les contraintes, sources de satisfaction... L'intérêt d'une discussion collective, où chacun peut s'exprimer devant les autres, est de réfléchir ensemble à des ajustements collectifs immédiats. *C'est l'équipe qui devient responsable de la motivation de chacun, et pas seulement le chef de projet, ce qui démultiplie les possibilités d'action.*

Nous ne sommes pas ici dans une situation d'entretiens annuels, où le manager reçoit individuellement ses collaborateurs. Sur un projet, le but est d'abord de continuer à bien fonctionner ensemble pour atteindre l'objectif. Il ne faut donc pas confondre la fin (réussir le projet) avec les moyens (mener des entretiens pour comprendre les motivations de chacun).

Ces dispositifs peuvent apparaître comme triviaux. Ils constituent la base du champ d'action de tout manager. Or on s'aperçoit que le contexte particulier dans lequel se déroulent les projets (pression du temps, ressources limitées, contraintes lourdes, incertitude généralisée, etc.) fait malheureusement trop souvent « oublier » l'importance des basiques du management d'équipe. Pris dans le tourbillon des événements et des contraintes, le chef de projet ne prend plus le temps d'écouter ses collaborateurs.

Or n'oublions pas que *les situations projet sont particulièrement porteuses de sens pour les personnes* : elles impliquent et bousculent les individus de façon inhabituelle. Cette énergie humaine peut constituer une ressource-clé à partir du moment où elle est appréhendée, canalisée, managée.

La capacité du chef de projet à intervenir dans le domaine de la motivation individuelle et à réellement mettre en œuvre des moyens simples de la comprendre et de la développer n'est plus seulement un basique, mais réellement une compétence critique, à la base du succès du projet.

De la motivation individuelle à la motivation collective

On l'a vu, une des particularités des situations projet est de combiner les dimensions individuelles et collectives.

Ainsi, au-delà de l'écoute des différents critères de motivation de chacun des membres, la cohérence des énergies individuelles est nécessaire.

Quand les forces initiales vont dans le même sens, elles ont davantage de chance de s'additionner et de se combiner dans une action collective efficace. L'équipe peut alors devenir réellement supérieure à la somme de ses parties.

Quels sont les leviers d'action spécifiques à mobiliser, pour répondre à l'enjeu de création d'une dynamique d'implication collective, sur la base des motivations individuelles ?

Nous proposons ici deux éléments de réponse à cette question bien complexe mais tellement essentielle.

Le développement de l'identité du groupe projet

Une des stratégies premières est de réussir à faire émerger une identité de groupe à partir d'individus de profils hétérogènes. Elle est première dans le sens où lors de la constitution d'une équipe, c'est immédiatement cette question que se posent ses membres : Qu'est-ce qui nous réunit ? Que partageons-nous de façon forte ? Qu'avons-nous en commun ?

Les réponses peuvent être de deux natures principales :

- *Liées à des éléments objectifs, d'ordre matériel* : la finalité concrète du projet, le mode d'organisation et de répartition des rôles, les méthodes et outils qui vont être utilisés, les grands jalons qui parsèment le parcours, etc. Formaliser et partager des points d'accord dans ce registre permet de confronter des représentations, points de vue ou expériences individuelles : ce travail de mise en dialogue des conceptions *a priori* portées par chaque membre de l'équipe projet peut être long, car il est engageant pour les acteurs qui tiennent à prouver le bien-fondé de leurs arguments et peut être parfois même conflictuel. *L'énergie consacrée à cette confrontation constructive doit être considérée comme du temps gagné pour la suite.* Combien de situations démotivantes sont décrites par des expressions du type : « On ne sait pas où l'on va », « Les règles ne sont pas claires », etc.
- *Liées à des éléments subjectifs, d'ordre immatériel.* On touche ici le domaine de la vision partagée, sous-tendue par des valeurs communes qui donnent du sens aux actions quotidiennes de chacun. Par vision, il faut entendre une construction mentale d'autant plus forte qu'elle est partagée, et qui dépasse l'objet proprement dit du projet.

Exemple

Réaliser un week-end de fin d'année pour une promotion d'étudiants dans une grande école de commerce est en soi assez banal et, somme toute, un projet assez peu motivant, au-delà de la perspective de passer un bon moment de détente ensemble. Par contre, c'est en formulant une vision plus ambitieuse mais néanmoins réaliste, en phase avec les valeurs communes promues au sein de l'école (travail en équipe, recherche de la performance, esprit de challenge, certain élitisme...) qu'un enthousiasme fort s'est déclenché quand a été émise l'idée de faire escalader le mont Blanc par l'ensemble des 150 étudiants de la promotion, et de réaliser un film souvenir de cette expédition, également vecteur de communication.

De même dans l'entreprise Palette, la culture très technique rendait les acteurs internes peu sensibles aux arguments du responsable marketing, pour qui un projet « d'affaire spéciale » permettrait de pénétrer un nouveau marché et de conquérir de nouveaux clients. C'est en valorisant le fait que le projet nécessiterait également une innovation technique majeure que le chef de projet a réussi à mobiliser une équipe et, au-delà, une partie importante de l'entreprise.

Même si finalement l'objet reste le même, la vision interpelle les personnes au niveau de leurs valeurs et croyances et génère un profond engagement. Une vision est une image puissamment évocatrice de l'avenir, que chacun peut désirer avec la même force que s'il s'agissait d'un rêve d'enfance. Ce n'est pas seulement un nouveau modèle de voiture qu'a créé l'équipe de la Twingo, mais « l'automobile du XXe siècle » ! La perspective des employés de la Nasa dans les années soixante n'était pas de produire des fusées, mais « de faire marcher un homme sur la lune ». Voilà bien des symboliques propres à générer des intensités d'implication d'un tout autre niveau !

Du tas de pierre à la cathédrale

La scène se passe au Moyen Âge. Des passants se promènent le long d'un chemin et voient un homme qui entasse des cailloux les uns sur les autres. « Que faites-vous donc ? », demande un passant. « Je fais un tas de pierre », répond l'homme, tout en profitant de cet intermède pour s'asseoir et se reposer un peu.

Un peu plus loin, le groupe de promeneurs rencontre un autre homme, lui aussi occupé à entasser des pierres. « Que faites-vous donc ? », lui demande-t-on. « Je construis un mur », répond l'homme en reprenant immédiatement le cours de son ouvrage après avoir levé la tête pour voir qui l'interpellait ainsi.

Plus loin enfin, nos promeneurs rencontrent encore un autre homme, lui aussi affairé devant des pierres identiques à celles des deux autres. « Mais que faites-vous donc ? ». « Je bâtis une cathédrale », dit-il avec un regard brillant sans même s'arrêter pour regarder ses interlocuteurs. ■

Mais bien d'autres éléments constitutifs de l'identité peuvent être trouvés, surtout si l'on se tourne vers l'extérieur de l'équipe. Paradoxalement, c'est souvent par rapport à un référent externe que se construit l'identité d'une communauté. Au même titre qu'un individu qui, quand il voyage à l'étranger, redécouvre ce qui fait les fondements de sa propre culture, c'est par rapport à d'autres équipes projets ou à d'autres organes constitués dans l'entreprise que vont émerger des traits distinctifs spécifiques à l'équipe et fondateurs de son identité. *Une maxime populaire exprime bien cette idée : « On se pose en s'opposant. »*

Exemple

Notre groupe d'étudiants qui prépare l'escalade du mont Blanc vise à devenir la première équipe d'étudiants en France à réussir ce défi. Elle vise également à faire mieux que la promotion précédente, qui avait fait parler d'elle en organisant une course de voile très réussie et très médiatisée, ou encore mieux que les étudiants de l'école d'ingénieur située dans la même ville, et célèbre pour ses activités de fin d'année très créatives !

La mise en place d'un système de gestion symbolique du projet

Instaurer une identité forte est un levier fondamental pour donner du sens et de la cohérence à une action collective constituée à partir de contributions individuelles marquées par leurs différences. C'est sur ces bases que peut se concevoir l'engagement de chacun sur ce projet et donc une dynamique de groupe positive. Mais, encore faut-il que cette implication et ce sentiment d'appartenance durent dans le temps. La motivation individuelle et collective est un attribut bien précaire qui doit faire l'objet d'une attention toute particulière. À l'instar d'une gestion technique du projet, il doit exister une gestion symbolique qui porte sur les registres de l'identité et de la motivation.

Une équipe a généralement un nom (« l'équipe mont Blanc », « l'équipe client X », etc.). Elle partage des éléments symboliques : un logo, une tenue vestimentaire, un espace géographique… Elle construit ses rites (réunions hebdomadaires, « petits-déjeuners du lundi matin », « apéritif du vendredi soir », etc.). L'anthropologie trouve ici des champs opératoires très pratiques.

Ces éléments identitaires sont présents tout au long du projet et rappellent la culture commune dont il est porteur. Chacun d'entre eux est un moyen, modeste en lui-même mais très porteur quand il est récurrent pour faire revivre la fibre de l'implication à d'éventuels acteurs éloignés temporellement (participants à temps partiel) ou géographiquement.

Les outils de gestion classiques sont tous potentiellement porteurs de symboles et de rituels. Chaque jalon opérationnel, chaque événement, chaque étape intermédiaire de reporting représente une opportunité à ne pas manquer pour réaffirmer l'engagement collectif et verrouiller à nouveau les éléments identitaires partagés.

Chaque temps collectif doit donc servir, en plus du suivi technique habituel, à prendre du recul, à replacer l'action quotidienne dans la perspective globale de l'objectif du projet, à s'assurer de la convergence et de la solidité des représentations communes et de la dynamique de groupe.

Les célébrations et fêtes de tous ordres constituent, dans cette perspective, des moments privilégiés car ils sont des temps de reconnaissance du travail et des efforts déjà accomplis. Notamment au démarrage d'un projet, il est fondamental que les premières actions menées, au-delà de leur utilité sur le projet, soient réussies et produisent des résultats visibles et reconnus. La mobilisation de l'équipe se construit au fur et à mesure de la succession de ces petits succès et, de plus, cette promotion suscitera l'intérêt puis l'envie de rejoindre le projet. Le pire, c'est de rester secret, c'est-à-dire de ne pas valoriser en interne comme en externe la production collective de résultats, même partiels et modestes.

Envoyer des signes de reconnaissance des efforts accomplis et recréer en permanence les conditions de l'implication de chacun sont des leviers importants pour le chef de projet.

On voit aussi ici l'importance des croyances, de la foi, de l'enthousiasme et de l'effet d'entraînement personnel généré par le chef de projet. Les équipiers d'un projet se ressourcent eux-mêmes en ressentant le degré de détermination du manager. C'est un facteur-clé de la dynamique collective, au même titre qu'une gestion rigoureuse des aspects techniques et méthodologiques.

Le système d'animation est donc le complément indissociable du système de gestion : *un pilotage efficace mobilise simultanément les deux dispositifs.*

Exemple

Dans le cas d'une association humanitaire qui vise à monter une opération d'acheminement de nourriture dans un pays dévasté par une catastrophe naturelle, chaque réunion de préparation du voyage (on parlerait en entreprise de revue de projet) donnait lieu à une préparation avec chaque sous-équipe de travail et une restitution systématique auprès de ceux qui n'avaient pas pu être là. Plus qu'un point d'avancement technique, l'objectif du chef de projet responsable de l'association était bien de recarder les éléments-clés portés collectivement (l'objectif, l'organisation, la prochaine étape, etc.) et de « regonfler » les énergies. Cet aspect est fondamental dans un milieu associatif bénévole où la participation est basée sur la bonne volonté de chacun, ce moteur s'épuisant vite, sans moyens de pression hiérarchique ou institutionnelle.

Savoir susciter « l'effet pygmalion » dans les projets

Pygmalion, roi de Crète, sculpta une statue si belle qu'il en tomba amoureux. Pygmalion désira si fort que cette statue puisse devenir réalité qu'elle finit par se transformer en femme qu'il épousa aussitôt.

La légende de Pygmalion se vérifie-t-elle aujourd'hui : suffit-il de vouloir fortement quelque chose pour que celle-ci se réalise ?

En croyant qu'un collaborateur est autonome, responsable ou au contraire inefficace ou indiscipliné, un manager peut-il le rendre effectivement autonome, responsable ou bien inefficace et indiscipliné ?

Prenez un groupe d'élèves homogènes (même niveau de compétences, même origine socioculturelle, etc.). Partagez le groupe en deux pour créer deux classes avant une année scolaire. Au professeur chargé du premier groupe, dites-lui qu'il a hérité d'une classe défavorisée, avec de nombreux enfants en situation scolaire difficile. Au second, dites-lui à l'inverse qu'il a de la chance d'enseigner devant des élèves particulièrement doués, dotés d'un quotient intellectuel au-dessus de la moyenne. Mesurez lors des examens, tests et autres contrôles la performance et le niveau d'apprentissage réalisé par les étudiants dans les deux classes. Les élèves présentés comme faibles auront effectivement la plupart du temps des résultats significativement inférieurs à ceux présentés comme doués.

Ces expériences de psychosociologie menées dans les années soixante ont généré de nombreuses critiques et leurs conclusions doivent être prises avec réserve[1]. Elles présentent néanmoins l'avantage de mettre en évidence un « effet pygmalion », par lequel les attentes et croyances attribuées par les professeurs jouent un rôle actif dans la construction de la réalité de l'apprentissage des enfants.

Cette dimension immatérielle, propre au management des hommes, est à prendre en compte dans l'animation d'une équipe projet.

Si le chef de projet est lui-même porteur de doutes, souligne en permanence les difficultés et met l'accent sur les obstacles, il y a de bonnes chances que son projet soit difficile et semé d'embûches. Si, au contraire, il est capable, par sa foi et son enthousiasme, de diffuser auprès des autres acteurs des attentes positives, « l'effet pygmalion » va jouer et, comme pour le roi de Crète, transformer son rêve en réalité.

On ne peut pas ne pas manager quand on est en position de chef de projet et la représentation, les attentes et croyances dont on est porteur jouent un rôle et façonnent pour partie la construction de la réalité future. ■

En synthèse, il faut retenir que la motivation des acteurs n'est jamais un acquis *a priori*.

1 Voir pour plus d'informations *Sciences Humaines*, n° 86, août-septembre 1998.

Contrairement à une idée pourtant communément partagée, participer à un projet n'est pas forcément motivant en soi, surtout si l'acteur projet a été « désigné volontaire » contre son gré.

De plus, cet état individuel et collectif n'est pas stable dans le temps. De nombreuses occasions de découragements collectifs ou de désengagements individuels parsèment la vie d'un projet pour de multiples raisons : désintérêt personnel, désaccord ou conflit, échec d'une solution porteuse d'espoir, événement perturbateur imprévu, etc. Bref, la motivation est un attribut fragile pourtant essentiel au bon fonctionnement de l'équipe et donc au succès du projet. Le temps qui passe est son pire ennemi, surtout si les rôles et contributions des personnes sont ponctuels et limités à une partie seulement d'un projet.

La question de la motivation, moteur de l'efficacité individuelle et collective, soulève donc un autre enjeu du management d'équipe projet : celui du pilotage dans le temps. L'équipe projet, comme l'implication de ses membres, est un construit fragile, instable et fluctuant : sa nature, ses modalités de fonctionnement, sa dynamique, et même ses constituants sont amenés à évoluer au fur et à mesure de sa progression vers l'objectif final. La question de la dynamique d'évolution représente un point spécifique qu'il convient d'examiner dans le détail. Ce sera l'objet du chapitre suivant.

L'essentiel

- **Il n'existe pas** dans l'absolu d'équipe idéale, mais des équipes performantes qui, dans un contexte donné, résultent de la combinaison adéquate des profils individuels et des compétences qui la composent. Toutefois, la qualité de la dynamique d'un groupe dépend du degré de motivation de ses membres.
- **Les situations quotidiennes** fournissent de multiples occasions de connaître les critères de motivation de ses collaborateurs. Même s'il est impossible de motiver quelqu'un, un chef de projet peut créer les conditions de l'engagement des membres de son équipe.
- **La motivation des acteurs** n'est jamais un acquis *a priori* et reste fragile dans le temps : l'identité du groupe et la gestion symbolique du projet sont deux axes d'action mobilisables par le chef de projet. Les croyances, la foi, l'enthousiasme et l'effort d'entraînement personnel du chef de projet sont à la base d'un « effet pygmalion » générateur d'une dynamique collective.

Chapitre 6

La dynamique d'évolution de l'équipe projet

Executive summary

- **Le projet** est par nature une démarche dynamique et évolutive dans le temps. L'équipe projet est elle-même amenée à faire évoluer son organisation et son fonctionnement au fur et à mesure du déroulement du projet.
- **Le pilotage** de l'évolution d'une équipe projet dans le temps s'appuie sur une double dynamique d'apprentissage et d'action dans le temps : plus on apprend, moins on a de marges de manœuvre.
- **Ce chapitre** permet d'envisager l'équipe projet comme une réalité évolutive dans le temps et de modéliser cette dynamique au travers de 4 phases principales dont la maîtrise conditionne directement la performance du projet.

La question spécifique du rapport au temps

Une des caractéristiques distinctives majeures entre une activité de type projet et un fonctionnement traditionnel est sans doute le rapport au temps[1]. Selon toutes les bonnes définitions, l'essence même d'un projet est d'être borné par un début et une fin. Comme le sable qui s'égrène inexorablement dans le sablier, le temps qui passe ponctue la vie du projet et en structure le déroulement. L'idée-clé défendue dans ce chapitre est que le temps n'est pas linéaire et que des phases temporelles différentes existent. Cependant, nous montrerons que les acteurs du projet ne sont pas seulement en position de subir des changements de rythme qui leur échappent, mais qu'au contraire, ils peuvent se mettre en position de pilotage de la dynamique d'évolution du projet dans le temps.

Le projet : une démarche dynamique dans le temps

Revenons cependant à la définition de base du projet comme une activité délimitée dans le temps. L'intérêt est moins d'insister sur l'aspect borné du projet (un début/une fin) que sur son caractère dynamique, ponctué par l'écoulement régulier du temps qui passe et le rapprochement inexorable d'une échéance. Qui n'a pas connu l'angoisse d'une date butoir qui approche et pour laquelle on n'est pas prêt : examen à préparer, rapport à rendre. Les Anglo-Saxons utilisent une expression plus forte puisqu'ils parlent de *deadline* qui signifie littéralement « date de mise à mort ».

C'est réellement le cas pour certains projets de type événementiel. Qui a une seconde pu imaginer que les Jeux olympiques d'Albertville auraient pu commencer en retard et débuter, disons... au printemps ! Il en va de même pour un projet informatique de passage à l'an 2000. Si des dérapages sont possibles, c'est au niveau des coûts qu'on va les constater. Pas au niveau du calendrier !

Bien sûr, dans certains cas appelés « projets en dérive », il est fréquent de repousser les dates limites (projet qualité, projet d'organisation, etc.) et les bonnes excuses ne manquent pas pour le justifier (« On a encore le temps », « Nous ne sommes finalement pas à trois mois près », « Mieux vaut prendre

1 Gersick C., « Time and Transition in Work Team toward a New Model of Group », *Academy of Management Journal*, vol. 31, n° 1, 1988.

le temps d'avoir des données plus précises », etc.). Mais c'est surtout par l'utilisation rigoureuse de méthodes et d'outils de programmation, d'anticipation, d'organisation et de suivi des opérations (planification, séquencement, ordonnancement...) que se gagne ou se perd la bataille du temps.

Les retours en arrière, outre leurs coûts directs et indirects (découragements, impression de piétiner...) imposent de fait une réduction des marges de manœuvre et des possibilités d'action, au fur et à mesure du temps qui passe. Ce phénomène de réduction du domaine des champs d'action possibles conduit fréquemment à privilégier par défaut une seule solution, malheureusement plus contrainte que choisie : celle qui s'avère faisable dans le délai qui reste avant l'échéance. En général, ce « non-choix » représente l'alternative la plus pauvre.

Exemple

Pour clôturer en beauté une remise de prix littéraire, les organisateurs avaient prévu un dîner de gala dans un lieu qu'ils souhaitaient prestigieux. Les discussions ont pris tellement de temps pour choisir un site qui convenait à tout le monde (y compris au budget !) que, quand l'équipe s'est enfin mise d'accord, le luxueux relais château local, de réputation nationale, n'était déjà plus libre, 8 mois avant la date prévue. Même chose pour d'autres lieux moins connus mais tout aussi luxueux. C'est finalement la solution qui ne constituait qu'un 4e choix (un ancien monastère rénové, moins pratique d'accès et au cadre plus austère) qui a été retenu, car lui au moins était disponible ce jour-là !

On le sait, le temps s'écoule inlassablement à un rythme régulier et continu (bien qu'on ait toujours l'impression d'une accélération croissante). Le parcours de progression des projets est lui, par contre, complètement chaotique. Tous les outils de prévision et de planification ne pourront jamais complètement « programmer » le déroulement d'un projet qui reste, par définition, un système ouvert, soumis à de multiples phases de rupture, d'accélération, de stagnation, dues autant aux aléas extérieurs qu'aux impulsions internes propres à l'équipe.

Loin de constituer des handicaps, le projet peut se nourrir de ces aléas et profiter avantageusement des événements, même apparemment négatifs, pour rebondir et se réorienter. Les événements imprévus jouent un rôle moteur dans la progression du projet : ils constituent des sources de contact avec l'extérieur, des occasions de remise en cause et des opportunités de richesse et de créativité supplémentaires.

Une structure projet, pour s'intégrer dans son environnement et réussir son objectif, doit savoir évoluer en symbiose avec lui et doit être capable d'absorber en souplesse ses évolutions.

Les dangers du « confort de groupe »

Une équipe projet, surtout si elle fonctionne bien, court le risque de se complaire dans ce que l'on pourrait appeler « le confort de groupe ». Cet état, comme son nom l'indique, est confortable pour les individus comme pour l'équipe. Les modes de fonctionnement sont bien établis, le groupe semble en harmonie, sans conflits. Les tâches s'accomplissent selon le planning prévu. Le projet a atteint sa vitesse de croisière. Les membres de l'équipe projet s'y sentent bien, et souhaitent que cela dure. Selon eux, mieux vaut même éviter le plus possible de multiplier les échanges avec l'extérieur, qui risquent de retarder, déstabiliser voire remettre en cause cette dynamique collective. L'équipe se replie insidieusement sur soi, sans s'en rendre compte. Attention : c'est dans ces situations que l'on risque de ne plus prêter attention aux signaux faibles en provenance de l'environnement qui indiquent que le contexte est en train de changer, que les attentes des parties prenantes évoluent et que l'équipe projet doit intégrer de nouvelles données. Plus dure sera la chute !

L'équipe projet : une réalité elle-même variable dans le temps

Cette réflexion sur le temps et sa nature concerne bien évidemment aussi l'équipe projet, soumise à des fluctuations importantes et dont les caractéristiques varient d'un moment à un autre. La dynamique d'une équipe projet dans le temps peut concerner plusieurs aspects :

- *Les fluctuations de la taille de l'équipe elle-même* : autour d'un noyau dur plus ou moins sorti de la structure mais toujours relativement restreint se greffent progressivement en cercles concentriques d'autres acteurs, concernés à certaines phases seulement et rendant très évolutif le périmètre de l'équipe projet.

Exemple

Le défi des projets événementiels (comme les Jeux olympiques) consiste à gérer, sur une durée de plusieurs années, une entreprise éphémère passant de quelques hommes à plusieurs centaines de collaborateurs dans la phase de préparation, puis à des milliers de personnes durant l'événement (la plupart bénévoles), pour revenir à quelques dizaines dès le lendemain de la cérémonie de clôture.

- *Le niveau d'engagement collectif vis-à-vis du projet* : de façon classique ce point d'entrée consiste à repérer des phases du cycle de vie en fonction de l'avancement du projet : phase de prise de marque au début parfois empreinte de méfiance ou de doute, puis enthousiasme souvent irrationnel quand les acteurs se sont appropriés les perspectives attendues, engagement plus structuré et plus besogneux quand il s'agit de réaliser, mise en tension et fort engagement lors des actions finales, sans oublier les multiples phases de découragements plus ou moins longues ou de conflits qui ne manquent pas de ponctuer la vie d'une équipe.
- *Le degré de partage et de différenciation des rôles* : on s'aperçoit que le déroulement d'un projet est marqué par un effet de balancier permanent entre une confusion extrême des rôles (tout le monde fait tout) et un partage strict des domaines d'intervention (chacun son rôle).

Toutes ces illustrations montrent la très grande variabilité de la notion même d'équipe et *a fortiori* de ses caractéristiques et modes de fonctionnement à différentes phases de la vie d'un projet. On ne travaille pas de la même manière dans une équipe de 2 personnes que dans un groupe de 40, ou encore quand un projet démarre ou au contraire, tourne à plein régime.

À l'ajustement informel du premier cas s'oppose la structuration de dispositifs de coopération, de règles formelles et de systèmes d'information sophistiqués du deuxième. Et pourtant, il peut s'agir du même projet, avec les mêmes objectifs, mais à des étapes différentes de sa progression. De même, les critères de succès pour démarrer un projet (créativité, enthousiasme, cohésion de l'équipe, etc.) s'opposent à ceux nécessaires pour l'achever (rigueur, souci du détail, clarté de l'organisation, etc.).

La notion de projet est indissociable de celle de temps et décrire un projet nécessite aussi d'envisager cet autre type de contingence.

L'art de combiner apprentissage et action

Un autre attribut indissociable de la notion de projet est celle d'apprentissage.

Nous allons illustrer nos propos par le cas d'un projet de mise en place d'un nouveau système d'information dans une grande entreprise industrielle.[1]

Exemple

Le groupe Composit est un des premiers producteurs mondiaux de matériaux composites (fibres carbone, tissus spéciaux). Il présente une gamme très étendue de produits qui s'adressent à de nombreux marchés, tels que l'aéronautique civile et spatiale (satellites), la défense (avions, hélicoptères, gilets pare-balles, etc.), l'industrie automobile, ferroviaire, maritime, le sport et les loisirs (chaussures de sport, cannes à pêche, clubs de golf, raquettes de tennis, skis, etc.).

L'organisation, très décentralisée, repose à ce jour sur une vingtaine de sites de production, généralement de petites tailles et répartis sur 3 continents : Europe, Asie, Amérique. L'organisation commerciale est basée sur un découpage géographique et non par gamme de produits. Cette structure est matérialisée par des centres de facturation par zone géographique localisés sur les sites de production existants ou dans des agences commerciales. Quelle que soit l'origine du produit, le client s'adresse à l'équipe de vente locale. Si le produit n'est pas fabriqué sur place, le commercial passe une commande à une usine du groupe qui va facturer le bureau commercial local qui facturera à son tour le client.

Cette organisation pose trois problèmes principaux :

– le groupe Composit est le fruit de multiples fusions/acquisitions. Cette croissance externe accélérée a accru la complexité des transactions internes et la difficulté pour consolider les informations provenant des différents sites compte tenu de la très forte hétérogénéité des systèmes d'information et de gestion des locaux, des différences d'organisation et de cultures ;

– les tâches administratives sans réelle valeur ajoutée pour le client (de type refacturation interne) ont augmenté de façon exponentielle, avec des effets induits de consommation croissante de ressources sur ces activités ainsi qu'une perte de réactivité vis-à-vis du client (service, délais...) ;

– la mise en place d'un système d'information intégré (ERP) demande également des investissements considérables compte tenu de la disparité des systèmes d'information sur chaque site.

Dans le cadre d'une nouvelle stratégie du groupe tournée résolument vers

1 Ce cas est librement inspiré d'une situation réelle, relatée par Nathalie Boesch, participante au Cesma-MBA d'E.-M. Lyon, février 1999.

la standardisation, l'intégration et la consolidation des activités, d'abord au niveau européen, puis au niveau mondial, une équipe projet a été constituée pour remettre à plat l'organisation d'administration des ventes et son système d'information. Cet exemple nous servira de fil directeur tout au long du chapitre.

Le modèle de la « courbe de vie » du projet

Parmi tous les nombreux modèles qui visent à représenter l'évolution d'un projet dans le temps, le modèle de la « courbe de vie[1] » présente l'originalité de reposer sur l'analogie avec les cycles propres aux organismes vivants. Comme les plantes, animaux ou êtres humains, un projet naît, se développe et vieillit avant de mourir. D'une étape à l'autre, il connaît inévitablement des périodes de transition, des crises, qui peuvent, si elles ne sont pas maîtrisées, mettre fin prématurément à son existence.

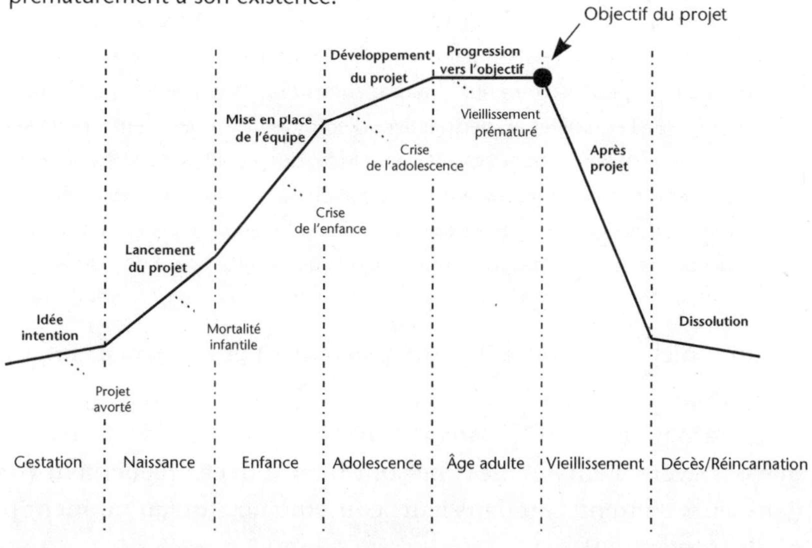

Figure 6.1 – Le modèle de la « courbe de vie » du projet

Au cours de la phase de gestation (qui peut être parfois très longue), le projet n'existe qu'au stade de l'idée et de l'intention. Toutes ne voient pas le jour : le projet est avorté avant d'avoir même existé.

Quand l'idée se concrétise, le projet est lancé et devient visible, parfois de façon modeste (simple déclaration d'intention). Comme un nourrisson encore bien fragile, les risques de mortalité infantile sont nombreux : inexpérience, manque de références, insuffisance de moyens...

Progressivement, une équipe et des moyens se mettent en place. Des premières décisions et options d'actions sont prises. Le projet est parti ! De nombreux risques de crise d'enfance existent néanmoins : difficulté de réunir les

1 Modèle librement inspiré des travaux de Adizes I., *Les Cycles de vie de l'entreprise*, Éd. d'Organisation, 1991.

compétences nécessaires, de partager des objectifs communs, de s'accorder sur des règles du jeu, de lancer une dynamique, etc.
Si tout se passe bien, le projet se développe : les actions sont structurées vers l'objectif final, dans une progression d'ensemble bien pilotée. Le projet n'est pas pour autant à l'abri de graves crises d'adolescence : style de leadership inapproprié, conflits entre les membres de l'équipe, dérapage sur les délais ou les coûts, événements extérieurs imprévus...
Devenu adulte, le projet progresse inexorablement vers son objectif. Des risques de vieillissement prématuré doivent être en permanence combattus : bureaucratisation des modes de fonctionnement, manque de remise en cause, obsolescence du projet au regard d'un environnement qui a changé, etc.
Que de crises ont dû être surmontées pour atteindre enfin l'objectif ! Cependant, l'aventure n'est pas finie. Une phase de gestion de l'après projet commence alors, qui consiste, entre autres, à établir un bilan d'ensemble, à passer le relais à d'autres structures (industrialisation par exemple), à formaliser et capitaliser des enseignements susceptibles d'être utiles pour d'autres projets ultérieurs, à organiser la dissolution de l'équipe et les perspectives d'emplois futurs des membres de l'équipe.
À la différence des systèmes vivants, dans le cas des projets, « il y a heureusement une vie après la mort », et même une réincarnation des acteurs. Cela reste néanmoins un passage souvent douloureux pour les individus car les entreprises et notamment les fonctions ressources humaines ont du mal à gérer cette phase de dissolution. ■

Un projet est par définition un parcours singulier, jamais totalement balisé par avance.

L'analogie avec un « parcours aventure » reflète assez bien l'idée que des événements et aléas ne sont bien souvent réellement connus dans leurs contenus ou dans leurs conséquences qu'au moment précis où ils surviennent.

L'apprentissage au cours d'un projet se situe d'emblée au niveau collectif, dans la mesure où c'est l'ensemble de l'équipe qui est concernée par de nouveaux événements.

Ainsi, plus le projet avance dans le temps, plus l'équipe, en principe, acquiert et partage une expérience commune : ses membres apprennent à mieux travailler ensemble, à ne pas reproduire les erreurs du passé, à tirer profit des expériences réussies...

Cette idée d'un apprentissage progressif est à rapprocher de celle précédemment formulée de réduction proportionnelle des marges de manœuvre.

Un modèle, développé par Christophe Midler (1988) formalise cette double dynamique et permet une représentation originale d'un projet, comme le montre la figure 6.2.

Au démarrage d'un projet tout est envisageable. Les marges de manœuvre et la palette des actions possibles ne sont limitées que par les frontières de l'imagination humaine, dans le cadre d'un niveau d'autonomie fixé.

Exemple

Au démarrage du projet d'évolution des systèmes d'information dans le groupe Composit, tout était possible : mise en réseau des systèmes informatiques existants, mise en place d'un nouveau système informatique intégré, changement des systèmes de reporting ou des modes de gestion, voire réorganisation complète de la structure commerciale (par exemple, par ligne de produits plutôt que par zone géographique).

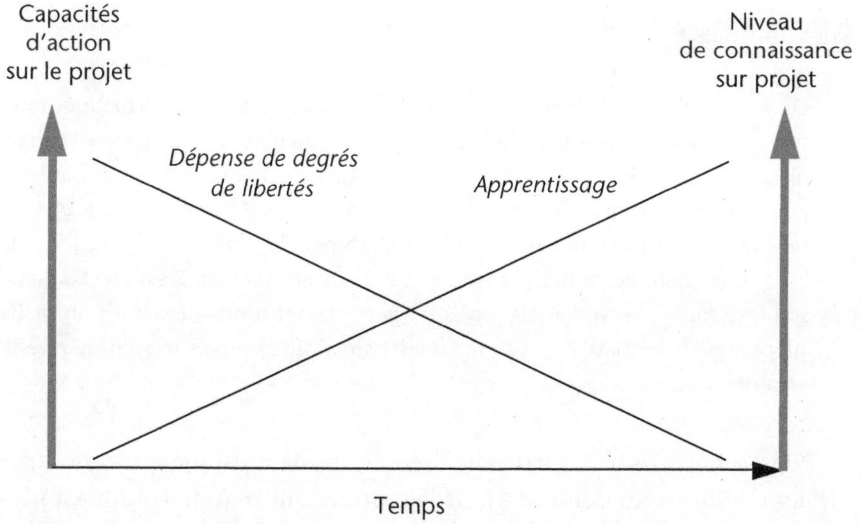

Figure 6.2 – Une double dynamique d'apprentissage et d'action dans le temps

Il va falloir rapidement s'atteler à la tâche d'exploration du monde des alternatives possibles, afin d'éliminer au plus tôt celles qui s'avèrent trop irréalistes et approfondir celles qui paraissent prometteuses.

Par exemple, c'est en menant des interviews approfondies que l'on a pu comprendre que la proximité relationnelle avec le client et l'adaptation à des cultures locales étaient essentielles dans des secteurs sensibles (défense, spatial) ou très concurrentiels (automobile, loisir). Le découpage par zone ne semblait pas pouvoir être remis en cause. C'est donc plus sur des solutions d'évolution des systèmes d'information et de gestion que devait s'orienter le projet.

Certes, acquérir ces informations est le seul moyen de réduire l'incertitude et de pouvoir décider de la suite à donner à une vague idée de départ. Mais simultanément, il est clair que cette acquisition de connaissance a consommé du temps et des ressources et a donc amputé d'autant l'ensemble du capital disponible. D'autre part, si d'aventure l'idée n'était pas *in fine* retenue, le temps lui, a continué de s'écouler et les marges de manœuvre pour trouver et tester d'autres alternatives deviendraient beaucoup plus réduites.

À l'inverse, à la fin d'un projet, le niveau de connaissance sur le projet est très élevé.

Exemple

On a constaté, lors de la mise en place d'un nouveau système informatique intégré, qu'il aurait été possible de laisser gérer un certain nombre de transactions au niveau local, ce qui aurait permis de n'effectuer qu'une centralisation partielle, plus légère et moins coûteuse. Malheureusement, les dés sont jetés : toutes les ressources sont consommées, le délai imparti pour la réalisation est achevé : le choix d'un système central est entériné, une société extérieure est en charge de son installation, les nouvelles règles de gestion sont formalisées dans un guide support de la formation des futurs utilisateurs… Il n'y a plus moyen de revenir en arrière.

Pour schématiser à l'extrême, reprenons la formule proposée par Midler (1998) : « Au début d'un projet, on ne sait rien mais tout est possible alors qu'à la fin d'un projet, on sait tout mais on ne peut plus rien. »

La progression d'un projet dans le temps : 4 phases génériques

L'intérêt principal de ce modèle est qu'il ne se contente pas de décrire la progression dans le temps *a posteriori*, une fois que les marges de manœuvre sont déjà entamées. Cette représentation peut servir de véritable tableau de bord opérationnel. En effet, l'entropie naturelle de la progression de ces courbes, vers une réduction progressive des capacités d'action au fur et à mesure de l'écoulement du temps et vers une accumulation lente d'informations et de connaissances sur le projet (comme le montre le schéma), n'est pas un phénomène inéluctable. Au contraire, ces deux indicateurs sont des variables d'action. D'une stratégie pertinente d'intervention sur l'une et l'autre dépend directement la performance globale du projet.

Accélérer l'apprentissage, retarder la décision d'action

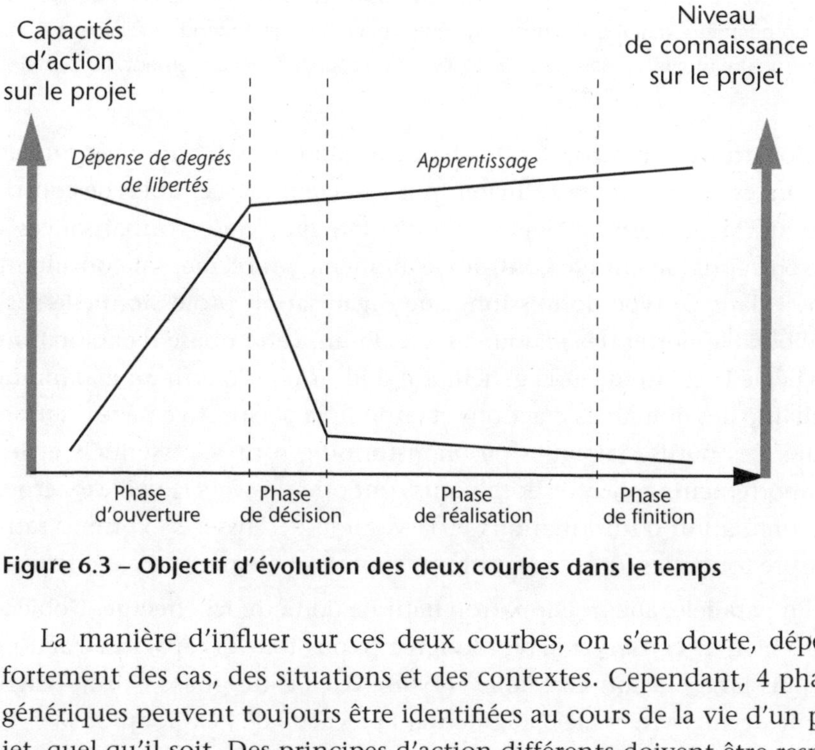

Figure 6.3 – Objectif d'évolution des deux courbes dans le temps

La manière d'influer sur ces deux courbes, on s'en doute, dépend fortement des cas, des situations et des contextes. Cependant, 4 phases génériques peuvent toujours être identifiées au cours de la vie d'un projet, quel qu'il soit. Des principes d'action différents doivent être respectés d'une phase à une autre.

Une phase initiale d'ouverture tous azimuts

Dans une première étape, tout est à construire : définir l'objectif, former l'équipe, développer une méthodologie de travail, mettre en place des outils, etc. Il est nécessaire ici de favoriser au maximum le recueil d'informations utiles, d'expériences proches ou de compétences adaptées pour acquérir le plus rapidement possible un bon niveau de connaissance sur le projet. C'est donc sur la croissance de la courbe d'apprentissage que portent tous les efforts. Cette phase exploratoire doit également servir à déstabiliser les idées préconçues par une recherche rigoureuse de données vérifiées.

Exemple

Faire du benchmarking, recueillir l'avis d'experts, découvrir des expériences similaires passées… sont des moyens efficaces de recueillir rapidement de l'information utile. Par exemple, c'est en étudiant des expériences passées de centralisation de services commerciaux dans d'autres entreprises d'autres secteurs d'activité, que le groupe projet a utilisé avec succès une approche méthodologique qui semblait avoir fait ses preuves. La démarche a consisté d'abord à travailler sur un site pilote, pour tester sur un périmètre réduit un nouveau système conçu pour être étendu facilement à une structure multisite, mais sans déstabiliser d'un coup le fonctionnement d'ensemble.

Construire et nourrir des dossiers, c'est donc savoir s'appuyer sur des ressources extérieures et solliciter tous les acteurs susceptibles de contribuer de façon significative à l'acquisition rapide de connaissances : une entreprise ayant été confrontée au même problème, un consultant expert dans ce type de mission, une organisation professionnelle susceptible d'apporter des ressources, etc. Enfin, cette phase d'exploration privilégie la créativité et la génération d'idées pour ouvrir au maximum le champ des domaines d'actions et enrichir la perspective de réalisation finale. Les outils classiques de brainstorming sont ici essentiels et les comportements collectifs dominants sont orientés vers la veille externe, l'accumulation d'informations et la volonté de laisser s'exprimer sans censure toutes les idées, suggestions, apports et éléments d'expérience.

En parallèle, aucun choix trop hâtif ne doit être ici effectué. L'objectif est bien de conserver le plus longtemps possible les capacités d'action les plus larges. Selon C. Midler[1] (1998), dans cette phase, « il ne s'agit pas de décider vite mais d'augmenter l'efficacité de l'exploration ».

1 Midler C., « L'Acteur-projet : situations, missions, moyens », article cité.

Un outil fréquemment développé aujourd'hui dans les dispositifs projet est ici particulièrement utile : l'ingénierie simultanée. C'est une méthode qui repose sur le principe d'association dès l'amont de toutes les compétences concourant à un produit (on parle aussi parfois d'ingénierie concourante).

Quand le sport vient au secours des projets

Comme souvent dans le domaine du management, le sport offre une analogie pertinente pour décrire le processus de concourance. « Alors qu'une organisation séquentielle traditionnelle est imagée par la course de relais où le projet passe successivement par les mains des différents métiers, l'ingénierie concourante est représentée par la descente d'une ligne de rugby : la ligne progresse collectivement, tous accompagnant le porteur du ballon pour l'assister et être prêt à le remplacer dans les meilleures conditions. » (Midler, 1998)

De façon opposée à une approche séquentielle où la R & D, l'industrialisation, le commercial et le marketing interviennent les uns à la suite des autres, le principe de la concourance est, dès qu'une idée solide est émise, d'envisager, même de façon approximative mais simultanée, sa faisabilité industrielle, ses scénarios de positionnement marketing possibles, ses modalités de mise sur le marché et ses perspectives de rentabilité. Une image certes floue mais globale, sur tous les aspects d'une solution proposée offre un support d'aide à la décision plus solide et rend moins coûteux un éventuel abandon. En effet, la décision peut être prise beaucoup plus tôt, sans attendre la fin d'un séquencement classique. On comprend également que multiplier les pistes d'action en parallèle accroît la probabilité d'en conserver réellement une ou deux au final mais dont les chances d'arriver à leur terme sont significatives.

Exemple

Lorsque plusieurs scénarios d'évolution du système d'information commerciale ont été identifiés, une démarche d'ingénierie concourante a immédiatement été lancée pour grossièrement évaluer les coûts engendrés par chaque solution, mais aussi la complexité technique, les incidences organisationnelles, les investissements nécessaires sur le plan technique, en matière de formation, les conséquences humaines en matière de redéploiement des emplois administratifs, l'analyse des risques de « rejet culturel », etc. De cette analyse sommaire mais complète, trois scénarios principaux ont émergé et ont été retenus pour approfondissement et analyse détaillée.

On le voit, dans cette première phase, *ne pas décider est précieux* tant que s'accumulent des informations, des idées, des expériences, des connaissances au travers de dispositifs conçus pour accélérer le processus d'apprentissage.

Une phase de décision brève et tranchée

Bien sûr, on ne peut pas attendre indéfiniment et la réalisation effective d'un projet passe toujours un moment ou un autre par des choix et des décisions. C'est ici que commence la deuxième phase qui implique, de façon mécanique, une réduction brusque des degrés de liberté. On le voit, meilleure aura été la phase précédente d'approfondissement des solutions possibles, plus efficace sera la prise de décision et plus faible sera le risque de remettre en cause les choix effectués. Les grandes options sont ici verrouillées.

Cette étape doit être brève dans le temps : en effet, il faut éviter les douloureux retours en arrière et les immanquables questions du type : « A-t-on vraiment bien fait de choisir cette solution ? », « Est-ce vraiment le bon choix ? », ne doivent pas occuper les esprits. La rapidité de la décision fonctionne comme un effet cliquet qui empêche d'incessants retours en arrière, facteurs d'enlisement de nombreux projets. Évidemment, de multiples incertitudes planent encore : « Un système central ne sera-t-il pas trop lourd à gérer ? Les acteurs locaux ne vont-ils pas ressentir ce choix comme une perte d'autonomie ? Vont-ils jouer le jeu à fond ?... »

Quelle que soit la qualité des prévisions établies ou la solidité de l'étude de faisabilité, un risque demeure. Jusqu'où pousser les analyses et prévisions sans mettre en péril la réalisation effective du projet ? Quel est le degré de connaissance satisfaisant permettant d'effectuer les choix les plus solides ?

Ces questions de fond se situent au cœur même de la complexité d'un projet : *la recherche d'un compromis optimal entre les ressources dépensées pour réduire l'incertitude et celles préservées pour mettre en œuvre la solution retenue.*

Une phase de réalisation où prédomine l'organisation

C'est alors que peut débuter une troisième phase de réalisation souvent longue et où se concrétisent les idées, scénarios ou prototypes expérimentaux produits à la première phase et choisis à la seconde.

Les ressources décroissent proportionnellement à leur utilisation. Les outils classiques de contrôle de gestion des coûts, délais, de la qualité... marchent ici à plein régime.

L'apprentissage continue à se développer, même si sa croissance est moins forte que dans la première phase car elle correspond à un processus de sédimentation continue d'informations et de connaissances nouvelles, sur des bases désormais acquises.

Notons cependant au passage que ce processus est loin d'être naturel, surtout à un moment où les acteurs sont fortement engagés dans des activités opérationnelles de réalisation.

Il est essentiel de conserver une fonction de capitalisation qui, en permanence, formalise les expériences nouvelles et rend explicite aux yeux de tous les acteurs le nouvel élément de connaissance que doit désormais intégrer l'équipe.

C'est à cette étape que le partage des rôles est le plus marqué. L'objectif est de réaliser le plus rapidement possible ce qui a été décidé. La fonction d'organisation est primordiale et les domaines d'expertise de chacun des membres de l'équipe sont exploités au maximum.

Une phase de mise en tension terminale

Enfin, tout projet connaît une immanquable phase de verrouillage, plus ou moins longue mais au cours de laquelle la pression ne fait que croître jusqu'à la deadline. *C'est de nouveau une étape où le partage des rôles est moins marqué,* tout le monde pouvant participer à la résolution d'éventuels problèmes tardifs et au peaufinage des détails finaux.

Exemple

Le basculement sur le nouveau système informatique centralisé au sein du groupe Composit s'est effectué au cours d'un week-end, pour ne pas perturber l'activité. Tous les membres des unités commerciales ainsi que les responsables des systèmes d'information et de gestion ont été mobilisés 36 heures d'affilées, pour réussir le transfert des données et lancer le nouveau système. Ce fut, selon les dires de chacun, un week-end épuisant mais mémorable, où se sont succédé des moments d'intense activité, d'attente, d'angoisse, de doute puis de joie et de fête. Le tout dans une ambiance et une chaleur humaine « qu'on ne rencontre qu'une fois dans sa carrière », selon les propos de certains.

Améliorer la connaissance initiale par la capitalisation des expériences

On l'a vu, la rapidité d'acquisition des connaissances critiques constitue l'un des facteurs-clés de succès majeurs pour réussir un projet. Plus vite l'équipe acquiert de l'information sur les acteurs-clés, les objectifs réels, les alternatives de solutions possibles, les supports et expériences utiles accessibles, plus les choix retenus auront des chances d'être pertinents et plus l'organisation de la mise en place sera efficace.

Bien évidemment, l'idéal serait de partir avec un niveau de connaissance significatif, c'est-à-dire de pouvoir accéder à des bases d'expérience déjà existantes. *L'innovation est autant le fruit de rupture que le produit de la mémoire.* Comme l'illustre d'ailleurs C. Midler (1998) en évoquant le brainstorming : la technique de l'expression non censurée dans des groupes de créativité « ne vise pas à solliciter l'instinct, la naïveté, c'est au contraire une plongée sans contraintes dans la mémoire enfouie ».

C'est le rôle des dispositifs de capitalisation, dont l'objectif est de formaliser de l'expérience acquise dans une situation particulière et qui serait accessible dans d'autres situations similaires. C'est notamment le cas pour des erreurs qui, pour ne pas être répétées, doivent être clairement identifiées, analysées et discutées pour ensuite, quand des solutions ont été trouvées, faire en sorte de ne pas les reproduire.

Il faut bien le reconnaître, cette capitalisation n'est pas naturelle dans le cas des projets. Elle est même contraire avec la finalité et la nature de ce type d'organisation, où l'ensemble des forces disponibles est tourné vers l'action finalisée vers un but précis, sous des contraintes serrées qui ne laissent pas de temps pour le retour d'expérience.

Trois approches principales sont généralement observées en entreprises :

- Aucun dispositif de formalisation/capitalisation/diffusion n'existe. Le savoir accumulé est donc porté par les individus et transmis de façon aléatoire, en fonction de leurs responsabilités après le projet, de leur motivation et savoir-faire pour transmettre leur acquis à d'autres.
- Un dispositif de capitalisation post-projet existe bel et bien : c'est la revue de projet finale. Le principe est de prévoir du temps quand le projet est terminé pour faire le point, prendre du recul, identifier les facteurs-clés de succès et mettre en évidence les points d'enseignements transférables et les méthodes réutilisables. Cependant, cette réflexion *a posteriori* reste trop souvent l'œuvre solitaire du chef de projet (cette

mission est d'ailleurs fréquemment inscrite de façon explicite dans leur mission). Elle est pourtant d'autant plus riche qu'elle est collective.

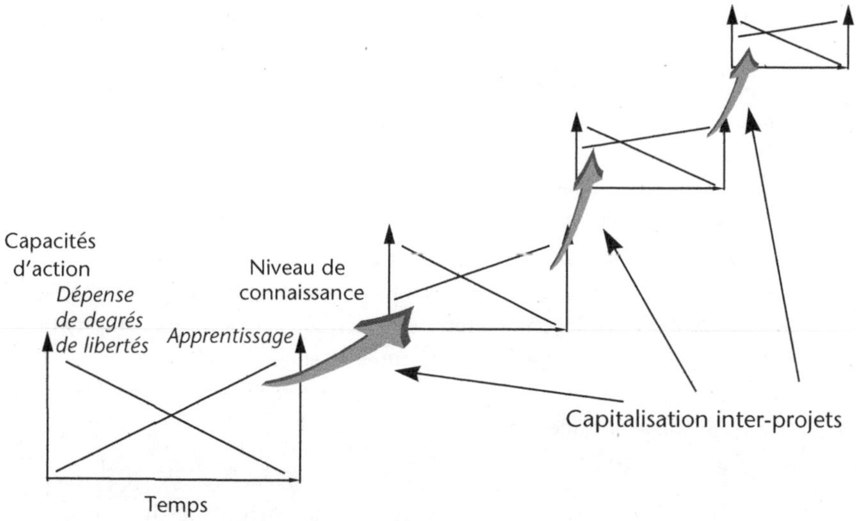

Figure 6.4 – La capitalisation inter-projets

- Un processus de capitalisation en continu, au fur et à mesure de l'avancée du projet. Cette option est de loin la plus riche, car elle permet de ne pas oublier l'ensemble des micro-événements, décisions et actions apparus dans « le feu de l'action », et peut-être très importantes dans le résultat final.
- Pour développer un réel apprentissage, il faut rendre explicites les savoir-faire originaux, mis en œuvre de façon tacite dans l'action, sous peine qu'ils demeurent à jamais implicites. Pour réussir cette capitalisation en continu, mieux vaut la présence d'une tierce personne qui peut être :
  - un auditeur externe, avec la réserve que les chargés d'audit de projet n'interviennent que ponctuellement et que leur rôle porte plus sur le contrôle de l'avancée du projet que sur l'apprentissage qu'il a généré ;
  - un « coach » de type consultant interne ou externe dont le rôle est de soutenir l'équipe projet, de l'aider à formaliser une démarche efficace et à bien identifier ses ressources et compétences internes. Le point-clé n'est pas tant le statut de cet intervenant extérieur (par exemple, certaines entreprises ont recours à des stagiaires pour ce type de mission) ; ce qui compte, c'est d'abord sa disponibilité, sa capacité à comprendre les détails de la situation tout en y restant extérieur, *mais surtout un suivi régulier, tout au long du projet, du début à la fin.*

« L'histoire apprenante » comme outil de capitalisation[1]

« L'histoire apprenante » est une méthodologie développée par un groupe de scientifiques du MIT[2] qui part de l'hypothèse que les gens raisonnent à partir de récits, d'histoires et pas de données non reliées à un contexte. Concrètement, une « histoire apprenante est un document qui "raconte" le déroulement d'un projet ». Le document fait de 15 à 50 pages selon l'ampleur des projets et se présente sous la forme de feuilles à deux colonnes. Dans la première, des événements sont décrits par les membres de l'équipe projet concernés par la situation. L'autre colonne contient des annotations, analyses et commentaires d'un tiers neutre qui en facilite la lecture et l'exploitation, mais aussi des comparaisons avec d'autres situations connues, des questions d'approfondissement ou d'ouverture pour stimuler la discussion, la mise en évidence de savoir-faire implicites, de messages-clés, de leçons à retenir, etc. Bien sûr, cette histoire commentée est rédigée dans la perspective d'être discutée et analysée par les acteurs du projet, mais aussi par tous autres groupes dans l'entreprise susceptibles de profiter d'une expérience passée. ■

Ce chapitre a proposé une grille de lecture originale du projet sous l'angle d'une double dynamique croisée d'action et d'apprentissage structurée en 4 phases bien distinctes, voire antagonistes dans leur finalité et leur déroulement. Ce modèle représente un tableau de bord opérationnel de suivi d'un projet dans le temps. Aucune réponse universelle ne peut-être fournie à la question du moment optimum pour passer d'une phase à une autre. Par contre, porter une attention permanente à l'évolution des deux courbes peut fournir une aide appréciable au chef de projet pour identifier et mieux anticiper ce qui sera, dans le cas spécifique de son projet, l'instant critique où il faut faire basculer l'équipe d'une étape à une autre.

Un nouveau produit de conseil : le *just in time learning*

Aux États-Unis, certains consultants proposent des prestations visant à accélérer les processus d'apprentissage collectifs. Par exemple, le *just in time learning* est une méthodologie qui consiste à analyser au jour le jour les micro-événements qui parsèment la vie d'un projet, identifier et formaliser des « briques d'expérience élémentaires », c'est-à-dire des éléments d'enseignement pratiques à partir d'une situation réelle au moment précis où elle se déroule, les intégrer le plus vite possible dans des supports divers (documents, méthodes, formation, coaching...) avec comme objectif prioritaire la mise en application immédiate. ■

1 Kleiner A. et Rotm G. « How to Make Experience Your Company's Best Teacher », *Harvard Business Review*, sept.-oct. 1997.

2 Massachussets Institute of Technology, à Boston.

Voilà donc un registre d'intervention bien particulier que doit maîtriser un chef de projet.

Le chapitre suivant va se focaliser sur d'autres rôles spécifiques que doit jouer le chef de projet, cet acteur-clé pas tout à fait comme les autres.

L'essentiel

▶▶ **Comme un être vivant**, un projet est dépendant du temps qui passe et sa progression est ponctuée de différentes phases. On ne peut certes rien contre le temps qui passe, mais les acteurs du projet peuvent se mettre en position de pilotage de la dynamique d'évolution dans le temps.

▶▶ **Tout projet** peut être vu comme une double dynamique d'apprentissage progressif et de réduction simultanée des capacités d'action au fur et à mesure du temps qui passe.

▶▶ **Un projet** évolue en quatre phases :

- dans la phase initiale, il ne faut pas décider trop vite mais augmenter l'efficacité de l'exploration ;
- la phase de prise de décision doit être brève et tranchée ;
- dans la phase de réalisation, c'est l'organisation des contributions expertes qui prédomine ;
- enfin, la clé du pilotage d'un projet : trouver le compromis optimal entre les ressources dépensées pour réduire l'incertitude et celles préservées pour mettre en œuvre la solution retenue.

▶▶ **Privilégiez** un processus de capitalisation en continu, au fur et à mesure de l'avancée du projet.

Chapitre 7

Le cas spécifique du chef de projet

Executive summary

- **Le chef de projet** doit lui aussi s'adapter aux évolutions du projet et de l'équipe en flexibilisant son mode de management au cours des différentes phases du projet.
- **Les spécificités** du management des situations de projet nécessitent de développer des compétences particulières, et de renouveler les systèmes traditionnels de formation pour les adapter aux exigences du mode projet.
- **Ce chapitre** permettra à chacun de réfléchir à sa capacité à changer de mode de management, à bien différencier mode et style de management et à découvrir des dispositifs de développement de compétences plus adaptés que la formation traditionnelle.

On ne peut mener une réflexion qui porte sur le management d'une équipe projet sans s'attarder sur un acteur qui y joue un rôle évidemment central : le chef de projet.

Simultanément confronté aux exigences du client, aux pressions de sa hiérarchie, aux réticences des directions métiers, aux interrogations des membres de son équipe, il est au cœur de multiples contradictions et c'est vers lui que convergent les tensions issues de la diversité des acteurs concernés.

Pour ne pas se fourvoyer dans ce champ de sollicitations contradictoires, le chef de projet doit être capable de se référer en permanence à ce qui constitue sa seule et unique mission : assurer la réussite du projet dans les conditions de délai, coûts et qualité souhaités par le client. Tous les autres aspects ne sont que des moyens soumis à des arbitrages.

Exemple

Le chef du projet Composit a été sollicité au milieu de la mission par le directeur commercial du groupe, qui souhaitait lancer une étude d'opportunité concernant la mise en place d'un système de suivi de l'activité et de l'emploi du temps des commerciaux. En effet, de nombreux gains de productivité semblaient possibles en rationalisant les déplacements des commerciaux, en redécoupant les territoires et en optimisant le nombre de contacts avec les clients.
Le chef de projet a refusé de prendre en charge cette mission, certes utile en soi, mais exprimée tardivement et dont la réalisation aurait nécessité de puiser dans des ressources critiques essentielles à la réussite du projet.
Ce refus a soulevé de vives critiques de la part de quelques membres influents du comité de direction du groupe.
Mais l'objectif était-il de faire plaisir à tout le monde ou de tenir les engagements initiaux ?

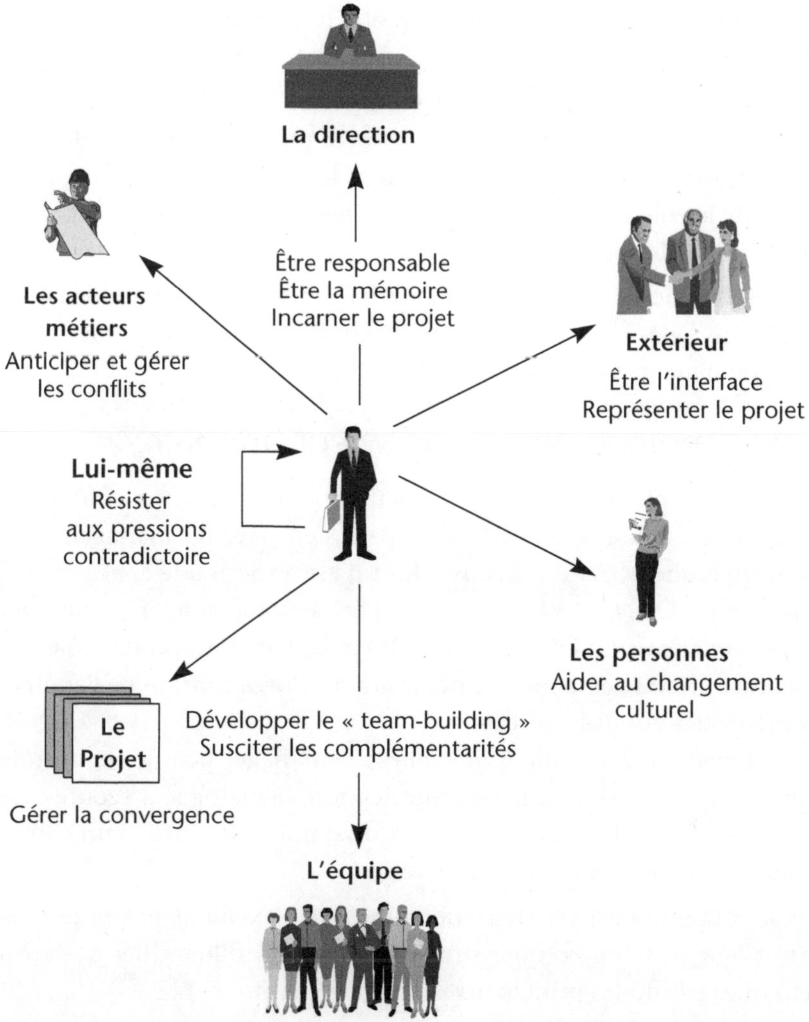

Figure 7.1 – Diversité des interlocuteurs, des rôles et des enjeux du chef de projet

La flexibilité des modes de management du chef de projet

Parmi les qualités généralement exigées chez un bon chef de projet, on évoque fréquemment la capacité à adapter son rôle et son mode de management en fonction des situations et événements. Proche de ses collaborateurs, ouvert à leurs craintes et attentes, il devient un négociateur acharné ou un habile diplomate pour obtenir des ressources auprès de la direction ou pour trouver des compromis avec un responsable métier.

À l'écoute des idées nouvelles et sollicitant à l'extrême l'exploration, la prospection, la créativité dans la première phase du projet, il devient un décideur froid capable de trancher dans le vif à l'étape suivante, pour enfin tenir le rôle de l'organisateur et du gestionnaire pointilleux dans la phase de réalisation.

Le célèbre modèle d'Hersey & Blanchard[1] permet d'illustrer de façon plus précise cette obligation pour un chef de projet de passer d'un registre de management à un autre.[2]

Quel bon mode de management adopter ?

Ce modèle simple met en évidence deux domaines d'action différents mais complémentaires, dans lesquels peut s'engager un manager, dans le pilotage d'une activité collective dont il est responsable :

- *l'orientation vers les tâches* : le manager peut jouer un rôle plus ou moins actif dans la définition des objectifs, l'attribution des rôles de chacun, l'atteinte et la mesure des résultats, l'organisation de l'équipe, les méthodes et outils utilisés ;
- *l'orientation vers les relations humaines* : le manager peut jouer un rôle plus ou moins actif dans la communication, le dialogue, l'écoute et le soutien de ses collaborateurs, la création d'une ambiance, d'un climat propice à une dynamique collective...

Bien évidemment, ces deux domaines ne s'excluent pas mutuellement et leur prise en compte simultanée permet d'identifier de façon schématique 4 modes principaux de management.

1 Hersey P. et Blanchard K., *Management of organizational behavior*, Prentice Hall, 1972.
2 Fauver J.-C. et Guignot C., *La Stratégie de vos relations*, InterÉditions, 1989.

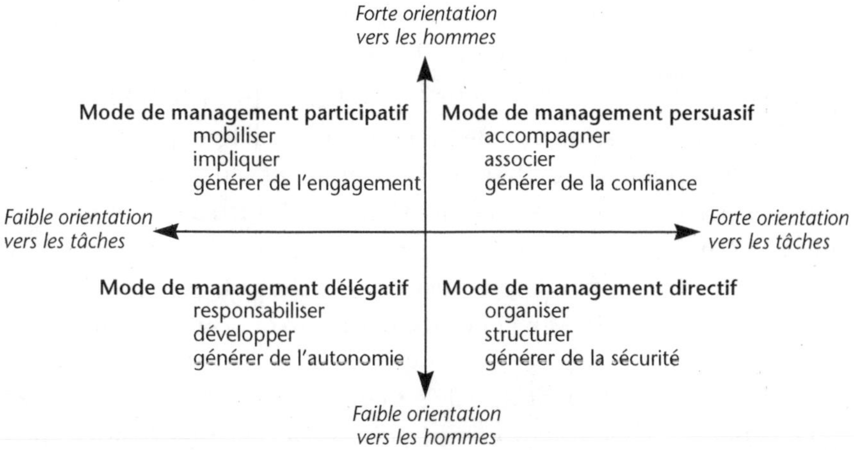

Figure 7.2 – 4 modes de management selon le modèle de Hersey & Blanchard

- *Le mode directif* : le manager intervient fortement sur l'organisation, les méthodes, le suivi et le contrôle. Il régule l'activité du groupe par l'apport de consignes claires, de règles précises. L'intérêt principal est de structurer un travail collectif et de fournir un cadre pour que les collaborateurs soient efficaces. Un mode directif permet de générer de la sécurité, de la clarté et de la cohérence. Ce n'est que poussée à l'extrême que la directivité peut dériver vers l'autoritarisme et l'autocratie.
- *Le mode persuasif* : le manager intervient toujours sur l'organisation, les méthodes et les outils, mais il est, de plus, soucieux de la bonne compréhension et appropriation par ses collaborateurs de ces éléments de structure. Il consacre du temps à expliquer, convaincre, persuader du bien-fondé de l'organisation qu'il propose. Ce sont l'adhésion et la confiance des collaborateurs qui sont recherchées. Détournée de cet objectif, la persuasion peut dériver vers le paternalisme ou la manipulation.
- *Le mode participatif* : le manager n'apporte pas les méthodes et outils d'organisation. Ce qui lui importe, c'est que le groupe définisse ses propres règles et modes de fonctionnement. L'objectif est que les collaborateurs déterminent ensemble les méthodes de travail d'équipe et s'engagent en tant que parties prenantes. Détournée de cet objectif, la participation devient démagogie.
- *Le mode délégatif* : le manager intervient peu à la fois sur le contenu et sur le processus, jugeant ses collaborateurs suffisamment matures, compétents et motivés pour mener de façon autonome une activité donnée. La délégation est donc le registre mobilisé :

elle répond à l'objectif de développer la responsabilisation croissante des individus concernés. Poussée à l'extrême, la délégation peut dériver vers le laisser-faire, ou le retrait pur et simple.

Comme tout instrument de ce type, ce modèle est trop simpliste pour ambitionner d'appréhender la complexité du management des hommes. Cependant, il permet de mettre en évidence le fait que l'excellence dans le domaine du management n'est pas d'occuper une position absolue, liée au fait d'appliquer un modèle, qui serait meilleur que les autres (le *one best way* cher aux Anglo-Saxons) mais bien un état relatif et fluctuant, lié à la capacité à adapter son comportement en fonction du niveau de maturité de ses collaborateurs, c'est-à-dire essentiellement de leur niveau de compétences et degré de motivation, pour réaliser une activité donnée.

Exemple

Dans le cas de Composit, le mode directif s'est révélé très adapté pour permettre une contribution efficace des commerciaux, peu au fait des questions de systèmes d'information, tout disposés à utiliser de nouveaux systèmes de gestion et de reporting mais ayant besoin d'être guidés pas à pas dans la méthodologie d'utilisation du nouveau système. À l'inverse, il aurait été bien présomptueux pour le chef de projet d'intervenir sur un autre mode que celui de la délégation envers le prestataire externe en charge du paramétrage du nouveau système d'exploitation, ce qui n'empêche pas cependant un contrôle rigoureux de l'adéquation du système aux besoins exprimés dans le cahier des charges.

Savoir changer radicalement de mode de management

Des éléments d'une autre nature doivent être évoqués concernant la flexibilité du mode de management du chef de projet. Les situations précédentes demeurent relativement classiques et le passage d'un mode de management à un autre en fonction des personnes et des situations est une composante de base de l'exercice managérial, dans toutes les formes d'équipes.

Dans le pilotage d'un projet, la spécificité provient de la nécessité critique de provoquer des ruptures parfois violentes pour maintenir le cap vers l'objectif final.

Appréhender la diversité des modes de management : du plus simple au plus compliqué

La grille d'Hersey & Blanchard n'est pas le seul modèle (même si c'est le plus répandu) pour représenter différents modes de management. On peut trouver des approches beaucoup plus complexes. Par exemple, J.-C. Fauvet propose une grille qui permet de visualiser... 55 modes différents de management. Chaque combinaison de 3 chiffres reflète un dosage différent d'animation, de transaction et d'imposition et définit un mode de management. Par exemple, 8 0 1 : mode procureur ; 1 7 1 : mode médiateur ; 3 3 3 : mode régulateur ; 1 2 6 : mode militant ; 1 4 4 : mode éducateur, etc. ■

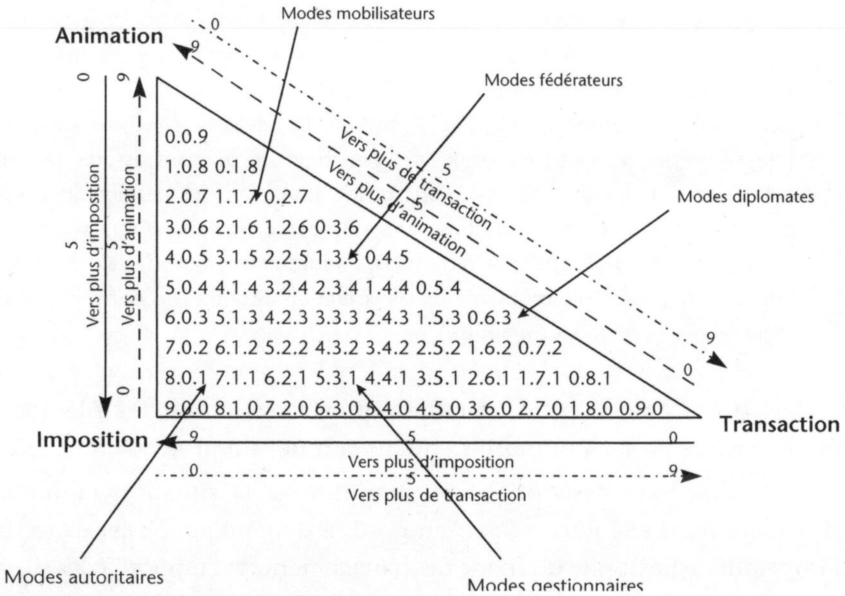

Figure 7.3 – Autre possibilité de grille

Exemple

En ce qui concerne le cas Composit, c'est d'abord sur le mode de la persuasion (1) que le chef de projet est intervenu. Il a fallu rallier à la cause du projet de nombreuses parties prenantes (informaticiens, directions commerciales, patrons de sites, y compris certains dirigeants du groupe qui n'avaient pas perçu l'ensemble des enjeux). La première étape a donc été de construire un réseau d'alliés et de sponsors du projet, par le biais d'études préalables, d'analyse de faisabilité et de beaucoup de dialogue direct auprès des uns et des autres pour les convaincre. L'engagement personnel, l'enthousiasme, l'énergie déployée et

la capacité à faire partager une vision sont les moteurs d'une démarche de marketing interne indispensable pour convaincre les décideurs et réunir le noyau dur de l'équipe projet.
Ceci étant fait, il faut rapidement délimiter le contenu d'un objectif encore très imprécis et donner de la visibilité sur les différentes voies possibles pour l'atteindre. Dans cette phase d'exploration, c'est en usant de la participation (2) à outrance et de l'ouverture maximale qu'ont pu être collectés de multiples points de vue, qu'ont pu être étayées par des informations plus précises les hypothèses de départ et qu'ont pu être élaborés des scénarios possibles d'action.
D'une position très ouverte, voire en retrait, le chef de projet est brutalement passé en mode directif (3), quand il a fallu, en l'espace de 2 réunions, prendre des décisions irréversibles concernant le choix des solutions retenues, sous peine de mettre en danger l'ensemble du projet. Une importante phase de persuasion (4) a de nouveau été nécessaire ensuite pour faire partager ces décisions à l'ensemble des acteurs impliqués.
Ceci étant fait, l'organisation et la répartition du travail de chacun nécessitent une démarche délégatrice (5), le chef de projet ne pouvant assurer personnellement la réalisation des décisions prises. Puis, dans les derniers jours qui ont précédé le lancement du nouveau système informatique, il a fallu prendre en urgence des décisions (6) de dernière minute permettant de faire face aux imprévus (par exemple problème de récupération des données dans un site ou matériel défectueux dans un autre).

La figure 7.4 représente de façon simplifiée l'évolution des rôles joués par le chef de projet Composit pendant la durée du projet.

Bien sûr, cette description est simplifiée et la situation rapportée singulière mais elle illustre bien en quoi la dynamique projet exacerbe l'impératif de flexibilité du mode de management, par rapport à des situations d'équipes plus permanentes, inscrites dans les schémas de temps et de rythmes lissés. Chaque chef de projet peut retracer son propre parcours d'évolution des modes de management qu'il utilise, en fonction des phases de projet, de la situation et des événements qu'il rencontre.

Ne pas confondre style et mode de management

Une précision importante mérite d'être mentionnée ici. Changer son mode de management n'est pas incompatible avec le maintien d'un style personnel qui, lui, peut et doit rester stable dans le temps et cohérent avec la personnalité originale de l'individu manager en position de responsabilité.

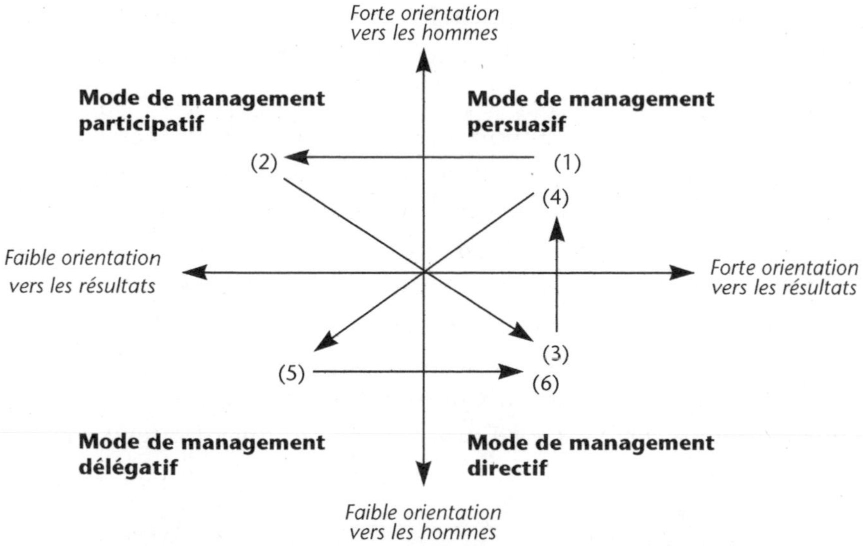

Figure 7.4 – Évolution des modes de management du chef de projet

Il est utile à ce propos de clarifier une terminologie souvent employée de façon confuse :

- *le mode de management, c'est le registre privilégié qu'utilise un responsable pour manager ses collaborateurs,* dans un contexte donné, en fonction de leur niveau de maturité ou, on l'a vu, en fonction de l'état d'avancement dans lequel se trouve un projet donné ; par exemple, le modèle de Hersey & Blanchard est basé sur 4 modes de management : directif, persuasif, participatif, délégatif ;
- *le style de management, c'est la manière originale qu'a un responsable d'appliquer un mode de management.* On peut envisager ainsi un mode directif empreint d'empathie et d'attention ou à l'inverse un mode participatif mené de façon froide et peu conviviale.

Cette différenciation est fondamentale parce qu'elle permet de distinguer la personne (ce qu'est le manager, son profil, son expérience...) de ses actes et des justifications contingentes de ceux-ci.

Autant il est difficilement supportable pour des collaborateurs de subir au quotidien les sautes d'humeur et irrégularités du style de son patron, autant un changement de mode, même brutal peut-être compris et accepté. Encore faut-il communiquer sur les raisons qui justifient de passer d'un registre ouvert à un mode plus descendant ou l'inverse. *La référence à la réussite du projet, seule source de légitimité qui s'impose à tous, est l'unique réponse.* Les argumentations et débats ne portent donc pas sur les personnes, mais sur l'avancée du projet qui nécessite de passer d'une étape à une autre.

On voit ici toute l'importance d'un outil de base essentiel du management : la méta-communication. Ce terme désigne simplement la communication qui porte sur la manière dont communiquent deux ou plusieurs acteurs et, de façon plus large, sur la manière dont deux ou plusieurs acteurs travaillent ensemble. *La communication ne porte plus seulement sur le contenu, mais aussi sur le process.* Il est essentiel que le chef de projet prenne du recul et intervienne dans ce registre de la méta-communication. Contrairement à l'expression populaire bien connue « cela va sans dire », le chef de projet a intérêt à rendre explicite l'implicite afin de ne pas prolonger dans le temps d'éventuels malentendus.

On voit donc qu'un chef de projet doit savoir manier autant la persuasion que l'écoute, dans un contexte d'incertitude permanente, de complexité et de prise de risques.

Les compétences spécifiques du chef de projet

Compétences techniques versus compétences projet

Un débat fréquemment rencontré dans les entreprises porte sur la nature des compétences que doit détenir un chef de projet et s'énonce en ces termes : doit-il bien connaître les aspects techniques liés au contenu du projet ou, à l'inverse, maîtriser l'ensemble des méthodologies et outils de gestion de projet et d'animation d'équipe ? Bien sûr, le scénario idéal est de concilier les deux mais dans les faits, la complexité des contenus tant techniques que méthodologiques des projets fait qu'il est impossible à un seul homme de dominer l'ensemble de ces paramètres. Par contre, il est indispensable d'avoir le bagage suffisant dans les deux registres pour pouvoir à la fois communiquer avec des interlocuteurs, internes et externes, experts dans leurs domaines, et suivre le cap des objectifs de réalisation sous contraintes.

Exemple

Sans être un spécialiste, le chef de projet Composit disposait des compétences minimales en matière de système d'information pour être un interlocuteur crédible tant auprès des prestataires externes (sociétés de service en informatique) que des acteurs internes (structures commerciales des différents sites, informaticiens internes, etc.).

Chaque parcours de développement de compétences manquantes est spécifique, en fonction des exigences du projet et des profils et parcours professionnels antérieurs. La situation projet se révèle d'ailleurs dans ce domaine implacable : ou bien son responsable acquiert rapidement les éléments de connaissance technique ou méthodologique dont il a besoin, ou bien il sera vite débordé, soit par des débats d'experts qu'il ne pourra arbitrer, soit par des dérives de coûts, délais, qualité, par manque de méthodes de suivi.

Cependant, la véritable compétence critique du chef de projet n'est pas contenue dans les termes du débat précédent, où il manque un élément essentiel : la connaissance historique du projet. On l'a dit, un projet est un parcours de structuration de la réalité à chaque fois spécifique, parsemé d'aléas, d'événements plus ou moins subis, et toujours dépendant de décisions et d'actions humaines, donc fluctuantes en fonction des situations et des personnes. Toute cette histoire propre à un projet conditionne son déroulement et peut permettre, quand elle est connue, de mieux anticiper sa progression.

Exemple

Une des sous-équipes du projet Composit avait d'énormes difficultés à se rencontrer régulièrement, pour des raisons de disponibilité de ses membres, d'éloignement géographique mais aussi du fait d'un manque d'habitude du travail collectif structuré. Quand une décision importante concernant leur sujet a dû être prise en urgence, le chef de projet, qui connaissait ces difficultés, a préféré court-circuiter les dispositifs habituels et les joindre tous, un par un, directement au téléphone pour leur demander leur avis, plutôt que d'attendre leur prochaine réunion.

La collection des événements antérieurs forme une base de connaissance unique sur le projet qui, si on l'ignore, rend totalement incompréhensibles des comportements individuels et collectifs.

Exemple

Le responsable des systèmes d'information du groupe percevait le projet comme une superbe opportunité de structure une équipe de support informatique plus étoffée au niveau du groupe, pour lui permettre d'élargir le champ de sa fonction. Quand il s'est porté volontaire pour prendre en charge un audit des compétences internes disponibles dans le domaine informatique, le chef de projet a demandé de travailler en binôme avec lui, pour s'assurer que les expertises critiques restent bien disponibles tout au long du projet et que les objectifs du responsable des systèmes d'information ne prennent pas le dessus sur ceux du projet. Des expériences antérieures l'avaient en effet rendu méfiant !

En synthèse, on peut affirmer que la connaissance fine des éléments historiques d'un projet est une compétence en soi, qui ne s'acquiert que par une participation et une implication de bout en bout. Aussi, un changement de chef de projet avant la fin de celui-ci est une manœuvre dangereuse car on risque de perdre ou du moins d'altérer une compétence-clé : celle de la mémoire du projet.

Un nouveau manager qui débarque au cours d'un projet est de fait incompétent (Midler, 1998) : non pas parce qu'il ne dispose pas des bagages nécessaires, mais tout simplement car il n'a pas vécu toute la période antérieure à son arrivée et ne connaît donc pas l'histoire quotidienne accumulée depuis la date de lancement. Beaucoup d'entreprises qui n'hésitent pas à changer les chefs de projet en cours de route devraient retenir ce message et mieux évaluer les préjudices induits d'une instabilité humaine trop forte.

Développer des compétences collectives plus qu'individuelles

Quatre qualités particulièrement essentielles viennent d'être évoquées pour un chef de projet :

- faire évoluer rapidement son mode d'intervention en fonction de la progression d'un projet ;
- être capable de convaincre, entraîner et fédérer autour de modalités de fonctionnement fluctuantes dans le temps ;
- savoir prendre du recul et communiquer sur un processus ;
- enfin, posséder une vision historique suffisante du projet.

À ces attributs généraux, viennent s'ajouter des registres de compétences différents voire antagonistes en fonction des phases du projet.

Vive le conflit !

Une autre compétence particulière mérite également d'être mentionnée : la capacité à anticiper, voire à faire émerger des conflits. Traditionnellement, on a toujours recherché à lutter contre les conflits, à les réduire, voire à les étouffer ou à les ignorer. Le conflit, dans l'organisation classique, est considéré comme un dysfonctionnement, une situation anormale qu'il faut « réparer » au plus vite. C'est souvent une situation difficile sur le plan personnel : les personnes n'en ressortent pas indemnes. Dans le cas du management de projet, les conflits sont utiles, voire nécessaires : ils expriment des différences de représentation, de points de vue qu'il vaut mieux faire surgir le plus tôt possible. Le conflit est alors une source précieuse d'information, un outil de communication comme un autre. Un chef de projet doit donc être capable de repérer les conflits potentiels (qui sont d'ailleurs rarement des problèmes de personnes, mais plutôt de divergences de vues techniques ou d'allocation de ressources) et de les faire apparaître au grand jour, pour les résoudre le plus tôt possible en amont du projet. Le conflit est donc positif : voilà bien encore une idée peu habituelle, qui nécessite un temps de pratique pour réellement la transformer en compétence maîtrisée. ■

Homme de dialogue, de compromis, le chef de projet est à la fois participatif et directif, capable de prôner l'écoute et de prendre des décisions unilatéralement, de lancer des idées et d'en organiser la mise en œuvre, de développer une vision d'ensemble et de savoir contrôler jusqu'au détail.

Est-il bien raisonnable de partir à la recherche de ce « super manager », doté de toutes les qualités, dont celle de savoir rester modeste et de ne pas se mettre en avant ? Certains cas bien précis pourraient tendre à faire croire que oui : Yves Dubreuil, véritable figure emblématique de l'opération Twingo en est l'exemple le plus célèbre. Mais malheureusement, dans la majorité des cas, cet oiseau rare n'est pas disponible et le chef de projet est alors un jeune embauché ou cadre en situation de développement de carrière que les circonstances amènent à se retrouver à la tête d'une équipe pluridisciplinaire, parfois sans expérience antérieure.

Si un individu seul a peu de chances de disposer de toutes ces compétences, une équipe elle, le peut et c'est au niveau collectif que doit s'énoncer la question de la compétence : Qui dispose de quelles compétences ? L'ensemble des registres d'action est-il couvert au sein de l'équipe ?

Quelles sont les expertises de contenu et de méthodes disponibles ? Quelles sont celles qui manquent, comment et où les obtenir ? On voit toute l'importance de prendre le temps d'identifier les compétences originales portées par chaque membre de l'équipe.

Deux risques majeurs sont finalement liés à la recherche à tout prix du chef de projet idéal et omniscient : le premier est la quasi-certitude de ne pas le trouver, le second est surtout, en exacerbant le poids du leader, de ne pas porter attention aux compétences, savoir-faire et qualités originales portés par les membres de l'équipe.

Les limites des systèmes traditionnels d'acquisition de compétences

Dans cette perspective, il convient de s'interroger sur le développement des compétences des acteurs projets au sens large. Cette question de l'acquisition de nouveaux savoir-faire et comportements s'adresse d'abord au chef de projet, mais aussi aux membres de l'équipe projet ainsi qu'à tous les autres acteurs (hiérarchie, acteurs métiers, partenaires externes, etc.) ne faisant pas partie de l'équipe projet mais concernés par son action.

La réponse fréquente à cet enjeu passe en général par la solution formation. On trouve par exemple sur le marché de nombreux stages techniques sur les méthodes et outils de gestion de projet (en cursus initial dans la plupart des écoles d'ingénieurs et de commerce mais également en formation continue, auprès de nombreux cabinets de conseils).

Or indépendamment de la qualité intrinsèque de ces enseignements, l'expérience montre qu'en matière d'acquisition de savoir-faire spécifiques au mode projet, tant individuels que collectifs, *la réponse formation classique présente de sérieuses limites* :

- un des points-clés est le problème de l'adaptation fine du contenu des stages à la réalité d'un projet, qui est par définition unique et singulière ;
- trop souvent, la formation est une réponse à des problèmes ou difficultés rencontrées : elle risque alors d'être un remède peu efficace car tardif, au lieu d'être un outil de préparation et d'anticipation ;
- la difficulté classique du transfert des acquis en situation au retour de la formation est accentuée dans le cas des projets où, par nature, les problèmes et aléas ne sont que peu prévisibles et les moyens pour les résoudre ne sont pas forcément connus à l'avance ; aussi le décalage est-il souvent important entre l'apport d'une formation standard et les besoins précis de l'individu au moment où un problème survient ;

- le temps et le coût consacrés à des modules de formation constituent d'autant plus un point délicat qu'ils représentent des ressources rares et généralement non réversibles sur un projet ; l'erreur en matière de choix de programme de formation peut être préjudiciable au succès même de l'ensemble du projet ;
- les formations proposées se limitent trop souvent au seul chef de projet et n'incluent que trop rarement l'ensemble de l'équipe projet et, *a fortiori*, les autres acteurs concernés dans l'organisation ;
- les aspects techniques (méthodes de planification, gestion et contrôle) occupent fréquemment une place prépondérante, au détriment des dimensions de management des hommes et des équipes ;
- enfin, un risque réel de découragement existe pour les chefs de projet, souvent enrichis lors de la formation et qui se retrouvent à nouveau isolés et livrés à eux-mêmes de retour sur le terrain.

Vers des dispositifs d'apprentissage dans et par l'action

En synthèse, ces constats amènent à soutenir l'idée que, sur le thème du management de projet, l'acquisition de compétences utiles ne passe pas par des dispositifs de formation classiques, mais par des démarches d'apprentissage par l'action.

De nombreuses entreprises poussent d'ailleurs ce principe à l'extrême puisqu'un passage obligé de leurs cadres à haut potentiel sur la route de postes de direction est une mission lourde de management de projet, destinée à tester leur potentiel en situation. C'est la situation qui révélera les qualités réelles détenues par l'individu, tout en lui offrant la possibilité d'acquérir une vision large car transversale de l'entreprise.

Le coaching est une autre démarche de plus en plus employée pour pallier les carences de la formation traditionnelle. Un chef de projet « senior » suit de façon plus ou moins rapprochée un « junior », moins expérimenté. Cette logique de compagnonnage se traduit dans certaines entreprises par des « équipes à deux têtes », où le junior et le senior sont co-responsables du projet.

La tendance est à l'emploi simultané et combiné de plusieurs dispositifs d'action. La formation s'inscrit dans le cadre d'une réflexion d'ensemble sur la place des projets dans une organisation donnée. Elle s'appuie sur des projets réels, menés par les participants, avec un suivi personnalisé entre les sessions (coaching individuel et/ou collectif).

La phase d'après-projet (prolongements, démultiplication, capitalisation) est également pensée le plus possible en amont. Dans une telle démarche intégrative, les modules de formation visent autant l'échange d'expérience en continu, la prise de recul sur les projets en cours que l'apport de connaissance *stricto sensu*. Ces temps de regroupement en face-à-face sont en général cours (2 jours maximum), intenses et modulables dans le temps, en fonction des besoins.

La figure 7.5 représente un exemple de dispositif de formation original[1], destiné à un public interentreprises et qui illustre ces tendances d'évolution. Les principes de base de sa construction sont :

- mettre en place un processus continu de développement des compétences d'environ 6 mois, dont le face-à-face n'est qu'un vecteur parmi d'autres : phase de préparation, travail intersessions, accès permanent à un centre de ressources, prolongements post-séminaires, « piqûre de rappel », suivi et coaching individualisés, accès à des services d'auto-apprentissage en ligne, à des forums d'échange, etc. ;
- développer une communauté d'apprentissage réunissant plusieurs acteurs concernés par les projets (et pas seulement les chefs de projet) ; l'idée est d'apprendre avec les autres et par les autres, au sein d'une communauté de pratiques qui partage des préoccupations communes, mais dont les membres ont des expériences et niveaux d'expertises différents ;
- mobiliser de multiples supports de formation afin de diversifier les sources et modalités d'apprentissage, (apport de connaissances, transmission de savoir, échange d'expériences, coaching, recours à un centre d'expertise, auto-formation, dialogues en continu, etc.) ;
- engager et impliquer l'entreprise et son management (et pas seulement les stagiaires) afin de faire évoluer, si besoin, les outils et systèmes de l'organisation dans laquelle s'insèrent les projets ;
- accélérer l'apprentissage et en améliorer l'efficacité par un ciblage plus fin par rapport aux besoins. Dans cette perspective, les temps de face-à-face sont courts et denses (2 jours) ;
- transférer et pérenniser les acquis pour d'autres projets.

1 Ce séminaire est le fruit d'une collaboration entre E.-M. Lyon et le cabinet Orgaconseil.

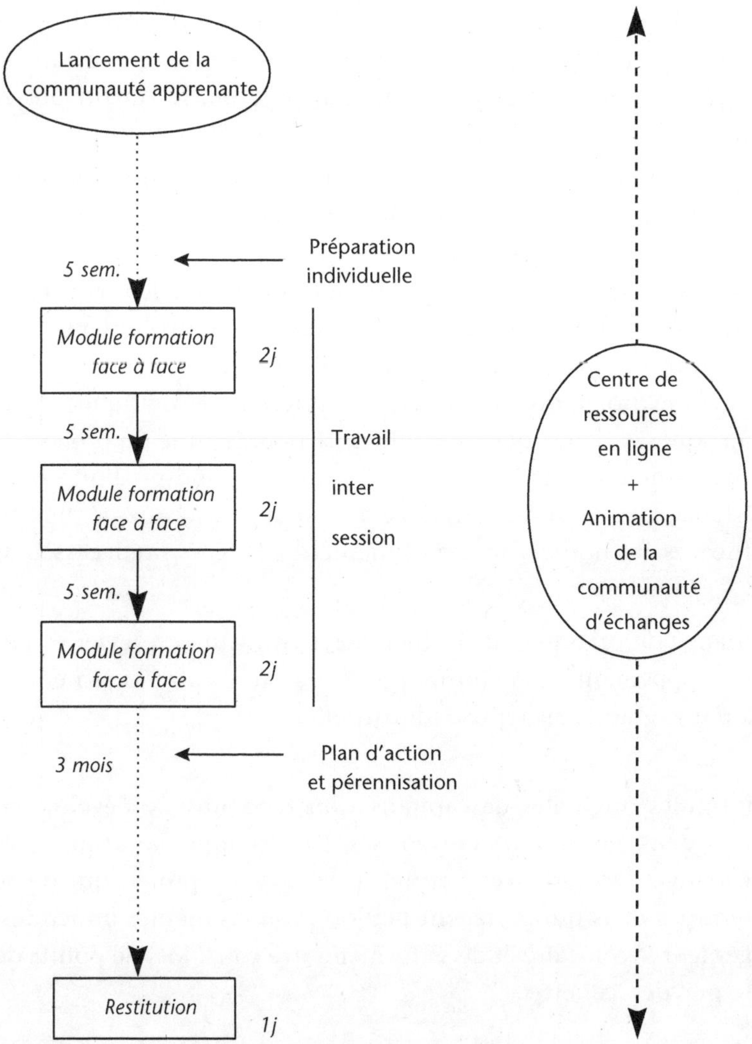

Figure 7.5 – Un processus intégré de développement des compétences individuelles et collectives de management de projet

La capitalisation des expériences comme facteur d'apprentissage

La mise en situation représente cependant une condition nécessaire mais pas suffisante pour une réelle acquisition de nouvelles compétences. Nous avons vu au chapitre précédent que le processus de formalisation/capitalisation/transmission est souvent perçu comme une perte de temps et une dépense d'efforts qui pourraient être consacrés plus directement au projet. Il repose aussi sur un état d'esprit de prise de recul et de recherche d'enseignements bien souvent contraire à une logique d'action et d'engagement qui prédomine sur un projet en cours.

Nous soutenons cependant que l'effort de retour d'expérience en continu constitue un des modes d'apprentissage les plus performants, car il concerne trois niveaux simultanés :

- les individus, qui ont ainsi un feed-back immédiat de leur contribution et qui peuvent faire évoluer leurs pratiques dans un contexte opérationnel qui n'est pas celui d'une évaluation ;
- l'équipe sur le projet, qui peut mieux comprendre ses pratiques à succès et à risques et développer son efficacité pour la suite du projet ;
- l'organisation tout entière qui peut à terme disposer d'une base d'expérience favorisant l'émergence de projets nouveaux de plus en plus efficaces car nourris des enseignements de leurs prédécesseurs.

« L'échange de pratiques et d'expériences constitue un levier essentiel du développement de la culture projet », nous disait récemment ce dirigeant d'une grande entreprise industrielle.

Des formules originales de capitalisation tendent à se développer, notamment dans des grandes entreprises. Par exemple, la formule des clubs d'échange d'expériences permet à des acteurs projet, qui ne se connaissent pas mais qui partagent peu ou prou les mêmes difficultés, d'échanger leur savoir-faire et de se former entre pairs, lors de points de rencontre prévus à cet effet.

Le cas des Forces spéciales militaires

Les Forces spéciales sont des unités d'élite militaires mettant en œuvre des moyens très mobiles, pour remplir des missions ciblées, à haute valeur ajoutée, de quelques heures à plusieurs semaines, dans un contexte particulièrement hostile, incertain et complexe (au sens d'évolutif et sensible politiquement) : recherche et transmission de renseignements, libération d'otages, évacuation de ressortissants nationaux, neutralisation d'objectifs vitaux pour l'adversaire, protection de personnalités, arrestation de criminels de guerre... Ces opérations à fortes implications politiques, dans des contextes exposés, sont des projets tout à fait particuliers, qui imposent une extrême discrétion et une qualité d'exécution à la hauteur des enjeux stratégiques poursuivis. La spécificité de ces unités est de regrouper des expertises potentiellement très diverses : explosif, transmission, renseignement, optique, topographie, tir...

Les Forces spéciales françaises sont reconnues depuis plus de 60 ans pour leur capacité à assurer de façon durable un fonctionnement par projets, c'est-à-dire de générer avec succès un flux régulier de missions dans des contextes de conflits ou d'opérations situés dans des environnements très variés, un peu partout dans le monde.

Au cœur de ce succès se trouve la capitalisation des expériences. En effet, il s'agit d'une démarche vitale du fait du mode d'organisation par projets, à la base de la construction d'une mémoire collective, à la fois trace des apprentissages passés et orientant les adaptations ultérieures. La capitalisation s'effectue à différents moments :

- en continu, au cours même des opérations, pour pouvoir réajuster d'éventuelles actions à venir ;
- à l'issue de la mission, à chaud, sous forme de débriefing collectif ou individuel pour tirer rapidement les enseignements les plus visibles et à froid, via le RETEX (RETour d'EXpérience). ■

Cette procédure formelle donne lieu à un document et des fiches formalisés, sur la base des données précises liées à l'opération : relevage des heures, des actions, supports visuels... L'idée est ici d'évaluer les modalités d'exécution dans une perspective d'apprentissage et d'amélioration plus que de sanction. Cette capitalisation a un impact sur la mémoire d'opérations qui peut être rejouée dans un autre contexte, sur l'organisation, les modes d'action, les procédures, les équipements, la préparation, donc sur la formation.

Les pratiques décrites dans ce chapitre préfigurent un nouveau type de formation, à la fois plus sophistiqué dans son ingénierie et très opérationnel dans son contenu, et qui s'apparente à un service de résolution de problèmes sur demande, sur des cas réels tels que les personnes les vivent, au moment où ils en ont besoin, et à moindre coût.

Ce dialogue transversal peut aujourd'hui s'affranchir du temps et de l'espace grâce aux nouvelles technologies de l'information et de la communication qui permettent à chaque membre du réseau d'échange de rester en relation directe, sur demande, avec l'ensemble des autres membres, par le biais de logiciels de dialogue à distance (groupware) disponibles sur son propre micro-ordinateur.

Le chapitre suivant développe ce nouvel aspect du management d'équipes.

L'essentiel

- **Le chef de projet** est au centre d'une constellation d'interlocuteurs porteurs d'objectifs, de rôles et d'enjeux très différents, voire contradictoires.
- **Il n'y a pas** de bons ou mauvais modes de management, seulement des registres d'intervention plus ou moins adaptés aux personnes, aux contextes et aux situations concrètes. Ainsi, une compétence-clé d'un chef de projet est de savoir changer de mode de management tout en conservant son style personnel.
- **Un chef de projet** doit utiliser abondamment la « méta-communi-cation » : c'est-à-dire communiquer autant sur le processus (la manière dont se passe le projet) que sur le contenu. Un manager qui arrive au cours d'un projet est de fait incompétent : il lui manque la connaissance de l'histoire du projet.
- **Les démarches** de formation traditionnelles sont inadaptées pour l'acquisition de savoir-faire de management de projet : il faut inventer des dispositifs basés sur l'apprentissage collectif dans et par l'action.

Chapitre 8

Le rôle du management de projet dans la conduite du changement

Executive summary

- **Le recours** au mode projet de façon intensive induit de nombreux changements et nécessite notamment de développer des comportements d'interactions et de coopération.
- **Le mode projet** bouscule les systèmes de gestion des ressources humaines, comme par exemple la façon d'évaluer les performances, de rétribuer les contributions ou encore de construire des parcours de carrière.
- **Ce chapitre** vous montrera comment les organisations sont amenées à évoluer pour prendre en compte et intégrer la logique projet, mais aussi comment le projet peut devenir un instrument vecteur du changement organisationnel et humain.

Les chapitres précédents ont évoqué sous des angles divers des questions liées au management d'une équipe projet.

Cependant, comme nous l'avons précisé dans l'introduction, les organisations récentes sont caractérisées par la présence simultanée en leur sein de multiples projets, souvent d'ailleurs de nature et de types très différents. Cette tendance se matérialise concrètement par l'apparition de nouvelles formes d'équipes, aux appellations diverses : équipes projets, comités *ad hoc*, task-forces, groupes autonomes, réseaux horizontaux, communautés de pratiques, etc., et reflète un mouvement de fond d'évolution dans les entreprises : le décloisonnement et la transversalité des modes d'organisation du travail et, par conséquent, du fonctionnement des équipes.

Nous allons défendre l'hypothèse que la multiplication de ces équipes transverses suppose et génère une remise en cause profonde des principes traditionnels du management. Nous parlerons d'abord de management de projet (c'est-à-dire des changements issus de la cohabitation de plusieurs projets), puis de management par projet (c'est-à-dire des stratégies de changement menées par le biais des projets).

L'objet de ce court passage n'est pas de présenter un panorama exhaustif des multiples impacts du management de projet : seulement d'illustrer l'ampleur des changements induits dans quelques domaines qui nous paraissent significatifs.

L'évolution des rôles et des modes d'intervention des experts

Les organisations ont toujours été construites autour de la recherche de la meilleure concentration de compétences dans des structures homogènes. On a créé des fonctions spécialisées par métier, des services, voire des centres d'expertise. Pour faire fonctionner ensemble ces diverses unités spécialisées, différents modes de coordination sont employés : hiérarchie, règles et procédures d'organisation, système de reporting et de contrôle de gestion, rôles formels de liaison (type chef de produit), etc.

Dans les dispositifs transversaux, c'est plutôt le développement de la coopération qui est recherché. Nous avons déjà à plusieurs reprises distingué intuitivement coordination et coopération. Ces deux notions sont souvent confondues : elles se réfèrent pourtant à deux logiques très différentes.

Tableau 8.1 – De la coordination à la coopération[1]

La coordination	La coopération
nécessite une *fonction* spécialisée	se fait par *contact direct* entre les acteurs
relève de la *hiérarchie*	relève du « *marché* »
est mise en œuvre à travers des *procédures* bureaucratiques	se fait par *ajustement mutuel* entre les acteurs
est *obligatoire*	est *volontaire*

Contrairement à la coordination, la coopération ne se décrète pas. Elle dépend des hommes, mais surtout du contexte dans lequel ils opèrent (niveau de confiance, problèmes à résoudre, ressources disponibles, contraintes et enjeux, etc.).

Les organisations classiques ont toujours privilégié la coordination au détriment de la coopération. L'accroissement des dispositifs collectifs basés sur la coopération dans les entreprises modernes induit des changements importants. Les « protections » traditionnelles que fournissent la définition des tâches, les statuts et l'appartenance à des métiers sont remises en cause, du fait de l'initiative spontanée initiée par des acteurs individuels qui coopèrent. Les rôles et modes d'intervention des experts sont également concernés. Ceux-ci, selon Pierre Leclair[2], « entrent dans un univers d'ambiguïté où ils vont devoir négocier des solutions et où on assiste à une construction hésitante et progressive de nouvelles compétences collectives ».

Les situations de projets complexes présentent la caractéristique de mobiliser des expertises techniques, mais d'une autre façon que dans des équipes métiers. *L'enjeu n'est plus de coordonner des contributions expertes disjointes, mais de développer des capacités à coopérer* (tel que défini précédemment). Pour cela, les individus sont tout d'abord forcés de prendre en compte des aspects parfois nouveaux pour eux ou qui ne s'expriment d'ordinaire pas avec la même intensité : les solutions techniques qu'ils proposent doivent se plier à des considérations de coût, de délai, d'innovation, d'exigence client, d'arbitrage, portées par les autres membres de l'équipe, auxquelles ils sont directement confrontés et qu'ils doivent intégrer en plus des exigences techniques

1 D'après des travaux sur « la coopération compétitive » menés par le cabinet Bossard-Gemini Consulting.

2 *Entreprise-Formation*, n° 92, mai-juin 1996.

habituelles de leur domaine. Ce n'est pas vraiment évident pour des spécialistes pointus sollicités la plupart du temps uniquement dans un champ étroit.

De la critique à la proposition d'action

Dans une équipe hiérarchique, chaque poste doit être tenu, chaque personne fait ce qu'elle a à faire. Cela ne l'empêche pas d'avoir une liberté de parole et de critique sur la manière dont le travail est organisé. Dans une équipe projet, qui repose avant tout sur un fort engagement personnel, la liberté d'action l'emporte sur la liberté de penser. À toute critique émise par un membre de l'équipe, les autres vont immédiatement répondre : « Qu'est-ce que tu proposes ? Et alors, que ferais-tu ? » Si la critique est trop tardive, on va reprocher à l'individu de ne pas avoir tenu son rôle : « Il fallait le dire avant, maintenant que la décision est prise, c'est trop tard ». Dans une équipe projet, il faut donc être capable d'identifier les moments où il est important de s'exprimer, de critiquer et de proposer. ■

Ces experts doivent apprendre à dépasser leur registre habituel d'intervention, et donc à devenir des pédagogues avertis. En effet, il ne suffit pas d'être un spécialiste pointu, encore faut-il être capable d'expliquer les contraintes de son expertise aux autres membres de l'équipe, pour pouvoir trouver ensemble des solutions satisfaisantes pour le projet. *Ainsi, il est nécessaire d'être capable d'appréhender son champ d'expertise sous l'angle des relations et combinaisons avec les autres, dans une perspective d'optimisation globale.* C'est typiquement le type de dilemme très inconfortable pour un expert : renoncer à atteindre l'excellence absolue dans son domaine pour bâtir avec les autres un compromis optimum au plan global, mais imparfait au plan local.

Exemple

Dans les projets automobiles, les différents intervenants sont porteurs de techniques diverses qui ont toutes leur légitimité propre, leurs savoirs et savoir-faire, et qui possèdent une représentation des limites au-delà desquelles l'objet à construire ne correspond plus aux règles de l'art. Ces limites peuvent être mises en cause par ce que conçoit le voisin : redéfinir la forme d'une tôle peut provoquer l'inquiétude d'un acousticien, ou l'installation d'aides à la conduite perfectionnées peut remettre en cause le montage du poste de conduite... Pour comprendre pourquoi, sur la Safrane, les housses de siège sont découpées en trois morceaux, alors qu'*a priori* deux pièces suffiraient

> techniquement, il faut passer par le mode de fixation de la tablette arrière. En d'autres termes, la décision technique est essentiellement une décision de compromis, qu'aucune fonction multicritère miraculeuse n'est susceptible de régler automatiquement.[1]

Ce rôle d'interface existe aussi vis-à-vis de l'extérieur de l'équipe, et plus particulièrement vis-à-vis des équipes métier qui constituent un réservoir de ressources. *Chaque membre de l'équipe projet est à la fois un représentant de sa structure auprès du projet et un porte-parole du projet vers elle.* Chacun a un rôle à jouer dans la crédibilité du projet auprès des autres fonctions, mais aussi en termes d'engagement ferme de ressources issues de la fonction au profit du projet. C'est une grande responsabilité qui repose donc sur les épaules de ces courroies de transmission. Selon l'expression même de Yves Dubreuil, chef de projet Twingo : « Je ne veux pas des facteurs, mais des acteurs ! »

Autre aspect : le pilotage à vue qui prédomine dans les projets amène souvent les membres de l'équipe à sortir du strict cadre de leur rôle « officiel ». Notamment dans les phases terminales, tout le monde peut être amené à contribuer au bouclage final et à intervenir dans des domaines hors de son cœur de compétence, par solidarité avec les autres, engagement personnel et souci de la réussite du projet.

Enfin, les rôles de liaison interprojets se développent dans les organisations qui adoptent systématiquement le travail d'équipe comme structure de base de leur fonctionnement (la littérature nord-américaine les appelle « team-based organizations »).

Cas d'entreprise

Créée en 1980 en Californie, Quantum Corporation conçoit, fabrique et commercialise des produits de stockages fixes et amovibles pour les ordinateurs personnels, stations de travail, ordinateurs hauts et serveurs de réseaux. Premier fournisseur mondial de disques durs, elle emploie en 1998 plus de 6 700 personnes dans le monde, son chiffre d'affaires est de 5,8 milliards de dollars (+ 10 % par rapport à 1997). Le succès de Quantum repose essentiellement sur sa capacité à mettre rapidement de nouveaux produits sur le marché et sur la relation étroite développée avec chacun de ses clients. Pour y parvenir, Quantum a développé le concept de « responsabilités d'interface », pour s'assurer de l'existence de fortes interdépendances entre des petites

»

1 Moisdon J.-C. et Weil B., « L'Invention d'une voiture : un exercice de relations sociales ? », article cité.

» équipes autonomes mais dont la contribution s'inscrit dans un processus d'ensemble de création de produit. De la naissance à la mise sur le marché, le développement d'un produit nouveau passe entre les mains d'au moins 6 équipes projet distinctes : équipe R & D, équipe produit (en charge des études), équipe process (en charge de l'industrialisation), équipe technique (en charge de l'installation, SAV, suivi), équipe qualité et équipe client. Cette organisation reflète les étapes critiques de la chaîne de valeur. Pour s'assurer de la cohérence d'une étape à une autre, au moins un membre de chaque équipe fait obligatoirement partie de l'équipe située en aval dans le processus, jouant le rôle d'agent intégrateur et de mémoire du développement du produit.

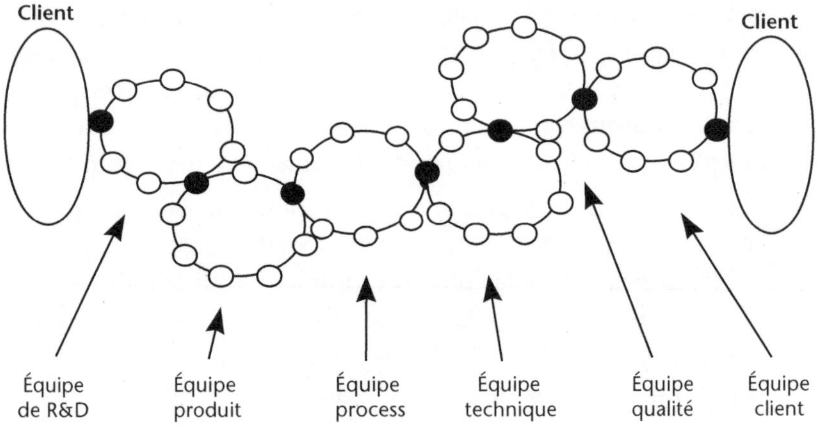

Figure 8.1 – L'emboîtement des équipes le long de la chaîne de valeur chez Quantum

Ce fonctionnement basé sur les équipes met l'accent sur les coopérations critiques, c'est-à-dire sur les interfaces-clés où se crée la valeur ajoutée et où résident finalement les sources d'avantage concurrentiel de l'entreprise. Chez Quantum, c'est la qualité et l'efficacité des interfaces entre les 6 équipes de base qui créent un avantage significatif en matière de vitesse et de réduction des coûts du développement des produits.

En résumé, même si chacun arrive dans un projet avec une « étiquette » qui induit des compétences et des rôles privilégiés, la nature de plus en plus coopérative des collectifs de travail pousse naturellement à intervenir à d'autres niveaux et à mener des activités diverses, utiles pour le projet. Le célèbre leitmotiv « Je ne suis pas payé pour cela », n'est pas concevable dans une équipe projet.

De l'évaluation des performances à l'évaluation des contributions

La participation à un projet est fréquemment une source importante de déstabilisation pour les personnes concernées. Le terme déstabilisation est à comprendre ici au sens littéral, « perte de stabilité », et se décline sous l'angle positif (le projet est alors une source de « mise en mouvement » et de motivation, de développement des compétences, d'enrichissement, d'élargissement des rôles et responsabilités, etc.) aussi bien que négatif (le projet est dans ce cas porteur d'incertitudes, de paradoxes, il génère du stress, de l'anxiété, du doute, etc.). Les repères traditionnels, et notamment ceux liés aux rôles, fonctions et compétences sont bousculés et remis en cause.

De plus, comment prendre en compte les apprentissages effectués par ces personnes pour jouer de nouveaux rôles et sortir du cadre de leur expertise ? Les fonctions traditionnelles dans les entreprises (production, commercial, marketing, etc.) reconnaissent et valorisent des savoirs formels et non pas la capacité à les diffuser ou à les relier à d'autres.

Dans de tels contextes vierges de tous référentiels solides, stables et pérennes, l'évaluation de performance s'avère elle aussi délicate. Les outils habituels de fixation d'objectif, de mesure des résultats et de validation directe lors d'un entretien annuel avec un supérieur hiérarchique ne sont plus satisfaisants. Cette démarche, qui va de soi dans un contexte hiérarchique stable, est en effet fortement interpellée dans le cas des projets.

Les différents types de questions suivantes sont parmi les plus fréquentes.

- *L'évaluation porte-t-elle uniquement sur la réussite finale du projet ?* N'y a-t-il que deux issues possibles, identiques pour tous : échec ou réussite du projet ? Bien sûr, tout dépend du type de projet et du contexte précis dans lequel on se trouve. Il est fréquent de fixer des niveaux de responsabilité différents aux coéquipiers, en fonction de leur rôle et contribution attendue. Généralement, seul le chef de projet (et éventuellement quelques acteurs fortement engagés) est évalué sur la réussite ou l'échec final. Pour les autres, ce sont des niveaux de contribution qui sont évalués. De plus, il est très souvent insuffisant de s'arrêter au seul résultat obtenu. D'autres facteurs, tels les moyens mis en œuvre, ou l'apprentissage collectif effectué, ou encore le développement des compétences au cours du projet peuvent être des apports du projet plus importants que son seul succès ou résultat. L'évaluation d'une équipe est donc multidimensionnelle, comme le montre la figure 8.3.

- *Comment évaluer de façon précise la contribution de chacun ?* Tout le monde est-il solidaire et responsable au même niveau ? Les réponses peuvent varier en fonction des cultures. Certaines cultures d'entreprises ou nationales (comme en Allemagne ou au Japon, par exemple) privilégient l'engagement collectif, l'identification à un groupe et la solidarité. L'individu n'existe qu'au sein d'un collectif et les systèmes d'évaluation et de récompense traduisent cette conception dominante en ne reconnaissant qu'une performance collective. À l'inverse, les systèmes méritocratiques de culture anglo-saxonne visent à repérer, au sein d'un groupe, les meilleurs contributeurs, les individus les plus performants, ou encore les fortes personnalités susceptibles d'être les leaders et chefs de projet de demain.

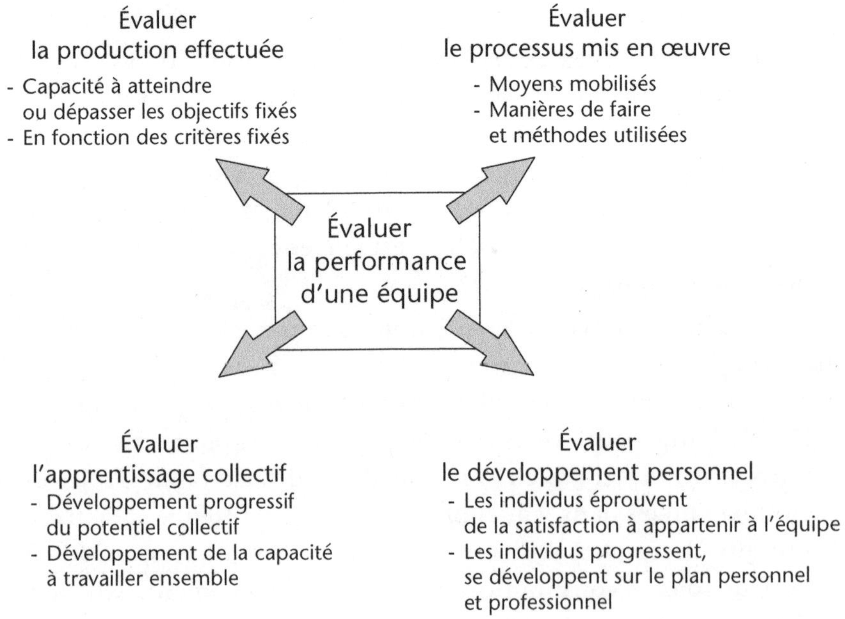

Figure 8.2 – Les 4 dimensions de l'évaluation d'une équipe projet

Une méthode intéressante et originale se rencontre parfois dans les universités américaines pour évaluer l'apport personnel qu'a eu un étudiant dans un travail de groupe (ce qui correspond à une situation de projet). Le professeur n'a pas d'informations sur qui a fait quoi dans le groupe et ne peut donc évaluer objectivement la qualité et la quantité des apports individuels. Il ne peut apprécier qu'un résultat final collectif (rapport de fin d'étude, exposé, etc.). Pour différencier la note finale et donc intégrer une dimension individuelle, il demande à chaque étudiant membre du groupe d'établir un classement qui reflète le degré de participation et de contribution de chacun des membres du groupe, du point de vue de chacun. Par exemple, pour un groupe de 6 personnes, chacun met une note de 6 (forte contribution) à 1 (faible contribution), en se basant sur ses propres critères. La subjectivité n'est pas occultée : au contraire, elle est prise en compte en tant que telle dans les classements de chacun. La démarche est anonyme. Le professeur effectue une synthèse, qui est discutée ensuite au sein du groupe, avec les étudiants.

Les étudiants français sont-ils culturellement prêts à adopter une telle démarche ? ■

- *Qui est le mieux placé pour évaluer la performance d'un coéquipier ?* Est-ce le chef de projet, qui a travaillé avec lui de façon rapprochée mais pendant un temps limité, ou bien son hiérarchique métier, mieux à même d'apprécier sa contribution technique, mais qui ne l'a pas côtoyé depuis qu'il est engagé sur le projet, ou bien encore les autres membres de l'équipe, qui le connaissent bien, mais qui n'ont pas de légitimité hiérarchique... ?

En pratique, de nombreuses entreprises ont recours à une approche tripartite, où le collaborateur, son hiérarchique et le chef de projet se retrouvent ensemble pour un entretien d'évaluation, où chacun peut proposer un regard différent et complémentaire des autres.

Exemple

Dans cette grande société internationale de conseil, les consultants participent souvent à plusieurs dizaines de missions par an. On imagine aisément que regrouper pour l'évaluation de chaque collaborateur des dizaines de responsables de mission n'est pas une solution aisée. L'entreprise a donc instauré un système de rapport d'évaluation synthétique, très formalisé et composé de rubriques standard, qui est utilisé de façon systématique après chaque projet.

Chaque responsable d'affaire rédige un bref compte-rendu sur chacun de ses équipiers, même pour des petites missions et adresse ces documents aux responsables d'unité (les responsables métier). L'entretien annuel, entre le consultant et le responsable d'unité, se base avant tout sur la somme de ces évaluations partielles, avec possibilité de questionner tel ou tel chef de projet en direct si des précisions sont nécessaires.

- *Doit-on attendre la fin d'un projet pour effectuer l'évaluation ?* Que se passe-t-il dans le cas des projets de longue durée ? Cette question renvoie à la conception même de ce qu'est un dispositif d'évaluation et aux objectifs qu'on lui fixe. Il faut distinguer les besoins de l'organisation et ceux du chef de projet. L'organisation doit gérer des flux de compétences et prévoir des parcours de carrière après le projet. Ce n'est pas le cas du chef de projet. L'évaluation de ses collaborateurs à la fin du projet n'est pas sa préoccupation principale. Ce qui lui importe avant tout, c'est réussir le projet dont il a la charge aujourd'hui. L'évaluation de performance n'a d'intérêt pour lui que si elle l'aide à atteindre son objectif.

L'évaluation au sein d'une équipe projet s'apparente donc plus à un processus de *feed-back* permanent, dont l'intérêt est moins l'évaluation que l'identification de compétences manquantes ou de comportements inadaptés afin de « corriger le tir » le plus vite possible et ne pas mettre en péril le projet. Cette approche ouverte est également un facteur-clé du développement de la confiance interpersonnelle.

Avis d'expert

« Je n'ai pas le temps d'attendre la date d'un entretien formel pour évoquer le manque de contribution d'un de mes collaborateurs », rapporte ce chef de projet marketing d'une grande entreprise agro-alimentaire. « Je lui fais part tout de suite des informations dont je dispose et des doutes que je peux avoir sur sa capacité à jouer son rôle. J'attends qu'il se prononce de façon honnête : s'il se sent capable de travailler plus et mieux, nous fixons ensemble un plan d'action avec des échéances précises, sinon, je préfère qu'il quitte l'équipe au plus tôt. C'est à la fois une question d'honnêteté, de transparence et de confiance. »

L'évaluation porte sur la contribution au projet plus que sur les compétences de l'individu.

Les impacts des projets sur la gestion des ressources humaines (GRH)

Les questions soulevées par le management de projet sur l'évaluation de performance est une illustration significative des impacts du mode projet sur les systèmes de gestion des ressources humaines.

Ceux-ci ont été traditionnellement conçus pour identifier et définir des fonctions ou des tâches et s'assurer de la bonne adéquation des ressources humaines pour les assumer. Pour y parvenir, la gestion des ressources humaines doit savoir identifier des compétences requises, les recruter (en interne ou en externe), les développer, évaluer et récompenser des résultats obtenus et gérer des évolutions de carrière. La logique verticale de ces systèmes de gestion, qui se déclinent par grande filière professionnelle ou par métier est percutée de plein fouet par l'apparition de dispositifs horizontaux, temporaires, mal définis au départ et non inscrits dans l'organisation. Tant que le nombre de projets reste marginal, seuls quelques cas particuliers sortent des schémas traditionnels et peuvent être traités comme des exceptions. Quand le mode projet est introduit de façon massive, c'est l'ensemble du système qui est questionné. Comment traiter un nombre toujours croissant de cas particuliers tout en garantissant une certaine équité ? Comment intégrer une nouvelle logique de GRH tout en conservant l'ancienne ? Dans l'entreprise, les réponses à ces questions sont généralement construites *a posteriori*, de façon pragmatique. Il n'y a en effet pas de solutions miracles, universelles, applicables telles quelles *a priori*. Chaque entreprise, en fonction de sa culture, son histoire, ses pratiques déjà en place va trouver ses propres réponses.

Les questions que nous avons soulevées concernant l'évaluation de performance se retrouvent dans d'autres champs de la gestion des ressources humaines. Par exemple, en matière de rétribution, doit-on privilégier des approches collectives, individuelles ou les deux simultanément ? Il n'y a pas de réponse unique à cette question.

Exemple

L'illustration suivante, un peu anecdotique, montre bien la diversité des réponses possibles : Silicon Graphics est l'un des premiers fournisseurs de systèmes informatiques hautes performances : stations de travail, serveurs, supercalculateurs, etc. Son succès s'est construit autour de quelques personnalités très fortes, qui ont su créer des innovations majeures. Cette culture du « héros individuel », créatif génial capable de révolutionner une technologie est encore très présente aujourd'hui. Dans le hall du siège de l'entreprise, seuls les chefs de projets sont en photo.

À l'inverse, chez Intel (leader mondial des microprocesseurs), dont le siège est situé à quelques kilomètres de celui de Silicon Graphics, ce sont des photos de l'ensemble des équipes projet qui vous accueillent, avec le nom de chaque participant mentionné de façon complète. Le chef de projet n'est pas mis en valeur : il n'est même pas identifiable.

La diversité des pratiques se constate aussi sur un thème comme la gestion des carrières. La multiplication des projets enrichit les schémas classiques, purement verticaux, qui valorisent une maîtrise technique croissante et s'inscrivent dans la durée. D'un schéma de progression purement vertical, des parcours horizontaux (où l'on passe de projets en projets) ou bien basés sur l'alternance sont désormais possibles. Confier un projet à un jeune cadre nouvellement recruté ou à fort potentiel peut l'aider à construire une vision d'ensemble et développer des compétences de management qu'il aurait mis plus de temps à acquérir dans le cadre d'un parcours initiatique au sein d'une fonction[1]. C'est le cas par exemple chez 3M, où on utilise ce mode d'intégration pour développer chez des jeunes ingénieurs généralistes une vision stratégique des affaires. Ce modèle n'est pas sans risques puisqu'il peut mener à une situation dite de « boule de flipper », où la personne passe d'un projet à un autre au gré des opportunités sans jamais s'inscrire dans les filières-métier reconnues dans l'entreprise. Comme nous confiait récemment un directeur des ressources humaines : « On ne remplacera pas une expérience de 10 ans dans un domaine d'expertise par 10 expériences d'un an sur des projets. En termes de gestion de carrière, une situation de "niches" de chef de projet peut assez vite se transformer en "prison" ».

1 Sur la question de l'identification et du développement du potentiel, voir l'ouvrage de Bournois F. et de Roussillon S., *Préparer les dirigeants de demain*, Éd. d'Organisation, 1998.

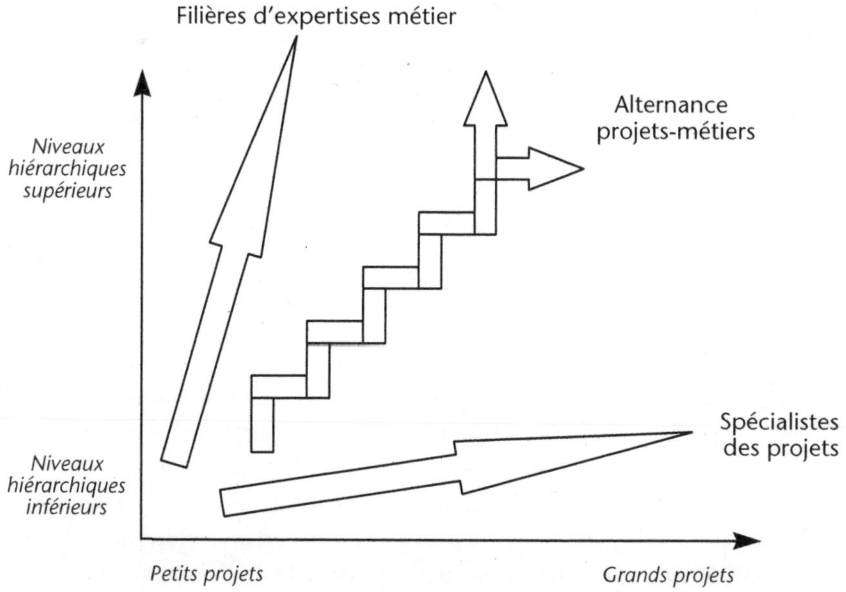

Figure 8.3 – Divers modes de développement de carrière

L'alternance métiers-projets apparaît donc comme une option séduisante. Néanmoins, elle n'est pas sans soulever d'épineuses questions. Par exemple, comment inscrire dans le cadre de définitions de postes des connaissances acquises dans les projets, en dehors de ces postes ?

Comme le remarque Pierre Leclair[1] : « Dans un projet, les individus engagent des apprentissages : vivre dans l'ambiguïté, acquérir des compétences de dialogue et de négociation. Ils ne sont plus seulement jugés sur leur capacité à appliquer des normes, mais aussi sur leur capacité à les faire évoluer. »

Comment faire reconnaître au sein des métiers ces parcours « déviants » ? Comment aider les acteurs projet à réussir le retour dans les métiers et comment faire en sorte que toute l'énergie des personnes ne soit pas consacrée à leur « reconversion », dans les derniers temps du projet ?

1 *http://im.edfgdf.fr.*

Pourquoi ne prendriez-vous pas des « congés sabbatiques » ?

Cette société d'ingénierie, spécialisée dans la gestion, traitement et transport des flux liquides, participe à la conception et réalisation d'unités industrielles de grande taille partout dans le monde (raffineries, plates-formes pétrolières, centrales nucléaires, traitement des eaux, usines chimiques...). Elle fonctionne par affaire : chaque grosse opération a à sa tête un chef de projet, qui passe souvent plusieurs mois dans des zones géographiques hostiles, avec la responsabilité totale de la réalisation technique du projet sur le terrain. Ces charges très lourdes sont compensées par un « temps sabbatique » systématique, offert à chaque chef de projet quand sa mission est terminée. Faisant fonction de « sas psychologique », cette période de transition entre deux projets (généralement comprise entre 3 et 9 mois maximum) vise avant tout à permettre à l'individu de récupérer physiquement et psychologiquement d'une période prolongée de stress intense et d'une vie quotidienne « en huis clos », prisonnier d'une plate-forme au milieu de l'océan, d'un barrage au fin fond de la Sibérie ou d'une usine perdue dans le désert. Le chef de projet profite aussi de cette période pour choisir et se positionner pour sa future mission (ce qu'il n'a pu faire avant car il était trop isolé) et pour réactiver son réseau social au siège de l'entreprise. Ce dispositif fonctionne d'autant mieux que les dates de disponibilité des personnes et les opportunités offertes coïncident rarement. C'est donc un dispositif mutuellement avantageux, pour l'individu comme pour l'organisation. ■

Ces quelques exemples, tant sur l'évaluation de performance que la rétribution et la gestion des carrières, montrent que le recours de plus en plus fréquent au mode projet brouille les cartes des organisations bien huilées. Les systèmes de gestion des ressources humaines ont bien du mal à intégrer la segmentation et la différenciation croissantes des populations, des situations et des modes d'organisation.

Les projets induisent de nombreux changements à moyen terme, souvent subis, mal anticipés, occultés par des perspectives prometteuses d'innovation ou de performance immédiates. Le développement d'une meilleure compétitivité du fait des projets a donc un prix : faire évoluer l'organisation pour appréhender des logiques nouvelles, plus transversales et faire cohabiter des systèmes permanents (l'organisation en place) et provisoires (les projets). Comme le dit Xavier Baron[1] : « La GRH

---

1 Baron X., « Les Enjeux de la gestion des salariés travaillant dans les structures par projet », *Gestion 2000*, n° 2, 1993.

est interrogée sur sa capacité à renoncer au modèle de la gestion uniforme au profit de gestions diverses, adaptées et elles-mêmes évolutives en fonction des structures et des enjeux. »

En synthèse, il peut être utile de replacer nos propos dans une perspective générale de prise en compte du degré de maturité collective en matière de culture projet.

On constate qu'une organisation (et des individus à l'intérieur de cette organisation) *passe par différents stades de maturité* et de savoir-faire en matière de projet, tels que présentés sur le schéma suivant :

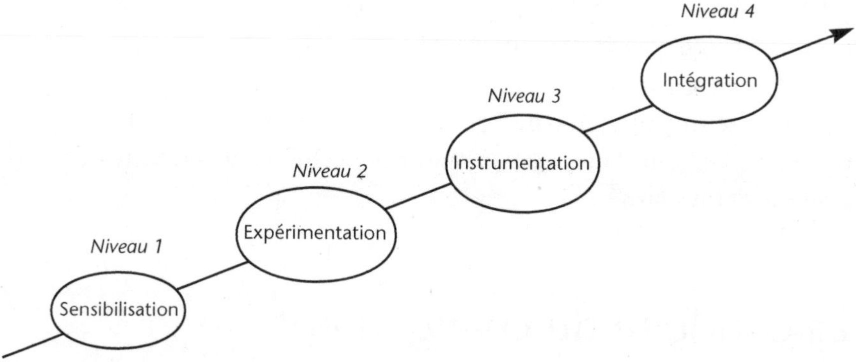

Figure 8.4 – La courbe de maturité d'une organisation en matière de culture projet

- *Niveau 1 : Sensibilisation.* Le mode projet n'est pas ou peu employé dans l'entreprise. Au mieux, quelques expériences isolées existent, mais elles demeurent rares. Ce n'est quand même pas un niveau 0 : toutes les entreprises aujourd'hui sont peu ou prou sensibilisées au management de projet, même si celles de niveau 1 le pratiquent peu.
- *Niveau 2 : Expérimentation.* Des projets existent dans l'entreprise, sous forme expérimentale. Ils sont initiés localement par des individus ou des équipes, dans les unités, filiales, services... Leur succès repose principalement sur la volonté des personnes impliquées, sur leurs compétences, motivation, ténacité, énergie personnelle... Au sein d'un ensemble organisationnel donné, les pratiques sont donc hétérogènes, chacun ayant son point de vue, son expérience, sa façon de faire...
- *Niveau 3 : Instrumentation.* Le management de projet est à ce stade une pratique stratégique d'ensemble et un axe d'investissement en tant que tel. Des dispositifs institutionnels sont créés pour soutenir les projets et leurs acteurs : formalisation de méthodologies, dévelop-

pement d'outils communs, mise en place de formations, attribution de ressources dédiées, communication intense sur le sujet... Bref, on encourage le recours au mode projet et on développe le professionnalisme des acteurs concernés.

- *Niveau 4 : Intégration.* Les efforts ne portent plus sur le soutien aux projets en tant que tel, mais sur les évolutions de l'organisation et de ses systèmes autour des projets : évaluation, rétribution, gestion de carrière, pour ne citer que ceux évoqués précédemment. Le management de projet est intégré comme un mode permanent de fonctionnement en tant que tel, qui cohabite désormais avec d'autres logiques antérieures. C'est toute l'architecture globale de l'organisation qu'il s'agit de repenser et de faire évoluer.

Et pourquoi ne pas se servir des projets comme levier d'évolution de cette architecture globale ? Nous nous situons peut-être ici à un cinquième niveau sur la courbe de maturité : celui de la conduite du changement par les projets.

La conduite du changement par les projets

On voit donc qu'introduire de façon massive des projets n'est pas neutre pour l'organisation en place et suscite une mise en tension au niveau des structures, des modes de régulation, des systèmes de gestion, des pratiques de management. On constate que ces « perturbations » sont soit subies par des entreprises qui les découvrent *a posteriori*, soit au contraire inscrites dans le cadre d'une stratégie voulue, explicite et peu ou prou pilotée. On est alors dans le cas d'une démarche volontaire de transformation de l'organisation par l'intermédiaire des projets. C'est ce que nous appellerons ici « transformation par les projets ».

Le management de projet, généralement conçu pour satisfaire un besoin ponctuel et spécifique dans des contraintes de coûts, délais, qualité, ne constitue plus un but en soi, mais devient un instrument vecteur du changement organisationnel et humain. L'exemple ci-dessous offre quelques éléments de connaissance pratique des conditions du changement par les projets.

Cas d'entreprise

Le cas de la société de service

Cet important cabinet de conseil juridique et fiscal international a pratiquement connu une croissance ininterrompue pendant une dizaine d'années. Pour soutenir cette croissance, l'organisation s'est structurée suivant une logique de croisement entre des « centres d'activités » et « des pôles de compétences » (figure 8.6, page 173).
Les pôles de compétences, assez diversifiés (juridique, fiscal, finance, protection sociale, couverture des risques, etc.) sont apparus progressivement au cours du temps et regroupent chacun en leur sein entre 10 et 50 intervenants spécialisés. Ces équipes d'experts sont au service des centres d'activités eux-mêmes responsables du suivi, de la prise en charge et du développement de segments de clientèles précis (secteur des services, de l'industrie, de la santé, des associations et ONG, etc.). Chaque centre d'activités dispose de ressources de prospection et de suivi commercial, de gestion administrative des dossiers, de la promotion-communication propre à chaque cible de clientèle. Des relations de clients-fournisseurs régissent les échanges entre les deux branches.
Les atouts principaux d'une telle structure sont une grande souplesse d'ensemble (possibilité notamment d'ouvrir ou de fermer de nouveaux pôles de compétences ou centres d'activités) et un développement rapide et permanent des expertises, au sein d'équipes homogènes, affranchies de toute la relation commerciale et administrative avec les clients.
Cependant, au fil du temps, un certain nombre de difficultés, assez classiques d'ailleurs dans les structures matricielles, sont apparues : coûts de coordination entre les deux lignes de la structure, forte culture professionnelle au sein des pôles de compétences au détriment de la culture client, problème de reconnaissance et de légitimité des centres d'activités vis-à-vis des pôles de compétences où se trouvent les expertises, ajustements mutuels et rapports interpersonnels informels de plus en plus difficiles au fur et à mesure de la croissance des effectifs.
Bref, au début des années quatre-vingt-dix, la structure matricielle, pertinente dans un contexte de croissance, était remise en cause lors d'un séminaire de direction. L'effort collectif devait désormais porter sur la rationalisation et le contrôle des coûts. La question était alors la suivante : quelle nouvelle structure mettre en place en regard d'une stratégie nouvelle de consolidation et non plus de développement, et comment mener le changement dans un contexte social très sensible où les individus-clés associent leur pouvoir à leur degré d'expertise ?

Que vient faire le management de projet dans cette histoire ? Il s'agit d'un cas classique de réorganisation. On imagine aisément un travail mené au sein d'une équipe de direction qui débouche sur un choix de nouveau mode d'organisation des activités, avec ou sans consultation ou participation interne préalable.

Peut-être va-t-on préférer une deuxième option qui consiste à créer une équipe projet interne (éventuellement assistée de consultants externes), chargée de faire un diagnostic, de proposer plusieurs scénarios de structure et, éventuellement, mettre en place celle qui aura été choisie. Nous serions ici dans le cas d'un « projet de changement ».

En fait, c'est une troisième voie qui a été choisie : celle d'une stratégie explicite de mise en mouvement collective par le biais des projets : « le changement par les projets ».

Cas d'entreprise

Concrètement, la direction a identifié 6 projets décrétés « stratégiques », qu'elle a confiés à des jeunes cadres à haut potentiel, particulièrement impliqués dans la vie de l'entreprise. Par exemple : construction d'une offre adaptée aux PME, nouveau mode d'affectation du temps des consultants sur contrats, capitalisation d'affaires exemplaires, développement d'une méthodologie en matière de prédiagnostic rapide... On le voit, l'objet des équipes projets est nettement centré sur le développement et l'innovation. La taille des groupes est assez importante (entre 10 et 12 personnes), pour favoriser une plus grande créativité. Soixante-dix personnes environ ont donc été concernées en tant que membre d'une équipe projet.

Ce mouvement d'ensemble s'est prolongé par une deuxième vague de chantiers d'innovation, du même type que les premiers mais dans d'autres domaines, qui ont permis à d'autres consultants de s'impliquer. Les premiers volontaires ont joué un rôle « d'évangélistes » par la promotion de l'intérêt d'une telle démarche et ont contribué fortement à susciter des velléités de participation.

Ce sont bien de véritables équipes projets qui ont été formées, autour d'un objectif unique et précis, borné dans le temps, autonomes sur leurs méthodes de travail, pilotées par des chefs de projet, avec un engagement de résultat. Un des principes fondateurs de la composition des groupes a été celui de la mixité systématique des profils des participants :

chaque équipe projet a regroupé systématiquement des représentants de tous les centres d'activité et de tous les pôles de compétences.

Un autre point clé est la perspective opérationnelle et très finalisée de ces équipes projets. L'objectif des équipes ne s'est pas limité à une simple analyse de faisabilité mais s'est prolongé jusqu'à la mise en place réelle des idées émises, en étroite collaboration avec les autres acteurs concernés dans l'entreprise.

Cet engagement a développé une dynamique de démultiplication interne, pour toucher et associer progressivement un pourcentage important de l'effectif total du cabinet.

Cette démarche a été encadrée par un groupe de pilotage, qui a joué le rôle traditionnel de coordination, impulsion et soutien méthodologique mais a également assuré une fonction de suivi permanent de la démarche d'ensemble.

Quels enseignements pouvons-nous tirer de cet exemple, et en quoi éclaire-t-il la question de la transformation des organisations par les projets ?

L'évaluation des résultats de la démarche présentée dans le cas du cabinet de conseil doit s'effectuer à deux niveaux simultanés :

- le premier concerne les projets eux-mêmes et les réalisations concrètes menées au sein des équipes de travail ;

Les projets ont quasiment tous, après accord de la direction, donné lieu à une mise en place d'innovations réelles (élargissement de l'offre de service, dispositifs de gestion interne plus rigoureux, etc.).

- mais au-delà des apports intrinsèques des projets, l'évaluation du travail mené peut aussi se mesurer en termes de dynamique d'évolution induite par la démarche elle-même et de nouveaux comportements développés par les acteurs du fait du processus. Nous parlons bien de changement introduit par les projets.

Le problème, rappelons-le, était ici de faire évoluer une structure de type matricielle vers un mode d'organisation plus efficace et mieux adapté à une étape de rationalisation et de consolidation des activités.

Il peut apparaître comme paradoxal de constater que c'est au travers du lancement de nombreux chantiers d'innovation que s'est faite une évolution... vers plus de rationalisation !

Or dans un métier de prestation de service à forte valeur ajoutée, portée par un corps social de haut niveau de formation et en recherche permanente de stimulation intellectuelle, le pari a été fait de s'appuyer sur ce levier pour impliquer le plus grand nombre dans une logique de changement.

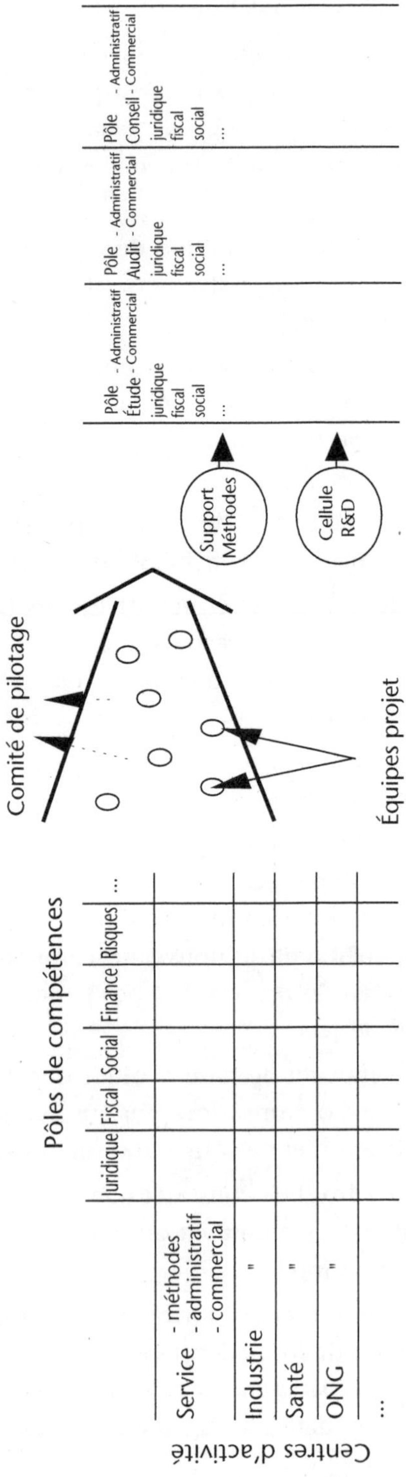

Figure 8.5 – Représentation du processus de changement dans la société de service

C'est moins le résultat visible des projets qui compte, que la dynamique du travail en équipe mixte, expérimentée au sein des groupes projets. La pratique de la transversalité et la découverte mutuelle de personnes ayant eu auparavant peu de contacts ont généré de multiples idées pour travailler ensemble de façon différente dans le futur.

Le comité de pilotage a eu comme fonction de recueillir ces suggestions, de les formaliser dans des scénarios de structures possibles, sur lesquels le corps social pouvait réagir en expérimentant, au sein de petits groupes, tout ou partie des nouvelles structures proposées. L'activité de capitalisation permanente menée par les membres du groupe de pilotage a donc été essentielle. En plus de comptes-rendus formalisés demandés à chaque groupe projet, les membres du comité de pilotage ont été très présents au sein même des équipes, tenant une position d'observateur permettant le recueil d'idées en direct.

Cas d'entreprise

La structure a été finalement reconfigurée autour de ce qui est apparu au sein des groupes comme 3 métiers de base (étude, audit, conseil) dans lesquels ont été réintégrés un back-office administratif et une force commerciale. Seuls un centre de support méthodologique (suivi des consultants, méthodes internes, GRH) et une petite cellule de recherche et développement fonctionnent désormais sur le mode matriciel.

C'est l'expérience du travail en commun acquise au cours des projets qui a permis de tester l'idée d'un regroupement autour de 3 savoir-faire principaux et qui a validé, au travers de thèmes applicatifs supports aux équipes projet, la faisabilité humaine d'une telle restructuration.

Le management par projets comme une dynamique d'apprentissage collectif

Le cas de la société de service illustre bien la thèse que l'introduction massive de dispositifs projets dans une organisation change les modes de fonctionnement habituels et développe de nouveaux comportements et savoir-faire chez les personnes qui s'y impliquent.

Au sein même des équipes projets, la nécessité de faire converger vers un but unique et finalisé des apports individuels différents représente un espace privilégié d'apprentissage et d'évolution des comportements de travail. On peut ainsi observer des évolutions, certes inégales en fonction des individus et parfois modestes, mais qui se situent bien dans le cadre des finalités du changement : une meilleure ouverture à la transversalité, une conscience client et une créativité collective accrues, une plus grande attention sur les coûts et effets d'échelle.

Nous sommes ici au cœur d'une situation d'apprentissage (appelée parfois « en simple boucle »[1]) où ces nouveaux comportements s'expérimentent, s'acquièrent et se transmettent dans le cadre d'équipes projet. Comme le dit D. Leroy : « Les hommes font des projets tout comme les projets font les hommes. »[2]

Mais l'apprentissage s'effectue également à un autre niveau, en dehors des équipes projet elles-mêmes. Dans le cas du cabinet de conseil, les chantiers de développement, pour les mettre en œuvre, ont nécessité la participation et l'implication d'acteurs de l'organisation qui n'appartenaient pas aux groupes projet en charge de l'opération. Les nouveaux comportements et méthodes de travail acquis au sein des équipes projet ont donc été démultipliés à l'extérieur de leur frontière et ont induit une évolution plus globale de l'ensemble de l'organisation, traduite *in fine* par un nouvel organigramme.

Cette illustration introduit l'idée que le changement se propage comme un processus d'apprentissage collectif et organisationnel, basé sur le principe d'expérimentation de méthodes et de comportements nouveaux dans des espaces ciblés conçus pour cela (les projets) et qui génèrent des effets « tâches d'huile » directs (d'autres projets) ou indirects (évolution progressive de l'ensemble des comportements et des modes de travail, voire de la structure d'organisation). Nous pouvons parler « d'apprentissage par et dans les projets »[3].

Cet apprentissage se situe à un niveau cognitif. En effet, le management par projet agit également au niveau des représentations. Il permet de confronter les visions existantes (sur l'organisation du travail, sur les rôles et compétences des uns et des autres, etc.), mais également d'instaurer une dynamique cognitive collective autour d'un processus et d'un parcours d'évolution où chacun peut trouver sa place. Il s'agit ici d'un véritable apprentissage organisationnel « en double boucle », dans le sens où émergent de nouvelles normes collectives, conduisant

1 Argyris C. et Schon D., *Organizational learning : a theory of action perspective*, Addison Wesley, 1978.
2 Leroy D. (1996), « Le Management par projets : entre mythes et réalités », *Revue Française de Gestion*, janvier-février 1996, p. 109-120.
3 *Ibid.*

à transformer les règles du jeu d'un système social et à les « encoder »[1] progressivement dans un nouveau cadre organisationnel.

Il est d'ailleurs intéressant de confirmer l'idée que les projets, conçus dans une optique de rationalité, de recherche d'efficacité maximale et sous le regard permanent d'indicateurs de gestion précis et rigoureux (coûts, délais, qualité), peuvent également répondre à des objectifs sous-jacents de nature plus immatérielle et moins maîtrisable : changement culturel, modification des comportements individuels et collectifs, évolution des valeurs...

Le management par projets : entre délibération et émergence

Une autre lecture complémentaire peut être discutée à la lumière de ce cas. Elle fait appel à deux conceptions extrêmes en matière de conduite du changement qui sont généralement mises en opposition :

- *Une approche top-down* (appelée parfois « stratégie délibérée ») qui conçoit le changement comme une démarche planifiée *a priori,* issue d'une intention d'un dirigeant et formalisée dans un plan d'action le plus exhaustif possible. Cette conception est parfois qualifiée de balistique, au sens où elle repose sur « une idée de trajectoire pour atteindre une certaine cible, que l'on s'efforcera de suivre sans déviation »[2]. Appliqué à un cas de réorganisation, on se trouve dans le scénario où un (ou plusieurs) dirigeant a défini une nouvelle structure et suit un plan d'action aux étapes très précises pour la mettre en place.
- *Une approche bottom-up* (appelée parfois « stratégie émergente »), définit à l'inverse le changement comme le produit de manifestations locales apparemment dispersées dont on n'identifie la forme globale qu'*a posteriori.* C'est le règne de l'auto-organisation, où un ordre « non intentionnel » émerge de la diversité des actions menées dans l'entreprise par de multiples acteurs.

Dans le cas du cabinet de conseil relaté ici, nous nous situons au carrefour de ces deux approches extrêmes.

Des orientations stratégiques générales ont été formulées au départ : elles se réfèrent à une approche top-down (rationalisation, effets d'échelle, optimisation des relations interfonctionnelles, etc.). C'est dans le cadre de ces grands axes que se sont développées des actions sur le terrain diverses et variées, au sein des équipes projet.

---

1 Senge P., *The fifth discipline*, Doubleday, 1990.

2 Avenier M.-J., « L'Action stratégique en milieu complexe : repères », *Working Paper* n° 95-04, Grasce, mai 1995.

Cette « émergence » a permis de préciser, traduire, donner du sens et matérialiser les orientations stratégiques des dirigeants.

La vision stratégique favorise la compatibilité mutuelle des projets et leur cohérence. Elle fournit un cadre porteur de sens dans lequel peuvent se construire des projets adaptés à leurs contextes propres et qui, en retour, reconstruisent en permanence la perspective stratégique.

Dans ce schéma, la réalité des projets et la vision stratégique contribuent à se façonner mutuellement. Le projet constitue donc le lieu privilégié où se construit cette rencontre entre « délibération » et « émergence » et façonne un cadre stratégique qui n'apparaît plus comme imposé et subi, mais au contraire comme support à la conduite d'actions de changement issues des acteurs eux-mêmes.

Généralement envisagé sous l'angle de la satisfaction du besoin ponctuel et spécifique d'un client externe, nous avons cherché à montrer empiriquement que le champ d'action des projets s'étend également à la transformation du fonctionnement interne de l'entreprise, donc à la réalisation d'une stratégie de changement majeur.

Introduire le management par projets consiste donc à choisir la voie d'une dynamique d'apprentissage collectif et organisationnel et d'une certaine auto-organisation.

Le management par projets : levier du changement dans le secteur public

L'exemple du cabinet de conseil n'est pas un cas isolé : plusieurs entreprises publiques ont recours à ce type de démarche pour mener des changements de masse… dont on imagine bien qu'ils sont difficiles.

On trouve donc de nombreuses actions similaires chez EDF-GDF, à La Poste[1] ou encore dans le secteur hospitalier.

À titre d'exemple, voici l'extrait d'un article[2] rédigé en 1997 par un dirigeant de France Télécom : les similitudes avec le cas du cabinet de conseil sont frappantes.

« […] les nouvelles exigences d'un environnement marqué par la disparition des situations de monopole imposent aujourd'hui une faculté de mobilisation de toutes les compétences (recherche, marketing, logiciels, exploi-

1 Pour le détail d'une démarche identique à La Poste, se référer à Picq T. et Bompar L., « Comment utiliser le management par projet comme levier du changement comportemental ? Réflexions à partir d'une étude de cas », *Revue Gestion*, vol. 23, n° 4, hiver 1998-1999.

2 Fouquet J.-D., *Capitalisation et diffusion du savoir-faire projet à France Télécom, http://im.edfgdf.fr.*

tation, international, etc.) autour d'objectifs communs. [...] Afin de créer des conditions favorables à des comportements collectifs plus transversaux, la direction générale de France Télécom a sélectionné un portefeuille de 15 projets stratégiques transversaux, à enjeux forts pour l'entreprise et dont l'organisation et le fonctionnement ont été jugés exemplaires quant aux nouveaux modes de management que l'on souhaitait introduire. [...] Des équipes projet ont été créées.

Elles fonctionnent en mode matriciel, avec un noyau dur de quelques personnes et des contributeurs dans les différentes fonctions. [...] Les 15 directeurs de projet, garants de la tenue des objectifs, sont chacun directement rattachés à un pilote, qui anime la maîtrise d'ouvrage. [...] Parallèlement, a été créée une cellule « animation » chargée d'impulser la démarche, de capitaliser et de diffuser l'expérience collective progressivement acquise. [...] Au-delà des productions tangibles de chaque projet, les acquis de cette première phase sont également de nature comportementale, notamment par la pratique de comités directeurs permettant une prise de décision collective sur la base de décisions formulées par le directeur du projet.

On assiste ainsi à un renforcement simultané de la maîtrise d'œuvre et de la maîtrise d'ouvrage. [...]

Les acquis du fonctionnement par projet sur les 15 opérations prioritaires ont permis d'engager une deuxième phase d'extension de la démarche. [...] c'est ainsi qu'un an et demi plus tard, une cinquantaine de nouveaux « projets majeurs » ont été identifiés sous maîtrise d'ouvrage de chaque direction (projets internationaux, de R & D, de développement commercial, de système d'information...).

Depuis 1995, la cellule « animation » assiste à leur tour les directeurs régionaux pour les aider à démultiplier au niveau régional la culture projet naissante. [...] Un club d'échange d'expériences réunit désormais 17 directions régionales sur les 51 que compte France Télécom ».[1] ■

Cas d'entreprise

Dans le cas du cabinet de conseil, la conduite du changement par le management par projets fut menée selon 4 facteurs-clés de succès :

– « l'effet de masse », obtenu par un nombre important de projets menés simultanément et aptes à soutenir la dynamique de changement ;

– le rôle d'orchestration de la direction générale ;

»

1 L'article a été rédigé en 1997. Les chiffres cités sont ceux de l'époque.

» – une réelle volonté non manipulatoire de faire évoluer des stratégies initiées par la direction (délibération) à partir de la traduction que peuvent en faire les acteurs de terrain (émergence) ;
– accepter l'expérimentation comme lieu d'apprentissage de l'autonomie et de l'initiative. C'est dans des dispositifs de type projet, ouverts à des démarches d'essais-erreurs que peut se propager un changement balisé, limité dans son périmètre mais réellement partagé et approprié (Midler, 1998).

Même s'il ne faut pas faire de la vision présentée ici un nouveau one best way, l'hypothèse du recours au management par projets pour susciter un apprentissage pourrait constituer une grille de lecture intéressante permettant de mieux comprendre la dynamique de changement et d'évolution des comportements collectifs dans les entreprises, ou encore, comme le dit Gareth Morgan[1], de « regarder l'organisation comme un système qui se construit lui-même et qui se remet en cause tout en offrant un rôle premier aux acteurs dans ce processus ».

Cette approche pourrait constituer une alternative aux logiques dominantes actuelles de changement radical, qui consistent à faire « table rase » de l'existant et à « reconfigurer » sur des bases totalement nouvelles l'entreprise.

Pertinent dans des contextes bien spécifiques (crise, urgence, effet « électrochoc », etc.), le reengineering présente des limites et risques bien connus. Dans des situations d'anticipation et de prévention, il paraît plus pertinent de s'appuyer sur la mise en place de processus apprenants, basés sur le principe de progression permanente à partir des ressources humaines existantes et de leur capacité à évoluer, par incrémentations successives.

1 Morgan G., *Images de l'organisation*, Éd. Eska, 1989.

L'essentiel

- **L'enjeu des équipes projet** n'est pas seulement de coordonner des contributions expertes disjointes mais de développer des capacités à coopérer.
- **Les expertises individuelles** ne valent que par le maillage entre elles, au sein de l'équipe, ou avec d'autres, externes à l'équipe. Évaluer le résultat d'une équipe projet par le seul critère de l'atteinte de l'objectif n'est parfois pas suffisant : il faut tenir compte aussi de la méthode et des moyens utilisés, de la compétence collective acquise et du développement personnel des individus.
- **L'introduction** de multiples projets bouscule et remet en cause les systèmes traditionnels de GRH (évaluation de performance, rétribution, gestion des carrières, etc.). Il existe 4 niveaux de maturité d'une organisation en matière de culture projet : sensibilisation, expérimentation, instrumentalisation, intégration.
- **De façon volontariste ou subie**, formelle ou informelle, les projets constituent des outils et des vecteurs du changement de l'organisation, du management et des comportements des hommes.

Chapitre 9

Au-delà des projets, développer le management transversal

Executive summary

▶▶ **La généralisation** du mode projet nécessite de développer des compétences de management transversal, au niveau de l'ensemble de l'organisation.

▶▶ **D'importants efforts** de professionnalisation demeurent.

▶▶ **Ce chapitre** met en évidence 3 types de compétences managériales indispensables à la performance des projets dans les organisations modernes : les compétences d'interface, les compétences de délégation et les compétences d'accompagnement.

Nous avons vu tout au long de cet ouvrage que le recours aux projets constitue un mouvement de fond irréversible et s'avère un outil efficace pour mener à bien des situations uniques et complexes (projets événementiels, grands travaux, ingénierie...) ; renouveler des gammes de produits et innover (nouveaux modèles d'automobiles, nouveaux médicaments, nouveaux services...) ; ou encore mener des changements organisationnels internes (projet de certification qualité, de restructuration, de système d'information...).

Certaines entreprises ont même intégré ce mode de fonctionnement de façon structurelle dans leur organisation en mettant en place un système de management par projet. Ce niveau recouvre une problématique plus globale et plus large que le simple pilotage d'un projet puisqu'il s'agit d'intégrer durablement le mode projet au niveau de toute l'entreprise. Manager par projet impose notamment de savoir identifier et caractériser les différents projets, de les positionner et de les coordonner les uns par rapport aux autres, de respecter des objectifs et contraintes d'ensemble, en conciliant souvent le mode projet avec d'autres modes de fonctionnement (structure hiérarchique fonctionnelle notamment).

Aujourd'hui, même si des ajustements sont toujours à prévoir, il est peu envisageable d'assister à une remise en cause de la généralisation du management de et par projet, devenu un mode de fonctionnement « évident » des entreprises et organisations.

D'importants efforts de professionnalisation des acteurs demeurent

Pour soutenir et accompagner le développement rapide des projets dans les entreprises, de nombreux efforts ont été engagés. Ils se situent essentiellement à deux niveaux :

- *Développements méthodologiques* : passent par une formalisation de référentiels, de démarches et d'outils propres à chaque entreprise et qui permettent une diffusion rigoureuse des bonnes pratiques qui sont apparues avec l'expérience comme les plus appropriées pour un secteur ou une entreprise donnée. Toutes les organisations de grande taille disposent aujourd'hui de « méthodologies maison » à disposition des acteurs projet.
- *Mise en place de structures dédiées* : chefs de projet détachés de la structure hiérarchique classique, direction de projet, comités de pilotage, fonctions supports, experts internes... dont le rôle est d'accompagner

le développement des projets au sein d'une organisation, de formaliser des méthodes, de capitaliser et de diffuser des savoir-faire ou encore d'organiser à une grande échelle le pilotage des projets.

Notons au passage que le recours à des experts externes (consultants notamment) est une pratique courante. L'offre abondante sur le marché (en formation comme en conseil) est aussi un bon indicateur de la maturité du sujet.

Peut-on pour autant considérer que le management de/par projet fonctionne aujourd'hui de façon optimale dans les entreprises ? La réponse que l'on peut porter reste mitigée. La démarche semble encore, aujourd'hui, au « milieu du gué ».

En effet, les actions au niveau des méthodes et de l'organisation butent encore sur des difficultés dans leur mise en œuvre pour que le management de/par projet atteigne vraiment tous ses objectifs. Dans de nombreuses entreprises, la valeur ajoutée des projets reste bien en deçà des espérances, même pour celles qui ont massivement investi dans des méthodologies, formations et outils.

« Hit-parade » des commentaires des dirigeants concernant les projets[1]

Quand on interroge des dirigeants sur leur perception de l'efficacité des projets au sein de leur organisation, des commentaires reviennent de façon récurrente, révélateurs de difficultés chroniques. Voici le « hit-parade » des verbatim les plus fréquemment rencontrés :

- Le fonctionnement en comité de pilotage est maintenant bien connu, mais quelle est son efficacité si ce comité est incapable de décider ?
- Le fonctionnement en équipe de projet dédié est également bien appliqué, mais les conflits avec les hiérarchiques métiers restent nombreux.
- Les méthodes de gestion de projet sont solidement implantées, mais comment faire évoluer les comportements pour pouvoir tirer pleinement profit de ces outils ?
- Les méthodes de conduite de projet sont utiles, mais quelle est leur efficacité si le projet n'est pas porté comme il convient par son commanditaire ?
- Le fonctionnement en mode transversal, porteur de changement, souffre encore de nombreuses résistances.
- Comment développer et généraliser des pratiques de management par projet pérennes au niveau global d'une entreprise ?
- Comment concilier sans opposer les activités projet et les activités récurrentes et stables de l'entreprise ?

1 D'après une analyse menée par François Chereau, INSEP Rhône-Alpes.

Le frein majeur qui ressort des commentaires de dirigeants est celui de la transversalité. L'introduction et la généralisation des projets poussent à une lecture plus horizontale des organisations, bousculent les modes de fonctionnement habituel de ses acteurs, et créent de la résistance au changement.

L'ensemble de cet ouvrage a voulu montrer que travailler en mode projet nécessite des compétences et des savoir-faire spécifiques, pour tous ceux qui composent les équipes projets ou qui en assurent le pilotage.

Il nous semble essentiel de prendre un peu de recul dans ce dernier chapitre pour évoquer également le rôle des autres acteurs de l'organisation, et plus particulièrement deux parties prenantes majeures, qui structurent l'activité des acteurs opérationnels du projet, à savoir le commanditaire (ou autrement dit le maître d'ouvrage) et les hiérarchiques métiers. En effet, si le chef de projet et son équipe rapprochée doivent apprendre à travailler de façon transversale, les autres acteurs importants dans le reste de l'organisation doivent également « jouer le jeu », et soutenir les efforts du projet.

Les métiers, départements et services de l'entreprise doivent sortir du cadre de leur périmètre d'activité traditionnel pour participer (en contribuant directement ou en délégant des ressources) à des activités projet qui ne les concernent que partiellement. *Ils doivent continuer à atteindre l'excellence dans leur domaine de compétences tout en contribuant à l'avancée de projets transversaux qui ne les concernent que pour partie.*

Les instances dirigeantes (comités de direction, comités de pilotage...), quant à elles, doivent savoir faire des choix, établir des priorités d'ensemble, suivre l'avancée de divers chantiers et arbitrer sur des ressources, dans le cadre d'une stratégie globale. *Ils doivent à la fois déployer une vision globale (et donc transversale) de l'activité, tout en soutenant localement les projets qui leur semblent prioritaires.*

La thèse que nous allons défendre dans ce chapitre est qu'il subsiste selon nous, dans les entreprises, un déficit de compétences managériales d'ensemble, qui freine l'optimisation des projets et le développement de la transversalité. Les principes, outils et méthodes de gestion de portefeuille de projet existent et sont généralement connus et appliqués. Par contre, subsistent de nombreuses difficultés liées au partage des rôles et responsabilités, au fonctionnement transversal, aux conflits de territoires, aux processus de décision et de coordination... bref, *aux questions de management !*

L'évolution des pratiques de management à la hauteur des développements techniques et méthodologiques est aujourd'hui une condition fondamentale de réussite du management de/par projet. *C'est sur le point particulier de la capacité de l'ensemble des parties-prenantes à jouer un rôle transversal que repose désormais le succès ou l'échec des projets.*

Développer des compétences de management transversal

Transversalité : de quoi parle-t-on ?

La transversalité est un autre « mot-valise », utilisé fréquemment sans bien savoir ce qu'il désigne précisément. Les projets sont par nature des situations transversales, puisque le principe de base est de réunir autour d'un même objectif des individus porteurs de ressources (compétences, expériences, informations...) différentes qui, si elles se combinent bien, permettent d'obtenir un résultat qu'aucun séparément n'aurait pu atteindre. Voilà pour la théorie. Cependant, il est évident que différents types et degrés de transversalité existent. Entre une équipe homogène qui mène, en circuit fermé, une activité ponctuelle et limitée dans le temps et l'organisation d'un événement comme les Jeux olympiques, associant une myriade de métiers au niveau planétaire, le contenu de la dimension transversale du projet n'est évidemment pas le même !

La localisation d'un projet au sein d'une organisation est un indicateur intéressant du degré de transversalité d'un projet. Identifier où se situe un projet permet de clarifier les choses. Construisons une représentation fictive de différentes localisations possibles des projets dans une organisation donnée.

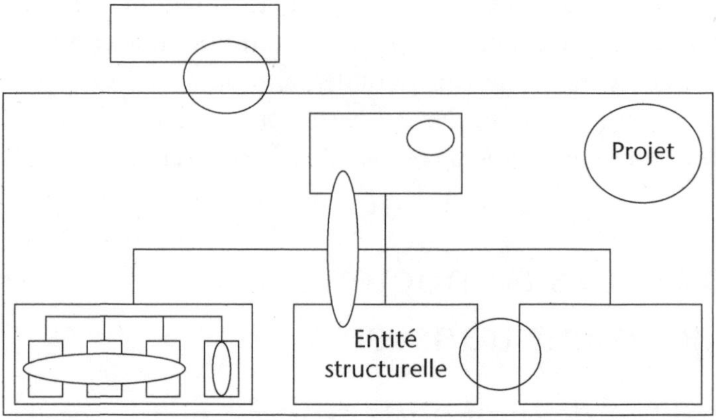

Figure 9.1 – Différentes localisations des projets pour différents types de transversalité

Les rectangles représentent les unités structurelles de l'entreprise (les services, départements, fonctions, filiales...), les cercles représentent les projets.

Différentes localisations sont observables :

- *Projet entre l'entreprise et des partenaires extérieurs* (consultants, sous-traitants, partenaires industriels ou commerciaux, alliances...). La transversalité est issue des diverses appartenances organisationnelles des acteurs concernés. Les enjeux portent ici sur la capacité à générer une relation « gagnant-gagnant » et à profiter des complémentarités entre les partenaires.
- *Projet au sein du siège* (exemple : projet stratégique, projet de changement, de restructuration, d'internationalisation...). La transversalité est de type hiérarchique. Les enjeux portent ici sur la capacité à concevoir et à mener des actions d'ensemble par la direction générale et d'en faire accepter les résultats au sein des filiales.
- *Projet « sorti »*. C'est le cas par exemple des projets d'innovation pure, où les modes de fonctionnement dominants dans l'organisation peuvent constituer des freins à la créativité et à l'innovation. Le projet est autonome, indépendant d'une structure d'ensemble, avec des ressources dédiées (hommes, budget, moyens...). L'enjeu est alors de maintenir des relations entre le projet et la structure permanente, sans tomber ni dans la marginalisation ni dans l'excès de dépendances.
- *Projet inter-unité*. Il s'agit de coopération ponctuelle entre deux filiales, fonctions ou unités. Par exemple, pour acheter des matières premières moins chères, deux filiales vont développer un projet de création d'une centrale d'achat. La transversalité présente dans ce cas

un caractère identitaire : plusieurs personnes de même métier (ingénieurs par exemple) mais issus de filiales ou unités d'appartenance différentes vont être amenées à coopérer de façon temporaire, dans le cadre d'un objectif commun.

- *Projet intra-unité.* Il s'agit de l'approche traditionnelle des équipes plurielles, où plusieurs fonctions et expertises différentes travaillent ensemble. La transversalité s'exprime ici sous l'angle des compétences : des experts techniques, du marketing, de la gestion, des ressources humaines... tous issus de la même filiale doivent faire face à l'enjeu de mettre leurs compétences respectives au service d'une œuvre commune.
- *Projet intra-fonction.* Ce sont des situations où les acteurs appartiennent au même service, département ou fonction et donc partagent un même référentiel de compétence. La transversalité est, de ce fait plus réduite et la source principale d'hétérogénéité provient essentiellement des différences individuelles, en fonction des expériences, personnalités et profils de chacune des personnes.
- *Projet interculturel.* On l'a vu dans le chapitre précédent, l'éclatement des projets sur plusieurs territoires crée des risques de dysfonctionnements et des difficultés spécifiques en termes de communication, organisation, coordination, liés à la perte de proximité physique. S'ajoute bien évidemment dans cette configuration une diversité de cultures nationales qui crée un terrain possible de malentendus encore plus large dans la mesure où ils portent sur des normes culturelles plus ou moins banales, qui régissent le comportement de tous les jours : savoir quand il faut s'excuser, comment et à quel moment demander la parole, etc. Les projets modernes deviennent fréquemment de véritables tours de Babel, où la question du management interculturel percute de plein fouet des chefs de projet qui y sont la plupart du temps insuffisamment préparés. Une étude menée aux États-Unis[1] a démontré qu'une équipe de culture nationale hétérogène était deux fois plus susceptible d'échouer dans l'exécution d'un projet qu'une équipe de culture homogène. Par contre, selon la même étude, l'équipe culturellement hétérogène arrivait aussi deux fois plus souvent à des résultats supérieurs à la moyenne. Avec de tels risques et un tel potentiel de performance, cela vaut bien la peine d'essayer de mieux comprendre les dynamiques interculturelles qui marquent la vie et le travail d'une équipe projet.

1 Selon Christopher Schoch, dans un article sur les équipes projet interculturelles, paru en 2005.

Exemple

Le cas des projets collaboratifs dans les pôles de compétitivité

Dans la tradition internationale des « clusters », les pôles de compétitivité français se mettent en place depuis l'été 2005 et ont lancé depuis cette date leurs premiers projets d'innovation. Leur ambition est de permettre aux territoires de développer des produits et services à forte valeur ajoutée, capables de soutenir la compétitivité internationale. Pour ce faire, ces projets collaboratifs font travailler ensemble des salariés de PME, de grands groupes et de laboratoires publics sur une même zone géographique : autrement dit, des acteurs relevant d'objectifs, de cultures professionnelles et de systèmes de GRH très différents.

Prenons l'exemple d'un des 6 pôles en France labellisés de « mondial », par leur envergure : « Minalogic », qui signifie « MIcro NAnotechnologies et LOgiciel Grenoble-Isère Compétitivité ». L'ambition est de construire dans la région grenobloise un centre de dimension internationale pour les solutions miniaturisées intelligentes, grâce à la mise en commun de moyens en micro-nanotechnologies et en technologies du logiciel. Dès sa constitution, pas moins de 47 acteurs ont décidé de s'associer formellement dans ce pôle de compétitivité : 28 entreprises (de la micro-électronique et du logiciel), 6 organismes de formation et de recherche, et une dizaine de collectivités locales. En 2010, Minalogic regroupe 116 membres, dont une trentaine de PME, aux côtés des « poids lourds » de l'innovation technologique comme le Commissariat à l'Énergie Atomique ou de grandes entreprises comme Schneider Electric ou STMicroelectronics.

Enfin, prenons l'exemple concret d'un projet en cours qui relève de la famille des logiciels embarqués et vise à élaborer des composantes technologiques pour davantage d'efficacité énergétique, notamment le développement d'un tableau électrique intelligent, communiquant, capable de s'interfacer avec son environnement et d'évoluer rapidement, grâce à de l'électronique miniaturisée et du logiciel très intégré. Une grande entreprise leader dans le domaine des appareillages électriques a réuni 11 partenaires dans cette perspective : 5 autres grandes entreprises relevant des secteurs de l'informatique, des télécommunications et de la distribution électrique, mais aussi 3 PME et 3 laboratoires de recherche. Avec un budget de 20,5 millions d'euros sur 4 ans, le projet A rassemble ainsi 127 personnes-années, et devrait se terminer fin 2011.

Un bel exemple de transversalité multiple !

Enfin, une autre source de transversalité, indépendante de la localisation des projets, mérite qu'on s'y attarde. Elle concerne la diversité des niveaux hiérarchiques et statuts représentés. Parfois en effet, comme l'illustrera l'exemple qui suit, différents niveaux hiérarchiques sont nécessaires au sein de l'équipe projet. La cohabitation entre des opérateurs, directeurs de fonction, membres de comités de direction, réunis au sein d'une même équipe n'est évidemment pas naturelle.

Exemple

Savoir laisser ses galons à l'extérieur de la salle de réunion du projet !

Cette entreprise agro-alimentaire est spécialisée dans la production et distribution de chocolat. Une équipe projet a été montée pour faire évoluer le conditionnement des produits. Lancé par le directeur d'usine, ce projet présente une dimension essentiellement technique, et porte surtout sur la capacité des machines constituant le parc industriel à traiter de nouvelles dimensions et formes d'emballage de chocolat. L'équipe est composée de 3 contremaîtres, 3 opérateurs, 2 membres du bureau d'études et du directeur qualité. Cependant, le marketing ne peut être oublié, car le conditionnement est une variable importante pour la définition des conditions de commercialisation. Le directeur marketing fait donc partie de l'équipe et donne son avis sur les impacts de tel ou tel changement technique touchant le packaging. La plus grosse difficulté du chef de projet est de faire comprendre au directeur marketing qu'il intervient dans cette situation bien précise en tant qu'expert seulement, et non pas en tant que directeur d'une fonction importante de l'entreprise. Il doit savoir « laisser ses galons à l'extérieur de la salle de réunion du projet, et changer de casquette ! »[1] pour ne pas risquer une moindre expression des opérateurs ou des contremaîtres, pour qui la prise de parole devant un directeur, de surcroît membre du comité de direction, n'est pas évidente.

Cet exemple n'est pas exceptionnel et reflète une évolution de fond, qui consiste à privilégier une approche par les rôles au détriment des statuts. Par exemple, dans des sociétés de services ou de conseil, chaque nouvelle mission démarre avec un « role agreement » entre un consultant, choisi pour ses compétences spécifiques, et le responsable de la mission, dont le rôle particulier est de piloter le projet. Comme témoigne Pierre Hurstel[2], directeur de la stratégie des ressources humaines d'Ernst & Young, un cabinet d'audit précurseur en la matière : « Nous avons quitté une structure statutaire pour aller vers une culture des compétences, où l'on est capable d'admettre que l'on soit chef le lundi, que l'on ait un chef le mardi, et que l'on soit à nouveau chef le mercredi ».

1 Selon l'expression même du chef de projet.

2 Hurstel P., « Partager de la valeur pour créer des valeurs », *MCS*, n° 615, été 2002, p. 82.

Il s'agit d'une véritable révolution culturelle, basée sur la capacité à adopter des rôles et contributions variables, en fonction des projets.

On pourrait à l'infini continuer à évoquer des transversalités liées aux compétences, aux appartenances, aux identités professionnelles, aux cultures nationales, régionales, aux profils des individus... *Le mode projet est un lieu privilégié pour relier les « inter » : inter-organisations, inter-fonctions, inter-cultures, inter-personnes...*

Le lecteur aura compris que, bien au-delà de ces découpages simplificateurs, c'est surtout l'opportunité de définir de façon précise le contenu de cette notion de « transversalité » qui importe, ainsi que la mesure du degré de diversité propre à chaque situation.

Cas d'entreprise

Une équipe projet particulièrement transversale[1]

Une entreprise de 500 personnes fabrique des équipements de climatisation-chauffage destinés aux bureaux et bâtiments d'activité tertiaire. L'entreprise a une activité fortement saisonnière, puisqu'au printemps et début de l'été le volume d'activité double, ce qui nécessite de faire appel à beaucoup de personnel intérimaire et au travail de nuit. L'entreprise distribue, par ses propres moyens, une partie de sa production dans divers pays européens.

Depuis plusieurs années, la politique industrielle de l'entreprise a été de travailler en flux tendus et d'avoir zéro stock de produits finis dans l'usine. L'usine est donc centrée sur un processus de « fabrication à la commande » soit pour le distributeur, soit pour le client final. Le directeur d'usine, récemment entré dans l'entreprise, a rencontré les distributeurs. L'un d'entre eux dit : « Avec des délais de trois semaines et plus, que vous ne tenez pas toujours d'ailleurs, il sera bientôt plus intéressant pour nous de s'approvisionner en Chine ! »

La stratégie de l'entreprise étant d'être une entreprise de proximité qui fabrique des équipements spécifiques (plus de 2 000 produits référencés) à la demande des clients, le directeur d'usine perçoit l'importance du sujet.

Le directeur de l'usine décide d'ouvrir le chantier « délais entre commande et livraison ». Il s'agit d'un projet de ré-engineering, qui implique les acteurs intervenant entre la commande et la livraison : les ventes (qui assurent le lien avec les distributeurs), l'administration des ventes, les méthodes, l'ordonnancement (planification hebdomadaire du lancement en fabrication),

»

1 Mini-cas inspiré du livre de Joliver F., *Manager l'entreprise par projets*, Éd. EMS, 2003, p. 95.

» l'informatique, les lignes d'assemblage, les lignes de production de composants spécifiques et les approvisionnements chez les fournisseurs. La dimension transversale du projet est jugée essentielle à sa réussite.
Lors d'un comité de direction, les opportunités de confier à une personne de l'entreprise la conduite du projet sont examinées. Le choix se porte sur le responsable qualité, jeune ingénieur recruté il y a 18 mois dans l'entreprise et qui vient de mener à bien un projet de certification. Bien que jeune, son profil paraît le plus approprié pour fédérer les différents acteurs de l'entreprise.
Comment alors composer l'équipe projet ? Le choix est important. Il faut des seniors, du niveau chef de service, et des praticiens, car l'opérationnel est important. Les responsables de chaque fonction sont chargés d'identifier un collaborateur, qui aura du temps libéré pour participer à l'équipe projet. Une équipe large est composée, représentant toutes les fonctions. Cette équipe a aussi la caractéristique d'être composée de plusieurs niveaux hiérarchiques (par exemple, le responsable de l'administration des ventes va côtoyer un contremaître de la ligne d'assemblage). Enfin, le temps consacré au projet est plus ou moins lourd pour chacun, en fonction de l'importance qu'occupe la fonction dans le processus.

Tous transversaux !

Comme on l'a vu dans les chapitres précédents, la transversalité concerne tous les acteurs impliqués, de près ou de loin, dans les projets. Les membres de l'équipe projet tout d'abord, qui vont devoir apprendre à communiquer, se côtoyer, se confronter et, nous l'espérons, s'enrichir des uns des autres pour générer des solutions nouvelles et innovantes à un problème posé. Comme évoqué au chapitre 9, l'enjeu de la transversalité sera d'autant plus ardu que les membres de l'équipe seront des experts pointus parfois obligés de dégrader l'excellence de leurs expertises au profit de la coopération avec les autres.

Le chef de projet est le second acteur directement concerné par la transversalité. À lui d'exploiter les synergies, de réduire les risques d'antagonisme et de conflits, et de bâtir une représentation et des méthodes communes, en s'appuyant sur les apports distinctifs de chacun. *La particularité du rôle de chef de projet est bien, avant tout, d'être un manager transversal.*

Nous voudrions insister ici sur le rôle-clé que jouent les hiérarchiques métiers dans la diffusion d'une culture d'ensemble de la transversalité. En effet, même s'ils ne sont pas toujours impliqués au cœur des équipes projet, leur rôle est déterminant dans la mesure où ils détiennent généralement les ressources et compétences nécessaires à la réalisation du projet.

Des compétences d'interface

À cause des projets, les hiérarchiques métiers voient les conditions de l'exercice de leur métier se faire différemment, dans un champ de contraintes beaucoup plus vaste. Les gains de productivité ne sont plus seulement le fait du métier et ne sont donc plus seulement maîtrisables par le seul responsable métier : La performance de l'organisation repose sur une capacité à déployer des démarches transversales et pluridisciplinaires. Les responsables hiérarchiques sont donc amenés à négocier en permanence et à contractualiser des contributions avec des projets. Plus qu'un responsable hiérarchique, cet acteur devient un gestionnaire de frontières et d'interfaces. Il doit savoir dépasser ses frontières et apporter des contributions hors de son activité, sans toutefois la mettre en péril par une fuite de ses ressources vers les projets ! La responsabilité de cet équilibre précaire métier-projet lui incombe. Dans les faits, on constate qu'il s'agit d'un exercice difficile, car il remet en cause les territoires et positions établis, avec des systèmes d'objectifs qui ne prennent généralement en compte que les résultats locaux (ceux du service, du département, ou de la filiale). Il est difficile de contribuer à des projets transversaux quand on est évalué uniquement sur des objectifs métiers ! *Le management transversal est donc limité dans les faits par la rigidité des systèmes de gestion et des comportements qu'ils induisent.*

Avis d'expert

La relation métiers-projets : un contrat de mariage !

Hédia Zannad[1] a publié un article issu d'une longue observation chez Renault qui développe l'idée originale que les relations entre responsables métiers et chefs de projet sont assimilables à celles que l'on trouve dans un contrat de mariage. En effet, établir des contrats trop stricts entre projets et métiers, spécifiant à l'avance les rôles et domaines de responsabilité de chacun, empêcherait une véritable coopération, dans la mesure où le contrat encourage chacune des parties à rester « à leur place ». Une approche trop « juridique » serait contre-productive, par l'effet de coupure créé entre les deux parties, alors que les projets novateurs nécessitent, au contraire, une forte intégration des compétences. Il s'agit bien en effet de créer les conditions pour que tous les acteurs coopérant sur un projet soient parfaitement imprégnés de ses enjeux majeurs. L'idée est »

1 Zannad H. « Métiers et gestion de projet : pour un contrat de mariage », *Revue Française de gestion*, été 2001, pp. 5-14.

» de rechercher des modes de pilotage qui facilitent la construction de références partagées sur l'identité et le sens du projet, plutôt que de chercher à se prémunir de problèmes futurs éventuels. Ainsi que l'affirme un chef de projet chez Renault : « Il y a deux types de contrats : celui qui concerne l'achat d'une maison, qui doit être très étayé et qui sert de base à la discussion le jour où il y a un problème, et le contrat de mariage, qui constitue un engagement coûte que coûte. On ne veut pas un contrat qui prépare le divorce, mais un contrat qui permette de gérer l'amour. »

Des compétences de délégation

La capacité à déléguer de la part des structures métiers constitue également un point fondamental pour un fonctionnement efficace en mode projet. Les équipiers projet doivent pouvoir inscrire leur action dans un cadre de délégation clair et réel, négocié avec le patron de l'unité à laquelle ils sont rattachés. En fonction de leur niveau d'autonomie, ils doivent pouvoir prendre des décisions opérationnelles en accord avec leur responsabilité dans le projet et les orientations stratégiques du métier qu'ils représentent.

Cette exigence est lourde de conséquence pour les responsables métiers qui doivent mettre en œuvre les conditions nécessaires au bon exercice de cette délégation :

- Définir des politiques (notamment techniques) du métier.
- S'assurer de la formation des personnes.
- Mettre en place des méthodes et outils de reporting avec ses collaborateurs dédiés aux projets.
- Développer des méthodes et outils de capitalisation et de partage des connaissances.
- Et surtout... définir et respecter un cadre de délégation.

La délégation et la capacité à construire un cadre clair et structuré, qui définit les modalités de participation des acteurs métiers aux projets, constituent un axe majeur de progrès des responsables métiers.

La charte de délégation d'une grande entreprise industrielle

De nombreuses entreprises ont formalisé des règles de délégation dans lesquelles doivent s'inscrire les responsables métiers quand un de leur collaborateur expert est sollicité pour participer à un projet.

Voilà ci-dessous un exemple de « méta-règles » génériques telles que formulées par une entreprise industrielle.

La délégation sur un projet s'effectue toujours de façon personnalisée. Ainsi, les conditions de délégation (temps, niveau d'investissement…) peuvent changer d'une personne à l'autre et être redéfinies à chaque nouveau collaborateur sollicité par un projet.

Elle ne porte pas sur la responsabilité du projet, mais sur des domaines de contributions (sous-projets, lots, tâches…) et des niveaux de responsabilité (décide, propose, exécute…) clairs et bien délimités.

Elle doit être acceptée par le collaborateur et faire l'objet d'une négociation : objectifs, délais, ressources, organisation du travail…

Elle engage tous les acteurs concernés (maître d'ouvrage, maître d'œuvre, hiérarchie, collaborateur…) dans le cadre d'un contrat de délégation (une lettre de mission) qui formalise les engagements de chacun.

Elle n'est jamais définitive, mais liée à la durée de la mission.

Elle repose à la fois sur la confiance et des systèmes formels de contrôle.

Des compétences d'accompagnement des collaborateurs

Enfin, le rôle de management des hiérarchiques métiers s'enrichit d'une composante essentielle de développement personnel des collaborateurs, dans une perspective d'ensemble qui dépasse le seul cadre du métier. Trois objectifs essentiels sont fixés aux responsables métiers dans la perspective d'une contribution de leur part à des projets transversaux :

- Savoir définir une démarche de maintien et de développement des compétences dans son secteur et les rendre diffusables et communicables auprès des projets.
- Savoir diagnostiquer des compétences métier (expertise) mais aussi des capacités d'autonomie voire de leadership, qui pourront être mises à disposition des projets.
- Savoir accompagner les personnes dans leur déroulement de carrière, notamment au travers de leur parcours dans les projets et de leur participation (voire de leur retour) à des activités hors projet.

Avis d'expert

Est-il possible d'être un « manager-coach » ? Le débat est ouvert.[1]

Pour Vincent Lenhardt, expert en la matière, l'appellation « manager-coach » marie deux termes qui semblent inconciliables. Le manager est en effet celui qui dirige, évalue, contrôle, sanctionne et porte par conséquent la pression des enjeux dans la vie opérationnelle de l'organisation, alors que le coach crée les conditions qui permettent à son client d'élaborer sa propre parole et de trouver lui-même ses propres solutions. Selon lui, même si on peut adopter ponctuellement des postures de coach, l'ambiguïté est trop forte et, le plus souvent, le rôle managérial l'emporte en définitive.

Guy Chardenoux, directeur régional d'Adecco et qui a lui-même expérimenté la démarche, témoigne qu'au contraire, la posture de coach peut enrichir le rôle d'un manager. Intégrer une dimension « d'homme ressource » lui permet d'être plus à l'écoute de ses collaborateurs, mais aussi d'intervenir en amont des résultats, en générant des processus apprenants adaptés conditionnant les résultats futurs. Enfin, cela permet de faire preuve d'exemplarité, de se dévoiler dans ses capacités et limites. « Si vous voulez que les gens viennent vers vous, sachez en premier aller vers eux », dit-il. Bref, selon lui, il s'agit bien d'une évolution indispensable du métier de manager vers des fonctions d'animation, de support et de « développeur de talents », particulièrement attendue dans un contexte où les collaborateurs sont de plus en plus formés, informés, autonomes… et exigeants vis-à-vis de leurs dirigeants !

Le cas spécifique des compétences transversales du maître d'ouvrage

Le commanditaire (on parle parfois de maître d'ouvrage) est celui qui doit valider l'opportunité du projet, par rapport aux finalités et aux enjeux de celui-ci pour l'entreprise/l'organisation. Il en valide les objectifs et les moyens dans le cadre d'une stratégie d'ensemble, mais également dans un champ de contraintes, notamment imposées par les autres projets. Il est donc à la fois le porteur et le garant de la vision globale de l'ensemble des activités de l'entreprise (projets et non projets). Selon les cas, il peut s'agir d'un individu (client du projet, directeur général de l'entreprise…) ou plus souvent de collectifs qui peuvent être

1 Adapté du dossier « Coaching », *Revue MCS*, n° 615, été 2002.

parfois structurés de façon complexe (comité de direction, comité de pilotage mandaté par la direction, comité de projet, commission de validation...).

Le succès des projets dépend autant de la qualité du travail du maître d'œuvre que de l'efficacité du pilotage du maître d'ouvrage. Si le chef de projet n'a qu'à se préoccuper que de son projet, le commanditaire doit au contraire développer une vraie vision globale. Ce qui renforce l'aspect critique des compétences transversales à ce niveau.

Les points critiques en matière de management pour le commanditaire nous semblent être les suivants :

1. la capacité à arbitrer et établir des priorités en s'appuyant sur un collectif ;
2. la capacité à porter le projet à son niveau ;
3. la capacité à questionner et accompagner le chef de projet.

Maître d'ouvrage/Maître d'œuvre

Cette distinction vient du monde du BTP, qui diférencie et formalise des rôles entre les deux acteurs-clés des projets de construction :

- Maître d'ouvrage : c'est le commanditaire, le client du projet (par exemple, la municipalité qui souhaite réaliser un ouvrage public). Le maître d'ouvrage doit rédiger un cahier des charges, contenant les spécificités techniques (dimensions, niveau de qualité, coût...) de son projet.
- Maître d'œuvre : c'est celui qui réalise le projet selon les spécificités techniques fournies par le maître d'ouvrage (par exemple, l'architecte qui, pour réaliser l'ouvrage public, coordonne différents corps de métier spécialisés).

On retrouve cette distinction dans des projets organisationnels internes aux entreprises (par exemple dans les projets informatiques). Dans des grands projets de systèmes d'information, les structures de pilotage peuvent être parfois complexes, avec une maîtrise d'ouvrage qui est déléguée et répartie entre plusieurs comités de pilotage, en fonction du découpage par lots du projet.

La capacité à arbitrer et établir des priorités en s'appuyant sur un collectif

L'expérience montre que cette fonction peut être mieux remplie, et que des problèmes récurrents subsistent :

- déficit d'arbitrage et de priorité entre les projets, avec l'appui du comité de pilotage ;

- déficit d'explication des décisions, envers le comité de pilotage (pour information ou pour validation) ou envers le chef de projet et l'équipe projet (pour information ou application) ;
- déficit de concertation avec ses principaux collaborateurs sur les décisions prises.

Au fond, il s'agit ici d'une fonction de pilotage et d'animation d'un collège de direction. L'expérience montre d'ailleurs que lorsqu'un comité de direction fonctionne bien, souvent son fonctionnement en tant que support à maîtrise d'ouvrage (c'est-à-dire en tant que comité de pilotage du projet) est efficace. *L'efficacité des projets dans une organisation est donc un bon indicateur de la qualité du fonctionnement de son équipe de direction* ! Voilà bien une perspective intéressante pour tous ceux qui cherchent à mieux comprendre le fonctionnement de leur entreprise.

L'outil-clé de ces arbitrages collectifs est la gestion de portefeuille de projet. Ce type de démarche stratégique s'est développé dans des industries comme la pharmacie, où de nombreux projets de R & D sont nécessaires pour arriver, 10 à 15 ans plus tard, à déboucher sur la commercialisation d'un médicament.

Un bon outil de gestion de portefeuille doit pouvoir présenter sur un même schéma plusieurs projets classés selon plusieurs critères... tout en restant simple et lisible !

À titre d'exemple, le portefeuille de projet présenté ci-dessous indique 6 critères : les chances de succès technique (en abscisse), les chances de succès économique (en ordonnées), les coûts à engager (taille de la bulle), la famille de projets (par les couleurs), la date de commercialisation (en indication annexée à la bulle) et le nouveau positionnement espéré après une année de travail (par la flèche).

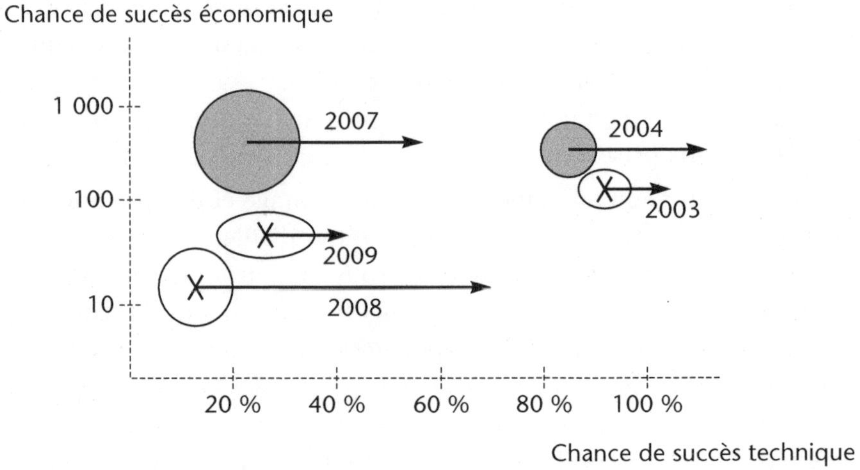

Figure 9.2 – Un exemple de représentation de portefeuille de projet dans l'industrie pharmaceutique

Au-delà des outils, l'analyse du portefeuille de projet est un support-clé du développement de la transversalité.

De tels supports constituent des outils de communication au sein de l'entreprise car ils permettent de visualiser une présentation globalisant l'ensemble des projets en cours, y compris pour les départements non concernés directement par ceux-ci. Il est donc possible pour tous de situer leurs propres travaux dans une perspective globale.

De plus, disposer d'outils de portefeuille de projet aide à décider dans l'univers complexe, incertain et multi-dimensionnel des projets. Les décisions de redéfinition de priorités, d'allocation de ressources, d'arrêts de projets, de licence et partenariat, d'introduction de nouveaux projets... sont mieux éclairées, débattues et partagées. Le portefeuille de projet est un support indispensable aux débats constructifs entre les métiers.[1]

La capacité à porter le projet à son niveau

Nous avons trop souvent commis un contresens en affichant le chef de projet comme seul et unique responsable du projet.

Le premier responsable du projet, c'est son commanditaire. Ce dernier doit jouer un rôle de porteur du projet. Il doit s'y impliquer quand

1 D'après Bonhomme Y., *Au-delà du management de projet, le management de portefeuille,* Actes de l'AFITEP, 2001.

nécessaire pour cadrer le projet notamment par rapport aux autres projets ou priorités de l'entreprise, faire lever les freins, faire prendre des décisions stratégiques voire réorienter le projet en cas de changement majeur de son environnement.

Cette implication managériale est souvent insuffisante et irrégulière. Le résultat immédiat en est un effet « sac à dos » sur le chef de projet extrêmement préjudiciable au bon fonctionnement du projet et surtout à l'obtention des résultats attendus (tant en termes de délais, de budget que de performance). Le risque est également une « fatigue » prématurée du chef de projet qui, las de solliciter en permanence l'implication de ses commanditaires, tend progressivement à diluer ses efforts et son énergie dans le temps.

Le commanditaire doit donc renforcer son portage du projet et rendre son implication visible. Ce suivi actif renvoie à des compétences de supervision, d'arbitrage, de communication voire de directivité dans certains cas.

Ce rôle de pilotage, au sens plein du terme, induit une nouvelle posture de la part du commanditaire. Celui-ci est en effet amené à jouer un rôle actif, à apporter une contribution visible (comme par exemple permettre de débloquer des situations difficiles, prendre des décisions-clés, questionner à bon escient les hypothèses et scénarios du chef de projet...). Il est en quelque sorte « au service » du projet et de son responsable opérationnel. On a malheureusement trop souvent l'impression que c'est l'inverse !

Formuler le rôle d'un commanditaire en ces termes constitue une vraie révolution. On passe d'une logique de statut à celle de la compétence. Le maître d'ouvrage n'est plus « au-dessus », mais « à côté » du projet, en tant que contributeur. À l'extrême, le comité de pilotage n'est qu'un acteur parmi d'autres, même si bien sûr, sa contribution reste fondamentale puisqu'elle conditionne la vie ou la mort du projet. Ne pas décider, faire traîner les choses, rester flou sur des orientations stratégiques... signifie ne pas jouer son rôle. La question de l'évaluation est alors immédiatement posée. Un comité de direction ou de pilotage devrait pouvoir être évalué sur la qualité de sa contribution. Même si la réalité montre que ce n'est pas facile, certaines démarches d'évaluation (360° feed-back) commencent à concrétiser cette idée.

Exemple

Dans le cas de notre équipementier en climatisation-chauffage, décidé à lancer un projet de grande envergure de changement de système d'information, la capacité du directeur d'usine à porter le projet et à épauler son jeune chef de projet est évidemment essentielle au succès.

Une fois l'équipe constituée, deux événements ont clairement indiqué le degré d'engagement du directeur d'usine :

– Une note d'information signée de sa main, au nom du comité de direction est émise dans toute l'entreprise. Elle annonce officiellement la composition de l'équipe projet et les objectifs : réduire et garantir les délais entre commande et livraison, accompagné d'une solution compatible avec le développement du progiciel de gestion intégré (l'ERP), le tout devant être opérationnel dans 6 mois.

– Le directeur d'usine ouvre personnellement la séance de lancement du projet en présence de l'équipe projet. Il commente les objectifs, et se déclare disponible pour garder le contact avec l'équipe et intervenir en son nom, si besoin, auprès du comité de direction.

Voilà un engagement clair et marqué, à même de rassurer notre jeune chef de projet !

La capacité à questionner et accompagner le chef de projet

Dernière préoccupation, nous suggérons de renforcer chez les commanditaires une capacité à accompagner les chefs de projet. Le commanditaire doit pouvoir offrir au chef de projet une aide à la résolution des problèmes. Cette aide doit être envisagée sous une forme de développement et de responsabilisation : questionner la personne et l'aider à trouver elle-même ses solutions.

Le chef de projet a été *a priori* choisi pour ses compétences de manager, basées sur une forte capacité d'autonomie. Souvent « le nez dans le guidon », il a néanmoins besoin de quelqu'un qui l'aide à prendre du recul pour mieux analyser une situation et en tirer des conséquences : c'est le but du questionnement par le commanditaire qui doit « coacher » son chef de projet, tout en gardant la maîtrise stratégique du projet.

Cet espace d'accompagnement managérial nous semble souvent occulté dans des relations encore trop hiérarchiques commanditaire-chef de projet, surtout si le rôle de maître d'ouvrage est assuré directement par un comité de direction.

Ici aussi, il s'agit bien d'un changement de posture managériale. Le dirigeant tout puissant, qui décide du haut de sa tour d'ivoire se doit de descendre de son piédestal pour accompagner le chef de projet, partager l'expérience souvent précieuse qu'il a de l'organisation et de ses rouages intimes. Ce rôle est parfois officiellement assigné à ce qu'on appelle le sponsor de projet. Même si cette position de coach reste difficile pour un commanditaire qui est en même temps décideur, il nous semble néanmoins important à un moment où l'on parle beaucoup d'exemplarité du dirigeant, de son rôle direct dans le développement et de la fidélisation des collaborateurs. En effet, quoi de plus motivant pour un chef de projet à potentiel de pouvoir bénéficier en direct du point de vue, de l'expérience et des conseils d'un dirigeant ? Quel meilleur investissement pour un dirigeant d'avoir pu accompagner un chef de projet prometteur ? Encore faut-il en avoir la compétence... et la posture d'humilité qui l'accompagne !

Découvrons ci-dessous le cas de la société Hymax, où un ingénieur vient d'avoir une brillante idée technique... qui ne se transformera en projet que sous l'impulsion du questionnement et de l'accompagnement de deux « sponsors » au comportement modèle.

Un bel exemple de transversalité !

Cas d'entreprise

Le cas de la société Hymax[1]

Tim Collins est un jeune ingénieur qui a intégré récemment la société Hymax Electronics, fabricant d'ordinateurs personnels.

Tim a eu une idée pour améliorer de façon très importante la performance des microprocesseurs qui vont équiper la nouvelle gamme d'ordinateurs que lance Hymax.

Tim va voir son vieil ami Morris Knudson, responsable de l'équipe de R & D, qui travaille chez Hymax depuis plusieurs années et connaît bien l'entreprise.

– J'ai une idée géniale pour multiplier par deux les performances de notre nouvelle station de travail, en combinant un microprocesseur et un accélérateur. Si on pouvait réaliser cette solution technique, Hymax prendrait un avantage décisif sur ses concurrents.

– Vraiment ? Cela semble intéressant. Tu peux m'en dire plus ?

Tim et Morris consacrèrent l'heure suivante à une discussion technique qui leur permit d'arriver à la conclusion quasi certaine que l'idée de Tim était solide et que la solution qu'il proposait était tout à fait réalisable. »

1 Librement adapté de Tighe G., « From experience : securing sponsors and funding for new product development projects : the human side of enterprise », *Journal of product innovation management*, n° 15, 1998, pp. 75-81.

» C'est alors que Morris se mit à poser des questions d'une autre nature à Tim, concernant des points non techniques du projet.

– OK, je pense que la technologie va marcher, Tim, mais maintenant, il va falloir réfléchir à la façon dont nous allons vendre notre projet.

– Que veux-tu dire par là, dit Tim, très surpris et un peu sur la défensive. Qu'est-ce que cela signifie « vendre le projet » ?

– Eh bien... la solution du circuit parallèle que tu proposes va accroître les coûts de production et nécessite une reconception importante de l'ensemble du produit. Nous devons envisager ces changements avec le marketing et le contrôle de gestion.

– Attends une minute, il paraît évident que nous devons améliorer sans cesse notre conception de plate-forme informatique si nous voulons rester compétitifs.

– Bien sûr, je ne dis pas le contraire, mais nous devons convaincre tout le monde que la solution que nous proposons est bien la meilleure.

– Mais pourquoi ne pas aller tout de suite devant le comité d'évaluation des nouveaux produits et présenter notre solution ? Cela semble tellement évident que l'on va faire un énorme bond en avant grâce à elle.

– Cela semble évident pour toi et pour moi, mais pour les décideurs, cela constitue une information nouvelle, qu'ils doivent intégrer dans leur stratégie. Cela veut dire notamment comparer cette idée avec d'autres projets de développement éventuels qui pourraient la concurrencer.

– Cela me semble bien compliqué. Quelle dépense d'énergie alors qu'on tient une idée fabuleuse ! Je me demande finalement si cela vaut bien la peine de se lancer dans tant d'efforts.

– Ne t'inquiète pas. C'est toujours le cas avec les nouveaux projets. Tu as besoin d'abord d'un bon sponsor pour t'aider à y voir clair et à construire un argumentaire qui va retenir l'attention de notre top management.

– Un sponsor ? À qui penses-tu ?

– On pourrait essayer Dawson Tagget, le nouveau directeur du marketing. Il a besoin de faire ses preuves et d'acquérir de la légitimité. On peut penser qu'il pourrait être intéressé par l'innovation que va constituer ce nouveau produit.

– Je ne connais rien au marketing.

– C'est justement pour cela qu'il faut aller voir Dawson. Il peut vraiment t'aider.

– Mais pourquoi choisir quelqu'un du marketing ?

– Eh bien, Dawson présente les deux ingrédients que doit avoir tout sponsor : d'une part, le projet le concerne directement et d'autre part, Dawson peut en appréhender l'impact sur le chiffre d'affaires et le résultat de l'entreprise.

– En quoi le projet le concerne-t-il vraiment ?

– L'équipe marketing de Dawson est responsable du développement de la part de marché d'Hymax. Si ce que tu dis est vrai sur ta solution technique, ce nouveau produit va avoir des conséquences directes sur la part de marché. En tant que membre du comité de direction, Dawson va pouvoir défendre et argumenter cet aspect des choses. »

» – Donc, si j'ai bien compris, nous devons expliquer à Dawson en quoi cette idée est importante pour lui et son équipe et en quoi elle peut contribuer à la croissance d'Hymax sur son marché ?

– C'est exactement cela, je vois que tu comprends vite. Ce qu'on va lui dire est donc radicalement différent de la conversation technique que nous avons eue tout à l'heure. Remettons-nous au travail pour préparer cela.

Tim et Morris rencontrèrent le lendemain Dawson. Morris avait raison. Dawson était particulièrement sensible au potentiel de croissance de part de marché, grâce à la performance technique de cette nouvelle plate-forme informatique. L'idée commençait à « résonner », selon l'expression même de Morris.

Dawson regarda encore une fois le document qu'avaient préparé Tim et Morris et annonça :

– Bravo les gars. Félicitations ! On dirait qu'on tient une véritable innovation qui, de plus, promet un bon retour sur investissement. Maintenant, il reste à convaincre le comité de direction pour qu'il autorise le lancement du projet.

– Dites donc Dawson, grommela Tim, cela ressemble à un vrai parcours du combattant pour voir approuver une idée chez Hymax.

– Je sais, reconnut Dawson en riant, les ingénieurs ont toujours hâte de dépenser de l'argent !

Plus sérieusement, il ajouta :

– Il est fondamental d'obtenir un véritable blanc-seing de ceux qui détiennent les cordons de la bourse chez Hymax, de façon à ce que le projet ne souffre pas d'un manque de ressources lors de son déroulement. Une mauvaise implication du management au départ conduit à des retards, des crises qui finalement, empêchent une idée géniale au départ de se concrétiser.

– Dawson a raison, tu sais, Tim, confirma Morris. Le succès d'un projet se joue bien avant son lancement effectif.

– Je vous crois sur parole, soupira Tim.

– Allons, un peu d'enthousiasme, renchérit Dawson. C'est aussi un ingrédient indispensable au succès d'un projet. Nous allons faire un avant-projet pour obtenir les fonds dont nous avons besoin.

– Que dois-je faire ? demanda Tim.

– Vous devez apporter des réponses aux questions qui sont les plus critiques pour nos décideurs, expliqua Dawson. Étant donné que nous sommes dans un cas de développement de nouveau produit, nous devons considérer avant tout des questions liées à la taille de marché, aux tendances d'évolution de la consommation, aux profils des acheteurs potentiels, à nos avantages concurrentiels...

– Dites-moi, quand parle-t-on des coûts ? demanda Tim.

– Seulement à la fin de la présentation, dit Morris. Nous devons d'abord convaincre les décideurs des opportunités qu'offre notre produit avant de leur demander de l'argent. »

» – Mais je n'ai aucune idée de comment réunir toutes ces informations, renchérit Tim. Je ne suis ni un financier ni un expert en marketing !
– C'est pour cela qu'il faut constituer une équipe, dit Dawson. Je vais vous aider à trouver les bonnes ressources. En outre, les données n'ont pas besoin d'un degré de précision trop pointu. Nous devons juste, à ce stade, montrer au top management que nous avons sérieusement réfléchi aux enjeux de notre projet et que le terrain a été bien balisé.
– Vous avez dit nous, demanda Tim plein d'espoir. Est-ce que cela signifie que vous êtes prêt à sponsoriser mon projet ?
– N'était-ce pas l'objet de notre réunion ? répondit Dawson en riant.
La réunion avec l'ensemble du comité d'évaluation des nouveaux projets a été fixée 15 jours plus tard. L'équipe consacra ces deux semaines à réunir de l'information sur le marché, les clients, la concurrence, les coûts et le calendrier prévisionnel. Ensuite, ils travaillèrent sur la présentation elle-même.
– La qualité de la présentation et la force de conviction sont des facteurs déterminants, avait prévenu Dawson.
Tim était de plus en plus nerveux, mais Dawson semblait, lui, de plus en plus confiant. Enfin, le grand jour arriva. Il avait été décidé que ce serait Dawson qui ferait la présentation, Tim et Morris intervenant pour fournir des éclaircissements plus techniques si nécessaire.
Après la présentation, l'équipe se retrouva dans le bureau de Dawson, pour discuter de ce qui s'était passé.
– On dirait bien qu'on a réussi ! commença Morris.
– Tout à fait, le comité s'est engagé sur un montant d'investissement qui va permettre le bon déroulement du projet, confirma Dawson.
– C'est réellement étonnant, dit Tim. Ils ont posé presque toutes les questions qu'on avait prévues, et quasiment aucune n'était liée à la technologie.
– C'est assez souvent le cas, expliqua Dawson. Le top management, même s'il a une formation technique, doit se concentrer avant tout sur le business et laisser les questions techniques aux experts comme vous et moi.
– Je me demande ce qui se serait passé si j'avais présenté uniquement la solution technique, s'amusa Tim.
– L'argument qui a convaincu le comité, ce sont les chiffres qui attestent qu'il y a un vrai marché pour ce type de machines ultra-performantes.
– En plus, c'est un marché sur lequel Hymax veut se développer depuis un bon moment. Maintenant, le vrai travail commence, dit Dawson. Vous pensez que vous êtes prêt, Tim ?
– Je n'en peux plus d'attendre !
– Tenez-moi informé régulièrement de l'avancée du projet et prévenez-moi en cas de problème ou de dérapage, dit Dawson. Ma responsabilité sera d'enlever de votre route tous les obstacles pouvant nuire au projet.
Bonne chance.

L'essentiel

- ▸▸ **L'instrumentalisation** formalisée et rigoureuse des projets a parfois eu tendance à occulter les défaillances du management, voire à créer l'illusion que l'on pouvait se passer du management.
- ▸▸ **La capacité à penser** et agir de façon transversale reste le « maillon faible » du développement du management de projet. En effet, de nombreuses difficultés liées au partage des rôles et responsabilités, aux conflits de territoires, aux processus de décision et de coordination, à l'allocation de ressources… freinent l'optimisation de la démarche projet et les bénéfices espérés de la transversalité.
- ▸▸ **Au-delà des acteurs projets**, deux parties prenantes majeures jouent un rôle déterminant dans la diffusion d'une culture d'ensemble de la transversalité : les hiérarchiques métiers et les maîtres d'ouvrage.

Conclusion

Il est temps de conclure ce périple au sein de la diversité des équipes projet. Si les idées, exemples et outils qui parsèment ce livre laissent, au bout du compte, au lecteur une image hétérogène et peu cohérente, tant mieux : nous aurons atteint notre objectif de relativiser la notion de projet et de montrer la multiplicité des réalités qu'elle est censée englober.

Plus que des recettes et outils universels, applicables tels quels à tout type de situations, cet ouvrage a voulu exprimer un certain nombre de principes-clés utiles pour l'action, mais dont l'application concrète n'est jamais deux fois identique.

Ce livre propose donc un cheminement, prend la main du lecteur pour lui faire faire les premiers pas mais ne l'emmène pas au bout du parcours (en supposant qu'il y en ait un !). Chacun est responsable de l'application de tel ou tel principe découvert dans cet ouvrage à son projet, à sa situation spécifique.

Comment puis-je appliquer la théorie de l'engagement dans ma situation précise ? Que m'apporte l'analyse stratégique ? Ai-je bien défini l'objectif et le client de mon projet ? Quels sont les changements induits par mon projet particulier ? Quel est le profil de l'équipe à laquelle j'appartiens ? Puis-je proposer une vision porteuse d'implication collective ?

Si vous vous êtes posé une ou deux fois ce type de questions au cours de la lecture de cet ouvrage, il y a de bonnes chances que vous ne voyiez plus votre projet avec les mêmes yeux et que vous trouviez vous-même de nouvelles voies d'action.

Apprendre, c'est se comporter différemment. À quoi sert l'accumulation de connaissances si elles ne participent pas à faire évoluer nos comportements ? Cet ouvrage ne sera un vecteur d'apprentissage que s'il contribue, même de façon modeste, à offrir au lecteur des registres d'action plus larges que ceux qu'il mobilise naturellement.

Que retenir finalement de cet ouvrage ?

Osons formuler une réponse de synthèse sous forme de 4 principes d'action. Ils sont proposés en conclusion car ils reprennent bon nombre d'éléments de discussion et d'outils déjà présentés au cours des 10 chapitres précédents. Ils constituent *les piliers d'une sorte de philosophie du management de projet,* c'est-à-dire d'une manière particulière de concevoir et de conduire l'action humaine, individuelle et collective dans des situations de projet.

Manager un projet, c'est savoir diversifier les stratégies d'action

On l'a dit, les projets se réfèrent à des situations précises, avec un objectif inscrit dans le temps et des moyens pour l'atteindre. Il faut changer la structure, mettre en place un nouveau système informatique, renouveler la gamme de produit, organiser un événement... Le projet est donc par nature un espace qui privilégie l'action, généralement collective.

L'ensemble des premiers chapitres de cet ouvrage a montré qu'il fallait être vigilant vis-à-vis d'un passage à l'acte trop précipité, et qu'il était souvent judicieux de *savoir perdre du temps au début pour en gagner par la suite.* Se poser collectivement la question de l'objectif du projet, de l'autonomie vis-à-vis de l'organisation, des critères précis d'évaluation du succès ou de l'échec final, des acteurs susceptibles de jouer un rôle synergique ou antagoniste, est un passage obligé pour comprendre la complexité de la situation précise mais aussi pour souder l'équipe projet autour d'une représentation commune.

Plus qu'une simple liste de bonnes questions à se poser, c'est une véritable doctrine qui sous-tend cette approche, comme le montre le schéma suivant.

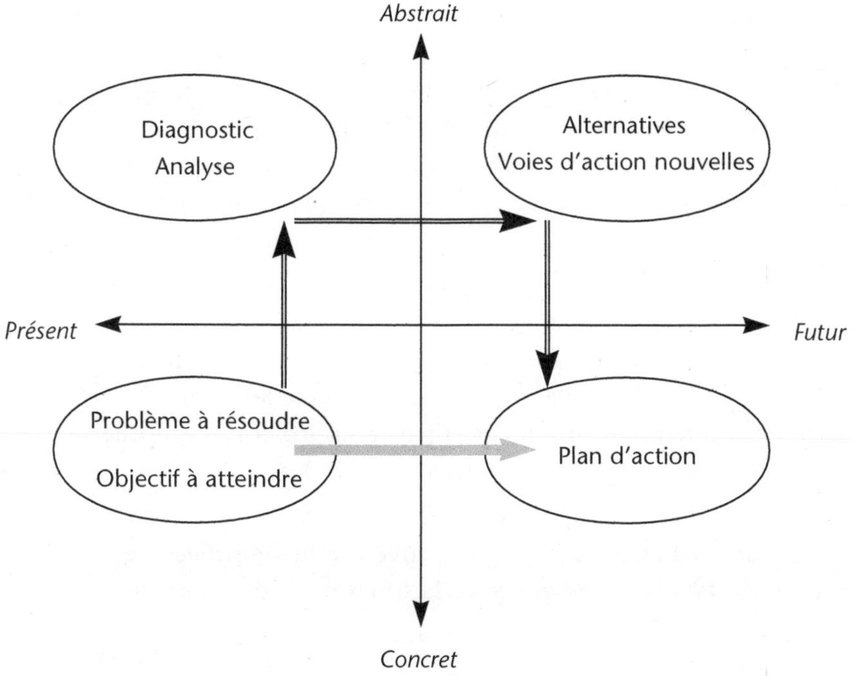

Une démarche générique adaptable à tout projet

Le point de départ d'un projet peut-être multiple : problème à résoudre, dysfonctionnement constaté, réalisation à mener (quadrant sud-ouest de la matrice ci-dessus).

Même si le projet est de développer des nouveaux produits dans le futur, sa genèse provient bien du constat actuel d'un épuisement de la gamme actuelle, ou d'un besoin de renouveler le portefeuille de produits.

Généralement sous la pression de contraintes fortes (délais serrés, ressources rares, etc.), une méthodologie est choisie, un calendrier fixé et un plan d'action engagé (quadrant sud-est). « Il ne faut pas perdre de temps et commencer le plus vite possible », entend-on souvent.

Voilà pour l'approche traditionnelle (passage direct du quadrant sud-ouest au quadrant sud-est).

La voie alternative que nous défendons suppose un passage par l'abstrait, qui consiste à investir du temps et des moyens dans l'analyse, le diagnostic, la compréhension fine du contexte et des acteurs (quadrant nord-ouest). Nous avons proposé quelques questions importantes et quelques outils pour développer une « intelligence collective de la situation ». C'est ce travail de questionnement et d'enrichissement des représentations qui permet de construire plusieurs stratégies d'action, plusieurs scénarios possibles pour mener le projet (quadrant nord-est). Certes, l'avenir demeure toujours incertain, mais des alternatives différentes sont identifiées, discutées et travaillées. Bien sûr, il faut savoir revenir dans le concret et l'action (quadrant sud-est). Mais ce passage par l'abstrait et la réflexion permet d'enrichir les plans d'action et surtout de pouvoir en changer plus vite, et à moindre coût si les aléas de la vie du projet l'obligent.

L'équipe qui ne s'est pas enfermée dans une voie unique et qui a su se construire des alternatives est mieux armée que les autres. Plutôt que de subir des événements imprévus et payer au prix fort d'éventuels retours en arrière, il s'agit bien de se mettre dans les meilleures dispositions pour réellement manager et piloter le projet.

Au moins 4 étapes génériques peuvent être identifiées :

- investir dans « l'intelligence de la situation et du contexte » ;
- construire des stratégies d'action ;
- faire des choix ;
- mettre en œuvre des plans d'action et les réajuster en permanence, sans hésiter à changer de stratégies s'il le faut.

Manager un projet, c'est savoir construire un réseau d'alliés et une dynamique sociale autour du projet

Un des messages-clés que porte cet ouvrage se situe au niveau de la nécessaire prise de conscience que *la force d'un projet dépend avant tout de la force du réseau qui le soutient.*

Partenaires, sponsors, alliés, porte-parole, quels que soient les termes utilisés pour les identifier, c'est d'abord au niveau de la manière dont ces acteurs externes portent, soutiennent et défendent le projet que se joue le succès final. Cela veut dire qu'il n'y a pas de bons ou de mauvais projet en-soi. Un bon projet est avant tout celui qui trouve « un marché », c'est-à-dire un contexte social prêt à le soutenir et à en adopter le contenu.

Mener un projet… c'est comme jouer au Scrabble[1]

Composer un mot à partir des lettres piochées n'a aucun sens si on ne regarde pas le tableau de jeu. Il faut que ce mot puisse s'accrocher à d'autres. Les tacticiens du Scrabble savent bien qu'il vaut mieux poser un petit mot sur une case qui compte triple que de garder sur son chevalet un superbe grand mot mais qu'on est incapable d'accrocher au jeu. À chaque tour d'un autre joueur, les possibilités changent : des opportunités disparaissent, d'autres apparaissent.

La métaphore du Scrabble illustre bien trois composantes-clés de la stratégie de conduite de projet :

- prise en compte permanente et actualisée d'un environnement fluctuant ;
- remise en cause continue du projet et de son déroulement ;
- nécessité d'ancrer le projet dans un contexte apte à en reconnaître les apports.

Cette approche contextuelle rappelle les travaux sociologiques menés par M. Callon et B. Latour qui visent à expliquer les phénomènes d'apparition et de diffusion des innovations techniques. Selon ces auteurs, une technologie nouvelle n'a pas de valeur *a priori*. Ses qualités intrinsèques importent peu : ce qui compte, ce sont les qualités extrinsèques qui vont lui être données par le réseau social susceptible de l'accueillir.

Les efforts et la vigilance doivent donc porter autant sur la construction des réseaux sociaux autour du projet que sur l'élaboration de son contenu. Le développement de ces réseaux repose sur deux conditions indispensables : l'art de l'intéressement et le choix des bons porte-parole.

- *L'intéressement* correspond à l'image consistant à trouver des accroches lorsqu'on joue au Scrabble. Si on n'arrive pas à mobiliser et à intéresser un réseau d'acteurs externes pour notre projet, il n'aboutira pas. « L'innovation, c'est l'art d'intéresser un nombre croissant d'alliés qui vous rendent de plus en plus fort. »[2]
- *Les porte-parole*, qui représentent le projet vers l'extérieur (les clients, fournisseurs, partenaires externes), mais aussi et surtout vers l'intérieur de l'entreprise (les acteurs métiers, les décideurs, etc.). « Le destin d'une innovation réside dans le choix des porte-parole qui négocient pour préciser le projet et le transformer jusqu'à ce qu'il ait un marché. »[3]

1 Callon M. et Latour B., « Les Paradoxes de la modernité », *Prospective et Santé*, n° 36, hiver 1986, p. 18.
2 Akrich M., Callon M. et Latour B., « À quoi tient le succès des innovations ? Premier épisode : l'art de l'intéressement », *Annales des mines*, juin 1988, p. 16.
3 *Ibid.*

Dans cette perspective, certains outils comme l'analyse stratégique ou la carte sociodynamique sont de bons supports d'aide à l'action sur les réseaux sociaux.

Manager un projet, c'est savoir gérer des équilibres

La notion d'équilibre transparaît en filigrane tout au long de cet ouvrage. Gérer un projet, c'est réussir à maintenir des équilibres permanents dans un contexte caractérisé par l'incertitude et l'instabilité. Puisons quelques illustrations parmi des sujets déjà traités en amont dans le livre.

- Le chapitre sur la dynamique dans le temps du projet a bien montré combien était critique la capacité à articuler une phase initiale d'ouverture, d'exploration, d'apprentissage avec une phase de recentrage, de choix, d'action et de réalisation. Trop de l'un se fait forcément au détriment de l'autre, surtout quand le facteur temps est limité. Le projet confronte les « logiques de conception » et les « logiques de réalisation ». Il développe chez les concepteurs le sens du concret et chez les réalisateurs la vision d'ensemble.
- La pression pour s'appuyer sur des ressources disponibles, pour respecter des « bonnes pratiques » et pour puiser dans les méthodologies, savoir-faire et expériences existantes au sein d'une organisation donnée est à pondérer avec une dose d'autonomie et d'innovation, apte à répondre à un objectif et un contexte pour partie singuliers. À quel moment faut-il briser les règles, ne plus se « soumettre à l'autorité » ? À quel moment faut-il arrêter de s'inspirer et de tirer profit des expériences passées pour inventer des réponses nouvelles mieux adaptées à la situation ? Subtil dosage exprimé parfaitement par Jean-Pierre Boutinet[1] : « Si l'équipe projet ne se donne pas une marge d'autonomie suffisante, il y aura alignement stratégique et donc perte de créativité. Si l'écart est trop important entre le projet et le contrôle politique, les risques de conflit seront inhérents avec, à terme, le rejet par le politique, que ce dernier l'exprime par son indifférence, son inertie ou sa franche opposition. »
- Le même dilemme se retrouve en matière d'attention portée aux acteurs externes au projet (le réseau social, les alliés, les opposants,

1 Boutinet J.-P., extrait d'un article consultable sur : *http://im.edfgdf.fr.*

les partenaires, commanditaires...) par rapport à l'équipe elle-même. Nous avons dit que le succès d'un projet dépend de la force du réseau qui le soutient. Mais nous avons vu également que la dynamique de groupe, la motivation collective, l'organisation et la répartition des tâches au sein de l'équipe étaient essentielles à la réussite finale.

- La même question de l'équilibre se pose par exemple en matière de relation avec le client. Une fois celui-ci identifié, la démarche de « co-construction » permet de l'associer à la réalisation du projet, de préciser ses besoins, de clarifier ses attentes. Mais une présence trop importante du client risque de perturber le travail de l'équipe : en effet, confronté à une réalité qui petit à petit prend forme devant lui, celui-ci va en permanence faire évoluer ses besoins ou en exprimer d'autres. Bref, l'équipe projet va se mettre à courir après une cible fluctuante, qu'elle n'atteindra jamais. Il y a donc un équilibre à gérer entre la participation active du client et la garantie d'une certaine stabilisation de sa demande.
- L'équilibre entre changement et stabilité mérite également d'être mentionné : la cohésion autour d'une vision, de représentations partagées est un facteur d'implication indispensable pour fédérer les énergies. Mais trop de cohérence et de communauté de point de vue risque d'étouffer les éventuels regards dissonants, porteurs d'arguments critiques, de remise en cause. Le confort de groupe poussé à l'extrême va cristalliser des comportements et faire perdre une vigilance nécessaire vis-à-vis d'éventuels changements externes. Par contre, l'absence totale d'esprit d'équipe prive le projet d'une richesse potentielle.

On aurait pu ainsi multiplier les exemples qui montrent que manager un projet, c'est avant tout gérer des équilibres, c'est-à-dire savoir passer d'un état à un autre et pouvoir le justifier par rapport au projet. Comme pour les modes de management, c'est la capacité à jouer de l'effet balancier qui compte, couplé à la capacité à communiquer sur ces changements et à en justifier la nécessité.

Manager un projet, c'est donc piloter une dynamique permanente d'équilibre et de déséquilibre. Les réajustements permanents sont la vie quotidienne des projets. C'est par le changement et le mouvement que les hommes et l'organisation se mettent en tension. Un coup à droite, un coup à gauche : un peu d'équipe projet, un peu de réseau externe, construire de la cohésion et amener une certaine remise en cause, puiser dans l'existant puis s'en détacher pour inventer autre chose, impliquer le client puis réduire la relation...

Le terme de pilotage prend ici tout son sens, puisqu'il s'agit de maintenir à l'équilibre une dynamique jamais stabilisée, de refuser les situations établies une fois pour toutes, de passer d'un extrême à l'autre et d'être ouvert aux incertitudes. Pour Jean-Pierre Boutinet, le management de projet est « un outil de la gestion de l'incertitude s'appuyant sur une prise en compte de l'aléatoire, de l'irrégulier et du changement ».

Manager un projet, c'est savoir combiner l'unité et la diversité, le collectif et l'individuel, le local et le global

En fait, plus que la maîtrise d'un effet de balancier, c'est un autre enjeu que soulève le management de projet : celui de pouvoir faire cohabiter des contraires, marier des paradoxes ou encore dépasser des contradictions.

Piloter un projet, c'est savoir mettre du « et » à la place du « ou ».

S'intéresser aux acteurs externes d'un projet ne doit pas se faire au détriment de l'attention portée au groupe. La cohésion de l'équipe ne doit pas empêcher des remises en cause. Un projet, c'est une phase d'exploration « et » une phase de réalisation. Une équipe s'appuie à la fois sur des facteurs immatériels (motivation, animation, identité, norme de comportements...) « et » organisationnel (des objectifs, des rôles, des méthodes, des règles...). Une équipe virtuelle sait combiner des temps de face-à-face « et » de travail à distance : ce n'est pas l'un « à la place » de l'autre, c'est l'un « avec » l'autre.

Un projet est donc un espace complexe, où se combinent des dimensions apparemment contraires et qui, lorsqu'elles sont envisagées conjointement, génèrent des propriétés singulières, différentes de la somme des parties qui le composent.

Une équipe projet, dans l'idéal, est donc plus que la somme des capacités individuelles de ses membres. Elle représente une situation où l'individu et ses caractéristiques personnelles (compétences, motivation, etc.) continuent d'exister en tant que tels mais simultanément intègrent une dimension supplémentaire qui est cette fois collective : celle du projet.

Illustrons ce principe théorique bien abstrait par l'exemple de la gestion des compétences au sein d'une équipe projet.

Un groupe multidisciplinaire regroupe des expertises bien distinctes (pour une entreprise, ce sont des compétences fonctionnelles :

production, commerciale, gestion... Pour une équipe de football, ce sont des rôles différents : un gardien de but, un arrière ou un avant-centre ont des rôles bien distincts). Cette dimension purement individuelle n'est pas satisfaisante : de brillantes individualités ne suffisent pas à construire une équipe et peuvent même s'annihiler et engendrer une performance collective inférieure à la somme des compétences individuelles. (Certaines équipes de football qui ont recruté massivement des « stars » achetées à prix d'or à d'autres clubs connaissent fréquemment ce problème).

Pour réussir la difficile alchimie de l'équipe supérieure à la somme de ses parties, nous avons vu que des ingrédients spécifiques devaient être introduits : par exemple la capacité à expliquer aux autres son expertise, à la rendre compréhensible, à accepter une sous-optimisation locale au profit d'un projet d'ensemble, à sortir du cadre de ses représentations habituelles pour intégrer celles des autres.

Mais attention : il ne s'agit pas pour autant de renoncer aux spécificités, expertises ou éléments d'identités dont chacun est porteur. Certaines sectes ou tribus rejettent les apports individuels au profit de la cohésion de la communauté et de la pérennité de la culture, tradition et histoire du groupe. Une équipe projet au sein de laquelle serait accentuée l'identité collective, les normes de groupe, la collégialité serait une situation aussi extrême que « l'équipe de stars » précédemment évoquée (pour reprendre un exemple dans le monde du football, une équipe qui ne s'appuierait que sur son centre de formation interne, en s'interdisant tout recrutement externe aurait autant de mal à gagner le championnat qu'une équipe de stars qui n'arrivent pas à jouer ensemble).

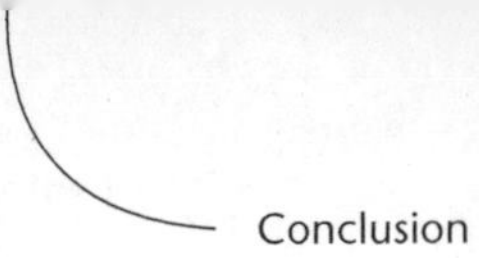

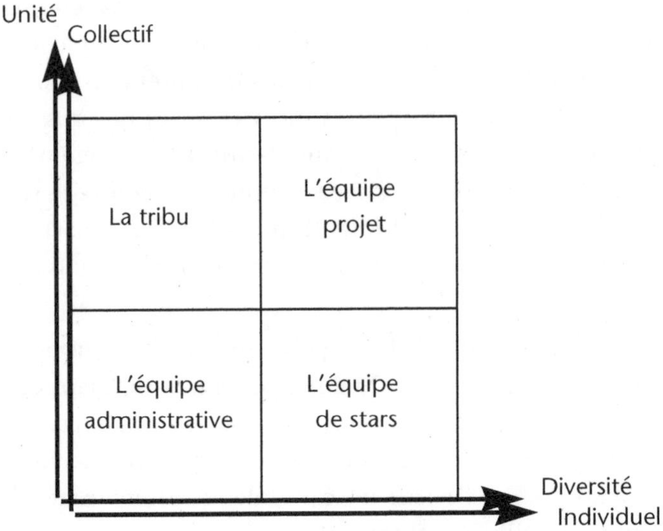

La dialectique unité/diversité appliquée aux équipes[1]

La réussite d'une équipe projet (comme celle d'une équipe de football) dépend donc de sa capacité à combiner deux dimensions opposées mais complémentaires, à marier l'un et le multiple, l'individuel et le collectif, le local et le global. Concrètement, cela signifie adhérer à une identité collective (l'unité) sans renier sa personnalité (la diversité), mettre son expertise technique (l'individu) à la disposition d'une réalisation multidisciplinaire (le collectif), envisager en permanence les conséquences de ses initiatives et contributions personnelles (le local) sur les autres et sur le projet (le global).

L'équipe projet est donc en fait un superbe exemple d'hologramme.

L'étonnante propriété des hologrammes

L'holographie est un procédé de reproduction photographique, inventé par un physicien hongrois Denis Gabor dans les années quarante-cinq et qui consiste à éclairer un objet par un rayon laser, au travers de lentilles divergentes, afin de créer une image en relief. Cette image, recueillie sur un support appelé « plaque holographique », sorte de photographie en trois dimensions, donne l'impression de changer d'aspect, si on la regarde en se déplaçant. Les hologrammes sont connus du grand public, soit par leur attrait artistique (il existe une exposition permanente à Paris qui est très prisée), soit par leur présence

1 Inspiré de la méthode « management global », développée par le cabinet Bossard Consultants.

sur les cartes bancaires. Par contre, les propriétés singulières de ce type de procédé sont généralement méconnues.

Prenez une « plaque holographique », laissez-la tomber sur le sol : elle se brise en mille morceaux. Prenez un des morceaux et éclairez-le par un rayon laser. Que voyez-vous ? Non pas un morceau de l'image, mais son intégralité, de façon cependant moins nette. Prenez maintenant un des plus petits morceaux jonchant le sol de cette même plaque. Vous l'éclairez avec le rayon laser et vous voyez toujours l'intégralité de l'image, d'autant plus floue que le morceau est petit.

Cette propriété étonnante, issue de la physique des fractales, s'explique par le fait que chaque point de l'hologramme, chaque zone de petite taille reçoit des informations superposées provenant de la totalité de l'objet et inversement, tout point de l'objet impressionne l'ensemble des points de l'hologramme. Cette particularité renvoie à la formule célèbre : « La partie est dans le tout et le tout est dans chacune des parties. »[1]

Beaucoup d'hologrammes nous entourent : nos cellules, bien que différenciées, sont toutes porteuses de la même empreinte génétique (l'ADN). Nos neurones, bien que spécialisés (on peut repérer dans notre cerveau des zones de cellules dédiées à la mémoire, au goût, à l'émotion...), peuvent, en cas d'accidents ou de liaison, récupérer pour partie des facultés assurées précédemment par des neurones endommagés. Le chou-fleur (cru de préférence) est aussi un bon exemple : chaque branche du légume est, en réduction, une image de tout le chou-fleur ! ■

Quel intérêt offre l'analogie des hologrammes appliquée au projet ? Au sein d'une équipe projet, chaque participant est différent, porteur d'une expertise particulière, représentant un métier bien précis, avec une expérience, une culture, des comportements et des critères de motivation tout à fait personnels. Le principe sur lequel repose toute équipe projet, c'est d'intégrer et de faire vivre ces caractéristiques individuelles (« les parties ») dans un espace collectif qui les dépasse (« le tout »). À l'inverse, en plus de ses caractéristiques personnelles, chaque membre de l'équipe projet (« les parties ») est sensible à la présence et à la dynamique des autres et réagit, à son niveau, comme l'équipe projet dans son ensemble (« le tout »). *L'individu et le collectif, l'unité et la diversité non seulement coexistent mais se coproduisent.*

1 Tabary J.-C., « Le Paradigme holographique », *Revue Internationale de Systémique*, vol. 1, n° 2, 1987.

Exemple

Reprenons une dernière fois l'exemple de l'équipe de football.

Chaque joueur a un rôle et des compétences qui lui sont propres (un gardien de but est bien différent d'un arrière ou d'un ailier). De plus, chacun réagit en fonction de son contexte local (le gardien défend son but, l'ailier cherche à dribbler le défenseur qui lui fait face...). Cependant, chacun intègre, dans ses comportements et tactiques locales, la mission et la raison d'être de l'équipe : battre son adversaire. Pour un ailier, dribbler un arrière n'a de sens que s'il arrive à libérer le ballon et le passer à son avant-centre. Chacun joue pour soi, mais simultanément pour les autres. D'ailleurs, tout footballeur, même amateur, sait bien qu'au moment où il a le ballon, il doit réussir la prouesse de regarder à la fois ses pieds, le ballon et son adversaire direct, mais également le placement de ses coéquipiers. Bref, il doit « lever la tête », comme disent souvent les entraîneurs. L'holomorphisme est un sport difficile, qui demande de l'entraînement !

Voilà donc la perspective dans laquelle doit s'inscrire le management d'une équipe projet : susciter l'holomorphisme (c'est-à-dire un fonctionnement qui a la forme d'un hologramme). Les quelques éléments concrets et outils pratiques mentionnés dans ce livre sont des points d'appuis possibles (parmi d'autres). L'important est de se rappeler qu'une équipe projet n'est pas naturellement « holomorphe », et que cet état d'équilibre instable entre unité et diversité est fragile, et qu'il faut chaque jour « rectifier le tir ». L'effort mérite néanmoins d'être mené. Cela ne sert en effet à rien de constituer une équipe si on n'en tire pas pleinement profit. L'équipe n'est donc une bonne idée que si elle sécrète une richesse d'une autre nature que celle issue de la simple juxtaposition de ses membres, que si elle combine l'individu et le collectif, que si « chaque partie reflète le tout et que simultanément le tout se reflète dans chacune des parties ».

Manager un projet, c'est savoir « faire du jardinage » !

Voilà, après l'hologramme, une autre idée bien étrange ! L'analogie du jardinier pour représenter le chef de projet est une manière originale pour défendre l'idée que piloter efficacement une équipe projet nécessite de se référer à une nouvelle conception de l'exercice du management.

Avis d'expert

Écoutons quelques chefs de projets parler de leurs rôles, tels qu'ils se les représentent :

« Cette citation du maréchal Liautey s'applique bien à mon rôle : un chef ne doit rien faire, ne rien laisser faire, tout faire faire. » (un chef de projet chez Schneider)

« Il faut être sceptique, voire paranoïaque : toujours inquiet, vigilant, en état de veille, attentif aux moindres signaux faibles. » (un chef de projet chez Rhône Poulenc)

« Les chefs de projet ne fabriquent rien : ils produisent de l'efficacité. »[1] (Louis Schweitzer, PDG de Renault)

« Un chef de projet doit être un créateur de conditions : il joue un rôle de facilitateur en agissant souvent indirectement pour favoriser, améliorer tout ce qui va dans le sens de la mission. » (Bellenger, Couchaere, 1995)

L'ensemble de ces citations traduit un rôle particulier du chef de projet, que vise à décrire notre analogie du jardinier. L'être humain ne peut pas maîtriser la nature (la pluie, le soleil, la sécheresse). Au même titre que le jardinier, le chef de projet est soumis à de nombreux aléas extérieurs. Tout ce que peuvent faire ces deux personnages, c'est se faire une idée de ce que sera leur jardin dans un futur proche (ils savent que la réalité sera forcément un peu différente et qu'ils seront amenés à repenser leur plan initial) et d'intervenir du mieux possible pour faire en sorte que cette idée se réalise : semer des graines ici, arroser un peu mais pas trop, protéger telle plantation, laisser se développer telle autre, couper les mauvaises herbes, retourner la terre, jouer du sécateur s'il le faut, remettre du terreau... Le jardinier (comme le chef de projet) doit créer un environnement, mettre en place les conditions pour que le jardin (ou le projet) se réalise selon ses souhaits, pour que les graines (et les acteurs projets) se développent et donnent le meilleur d'elles-mêmes.

Bien sûr, le rôle d'un manager est toujours de fixer un cadre, d'indiquer une direction qui se traduit en objectifs opérationnels. Pour un chef de projet, l'objectif est avant tout de réussir le projet. Mais ceci

1 *L'Express*, 28 mars 1996.

étant fixé, il doit ensuite se mettre au service de ceux censés atteindre ces objectifs. Il doit soutenir les équipes opérationnelles, les aider et ainsi contribuer à leur succès.

Cette analogie avec le jardinier nous propose donc une conception radicalement différente de celle du management hiérarchique traditionnel, basé sur le commandement et l'obéissance.

Le manager n'est plus *au-dessus :* il est *à côté de* ses équipes et collaborateurs.

Il possède autant de compétences d'analyse, de diagnostic, d'écoute et de veille que de savoir-faire d'action, d'intervention, de production. Il est capable de gérer autant un processus (la manière dont se font les choses) qu'un contenu (qu'il ne maîtrisera de toute façon jamais complètement). Il est enfin capable de s'appuyer sur la force d'une équipe, au-delà des apports individuels de ses membres.

Plus que représenter l'homme idéal, multi-compétent, le « bon » chef de projet incarne tout simplement une autre manière d'exercer le management, ni bonne ni mauvaise en soi, mais qui semble plus adaptée dans des situations complexes, transversales, où l'autorité hiérarchique ne peut pas s'exercer, où il s'agit de fédérer, de dynamiser, de créer un environnement, bref de « jardiner ».

Quelle plus belle conclusion trouver que cette analogie avec la nature par le biais du jardinage !

« Les projets c'est la vie », nous disait récemment un cadre d'entreprise qui nous faisait part de son enthousiasme de se retrouver impliqué au sein d'une équipe projet dans « la situation la plus difficile mais la plus passionnante qu'il ait rencontrée dans sa carrière ».

C'est vrai que le mode projet constitue un retour aux sources de l'activité humaine. « L'homme a toujours fait des projets », avons-nous dit dans les toutes premières lignes de l'ouvrage. La boucle est bouclée.

Mener des projets, c'est retrouver l'essence de l'homme engagé dans une collectivité d'appartenance de proximité (l'équipe), dans laquelle il s'implique, envers laquelle il éprouve de la solidarité.

L'intérêt du projet est donc de mettre en avant les hommes, leur énergie et leur passion plutôt que les structures hiérarchiques. C'est une occasion de mener une aventure professionnelle complète, du début à la fin, et de la vivre à plusieurs. « C'est une occasion d'être à la fois acteur et auteur de l'histoire. »[1] Rien que pour cette raison, il faut tenter l'expérience.

Dans une société qu'on dit « en perte de sens », le management de projet s'avère une perspective encourageante, une voie prometteuse pour les organisations du futur et les individus qui les composent.

1 *http://im.edfgdf.fr.*

Bibliographie

Asquin A., Picq T., *Manager un projet pour la première fois*, Éd. d'Organisation, 2007.

Barjou B., *Manager par projet : méthodes et comportements pour animer hors statut hiérarchique*, ESF, 1998.

Bellenger L. et Couchaere M.-J., *Animer et gérer un projet*, ESF, 1995.

Chambon M. et Pérouze H., *Conduire un projet dans les services*, Chronique sociale, 1998.

Davidson J., *Managing Projects in Organizations : How to Make the Best Use of Time, Techniques and People*, Jossey Bass, 1995.

D'herbemont O. et César B., *La Stratégie du projet latéral*, Dunod, 2e édition, 1998.

ECOSIP, *Pilotages de projet et entreprises*, Economica, 1993.

Favier M. (ed), *Le Travail en groupe à l'âge des réseaux*, Economica, 1998.

Garel G., *Le Management du projet*, Éd. La Découverte, 2003.

Giard V., *Gestion de projets*, Economica, 1991.

Hasting C., Briner W. et Geddes M., *Project leadership*, Gower, 1995.

Hazebroucq J.-M. et Badot O., *Le Management de projet*, Que sais-je ?, Puf, 1996.

Jolivet F., *Manager l'entreprise par projets*, Éd. EMS, 2003.

Joly M. et Muller J.-L., *De la gestion de projet au management de projet*, Afnor, 1994.

Katzenbach J. et Smith D., *Les Équipes haute performance*, Dunod, 1994.

Laufer A., *Simultaneous management : Managing Projects in a Dynamic Environment*, 1996.

Midler C., *L'Auto qui n'existait pas : management des projets et transformation de l'entreprise*, Dunod, 1998.

Petit M. et coll., *Management d'équipe : concepts et pratique*, Dunod, 1999.

Raynal S., *Le Management par projet*, Éd. d'Organisation, 1996.

Ruskin A. M., Estes W. E., *What Every Engineer Should Know About Project Management*, 1995.

Waterman R. H., *La Stratégie des équipes ad hoc*, Maxima, 1993.

Sites Web :

http://www.afitep.fr (site de l'AFITEP, Association Francophone de Management de Projet).

http://www.pmi.com (site de Project Management Institute).

Collection Fonctions de l'entreprise

Série Ressources humaines

- Alis D., Dumas M., Poilpot-Rocaboy G., *Risques et souffrance au travail*, 2010.
- Angel P., Amar P., Gava M.-J., Vaudolon B., *Mieux vivre en entreprise*, 2e éd., 2010.
- Auger P., *Manager des situations complexes*, 2008.
- Berghmans C., *Stress au travail*, 2010.
- Bernier Ph., Grésillon A., *La GPEC*, 2009.
- Billet C., *Guide des techniques d'évaluation*, 3e éd., 2011.
- Carré Ph., Collette S., Batal C., Charbonnier O., *L'Atout senior*, 2009.
- Chabreuil F., Chabreuil P., *Comprendre et gérer les types de personnalité*, 2e éd., 2005.
- Decaudin J.-M., Igalens J., Waller S., *Communication interne*, 2e éd., 2009.
- De Falco H., *Maîtriser ses recrutements*, 4e éd., 2011.
- Duluc A., *Leadership et confiance*, 2e éd., 2008.
- Gauthier B., Vervisch M.-O., *Le Manager coach*, 3e éd., 2008.
- Guerrero S., *Les Outils des RH*, 2e éd., 2010.
- Guerrero S., *Les Outils de l'audit social*, 2008.
- Hévin B., *Manuel de coaching d'équipe*, 2008.
- Lacaze D., Perrot S., *L'Intégration des nouveaux collaborateurs*, 2010.
- Laroche P., *Gérer les relations avec les partenaires sociaux*, 2010.
- Laure F., *Guide des techniques d'animation*, 2e éd., 2004.
- Lemoine C., *Se former au bilan de compétences*, 3e éd., 2009.
- Liger Ph., *Le Marketing des ressources humaines*, 2e éd., 2007.
- Longin P., *Coachez votre équipe*, 3e éd., 2006.
- Longin P., *Agir en leader avec la PNL*, 3e éd., 2006.
- Marçay A., *Construire un bilan social*, 2011.
- Marsan C., *Gérer et surmonter les conflits*, 2e éd., 2010.
- Montreuil É., *Prévenir les risques psychosociaux*, 2011.
- Parmentier C., *Encadrer et sécuriser les parcours professionnels*, 2011.
- Picq T., *Manager une équipe projet*, 3e éd., 2011.
- Pompéï C., *Accompagner la performance des managers*, 2010.
- Roman B., *Bâtir une stratégie de rémunération*, 2e éd., 2010.
- Rosinski Ph., *Coaching interculturel*, 2009.
- Rousseau B., *Pratique des entretiens de management*, 2007.
- Stimec A., *La Médiation en entreprise*, 3e éd., 2011.
- Taïeb J.-P., *Paie et administration du personnel*, 3e éd., 2009.
- Taïeb J.-P., *Les Tableaux de bord de la gestion sociale*, 6e éd., 2011.
- Taïeb J.-P., Le Huerou C., *La Masse salariale*, 3e éd., 2008.
- Teboul J., *Les Entretiens d'évaluation*, 3e éd., 2005.
- Théry B., *Développer les ressources humaines à l'international*, 2011.

56340 - (III) - (0,5) - OSB 90° - NOC - MGS

Dépôt légal : juin 2011 - Suite du tirage : juillet 2013
Dépôt légal de la 1re édition : février 2005

Achevé d'imprimer par la Nouvelle Imprimerie Laballery
58500 Clamecy
N° d'impression : 306130

Imprimé en France

La Nouvelle Imprimerie Laballery est titulaire de la marque Imprim'Vert®